云南大学社会学学科建设经费资助

农村社会学

余翠娥　谷　禾　编著

中国社会科学出版社

图书在版编目（CIP）数据

农村社会学／余翠娥，谷禾编著. —北京：中国社会科学出版社，2021.8
ISBN 978 - 7 - 5203 - 8849 - 8

Ⅰ.①农… Ⅱ.①余…②谷… Ⅲ.①农村社会学—高等学校—教材
Ⅳ.①C912.82

中国版本图书馆 CIP 数据核字（2021）第 154932 号

出 版 人	赵剑英
责任编辑	王莎莎
责任校对	张爱华
责任印制	张雪娇

出 版	中国社会科学出版社
社 址	北京鼓楼西大街甲 158 号
邮 编	100720
网 址	http://www.csspw.cn
发 行 部	010 - 84083685
门 市 部	010 - 84029450
经 销	新华书店及其他书店

印刷装订	北京市十月印刷有限公司
版 次	2021 年 8 月第 1 版
印 次	2021 年 8 月第 1 次印刷

开 本	710 × 1000 1/16
印 张	16
插 页	2
字 数	252 千字
定 价	98.00 元

凡购买中国社会科学出版社图书，如有质量问题请与本社营销中心联系调换
电话:010 - 84083683

目　录

前　言

　　农村是与城市相对的一种社区形态，从农村到城市的城市化转变是现代化过程中的一部分。伴随城市化的进程，滕尼斯所说的传统的共同体联系日益被打破，被一种更具法理性的联系所取代，传统的田园生活、守望相助、充满温情的社会联系日益衰落……农村的社会结构、农业的发展等方面的转变激起了社会学者的关注。正是在这一变迁背景中出现的各种现象和问题催生了专门关注于农村社会的社会学研究——农村社会学。

　　在中国早期的社会学研究中，农村社会学研究占据了重要的位置。自从社会学引入中国以来，社会学的前辈们一直致力于社会学的中国化，其中最重要的思路就是从抽象宏大的理论转向具体社会的研究。结合当时的社会状况，中国社会学的前辈们最为常见的做法就是选择一个具体范围的社会开展自己的调查研究，而在这些具体社会的研究中有相当一部分是对于农村社会的研究。在 20 世纪前半期中国社会学取得的卓著成果中，农村社会研究占据了很大比例，成为中国社会学研究中的重要篇章。

　　时至 21 世纪的今天，中国农村日新月异，同时也在工业化和城市化的急剧浪潮中产生了一些问题，农业的衰落、村庄的空心化、农村人口大量外流、留守儿童、老龄化……各种问题等待学者们进行探讨。令人欣喜的是，党的十九大报告提出了乡村振兴战略，报告指出，农业、农村、农民问题是关系国计民生的根本性问题，必须始终把解决好"三农"问题作为全党工作的重中之重，实施乡村振兴战略。按照"产业兴旺、生态宜居、乡风文明、治理有效、生活富裕"的总要求，建立健全城乡融合发展体制机制和政策体系，加快推进农业农村现代化。如何进一步推动农村发展，全面实现乡村振兴，加快城乡融合进程，是今后社会学研究中的一个重要的实践和探索领域。

本书在建构农村社会学这一分支学科的知识体系的基础上，力图更及时地反映中国农村的变迁，对农村社会现象和社会问题做出一定的学理性分析，引导学生在对本学科理论脉络和方法的系统学习基础上，形成社会学学科的视角并应用本学科的知识去认识和分析今天的农村社会。

本书的编写思路是对农村社会学这一分支学科的研究对象、研究理论和方法进行阐述，并从社会学的学科视野出发，以社会结构与社会变迁两种角度对农村的社会现象和社会问题进行分析，其主要内容包括农村社会学的学科概述、农村社会学研究简史、农村的土地和环境、农村的人口、农村的社会群体、农村的文化、农村的社会分层与社会流动、农村的社会问题、农村的社会组织与社会治理、农村的公共服务、农村的发展等。

余翠娥　谷禾

2020 年 9 月 19 日

第一章　农村社会学学科概述

一个学科的产生与形成，必然有属于这个学科的研究对象、理论体系和研究方法。本章围绕农村社会学的研究对象、研究意义、研究方法和理论体系对农村社会学这一学科的基本要素进行概述。

第一节　农村社会学的研究对象

一　学术界的不同观点

关于农村社会学的研究对象，国内外学者并没有达成统一的观点，不同学者由于处于不同的社会背景、侧重点不同、视角不同，其看法也各异。下面选取一些比较有代表性的观点进行介绍。

（一）国外学者的代表性观点

1. 研究农村社会

这种观点比较有代表性的是美国学者吉勒特（G. M. Gillette）。1923年吉勒特出版的《农村社会学》一书指出，农村社会学就是用科学的方法去研究农村社会，然后应用各种知识和科学去改造农村社会。1936年，吉勒特出版其第三部《农村社会学》，对农村社会学的研究对象、研究内容和研究方法做了深入分析，主张从整体层面研究农村社会，认为农村社会学是探索农村社会的起源与发展，解释农村社会现象，探讨改善农村生活的标准和方法。

2. 研究农村文化

持这种观点的代表人物是美国社会学家沃格特（P. L. Vogt），认为农村社会学研究农村生活状况，其可作为更科学有效地推动农村文化建设工作的基础。

3. 研究农村社会关系与社会问题

持这种观点的学者是泰勒（C. C. Taylor）。泰勒认为农村社会学"讨论乡村人民相互关系及其与全国和全世界人口的关系，并谈论乡村社会制度与生活程度及其他各种乡村社会问题"。

4. 研究农村居民

这种观点的代表人物有纳尔逊（Nelson）、霍桑（H. B. Hawthorne）和罗吉斯（Rogers）等。他们认为农村社会学应以农村居民为主要研究对象。霍桑的观点体现在他的著作《农村生活社会学》中。他认为，农村社会学的研究对象不应太泛，而应着重研究农村居民的社会化。他说："农村社会学的主旨是用科学的方法研究农村居民的社会化。"由此，农村社会学的研究对象就应以农村居民的社会化为中心，研究农村居民社会化的条件、单位、过程和动力等。纳尔逊和罗吉斯两位学者将重点放在了处于农村社会群体或群体关系中的个人上。纳尔逊在1948年出版的《乡村社会学》中，把"描述与分析各类处于乡村环境的群体"作为农村社会学的研究对象；而罗吉斯在20世纪60年代出版的《乡村社会的社会变迁》一书中，提出农村社会学的研究对象是"处于群体关系中的人"，并且强调应该从农村社会的变迁中进行研究。

5. 在与城市的比较中研究农村

美籍俄裔社会学家索罗金（P. Sorokin）和美国农村社会学家奇默尔曼（C. Zimmerman）在1992年出版的《乡村—城市社会学原理》一书中明确提出应在与城市的比较中研究农村社会。他们认为，农村社会学的研究应在与城市社会的比较中描述农村社会普遍和持久的各种社会关系，包括农村社会各部分之间、农村和城市之间、农村社会与自然环境之间的关系。

（二）国内学者的代表性观点

1. 对农村社会生活的综合研究

持这一观点的代表人物是农村社会学家杨开道。他将农村社会学的研究分为狭义和广义两类范围，狭义的农村社会学是一种特殊的纯粹社会科学，农村社会问题是农村社会的变态和局部，是应用科学的一种；而广义的农村社会学则包括农村的纯粹社会科学和社会问题。

杨开道在1929年编著的《农村社会学》中提出，农村社会学不是研究农村社会问题的，农村社会问题只是农村社会的变态和局部，而"我们所研究的是农村社会生活的全体，农村社会生活的基础……去谋求农村社会整体的发达，农村人民的全体幸福"①。他主张农村社会学应集中研究农村社会的性质、特征、种类、起源、进化、人口、环境、生活、组织等基本问题，应偏向于综合整体观的研究路向。

2. 对农村实际问题的实践研究

我国著名的社会教育家童润之在 1932 年出版的《乡村社会学纲要》一书中，明确表示农村社会学旨趣在于对实际问题的阐明，而不是对理论的提炼，"注重实际问题的阐明""不偏重理论推敲"。

农村社会学家、农业推广专家乔启明在他的《中国农村社会经济学》中认为，农村社会学是研究农村社会问题的一门应用科学，以社会学的视野来观察及解释农村人口的经济、文化、组织等复杂现象，就其所得结果来指导农村社会活动的方向。

3. 对农村各种因素相互关系的研究

冯和法与陈翰笙侧重于经济关系的阐释。冯和法认为，农村社会学就是研究农民之间的相互关系，尤其是经济关系和经济关系式的社会现象的动因，"农村社会关系的重点是经济关系"。陈翰笙指出，社会学的主要任务是认识社会的本质即生产关系，而中国大部分的生产关系是属于农村的。

刘豪兴侧重于研究个人与社会的关系，认为农村社会学是研究农村的个人与社会关系的社会学分支学科。②

可以看出，关于农村社会学研究对象的看法，国内外学者并没有取得一致，这与不同学者所处的时代背景有关，也是学者们站在不同的角度看问题的结果。

二　本书对农村社会学研究对象的界定

1. 农村社会学的研究对象

本书认为，农村社会学是用社会学的视角和方法来研究农村社会关系

---

① 杨开道：《农村社会学》，世界书局 1929 年版，第 5 页。
② 刘豪兴：《农村社会学》，中国人民大学出版社 2015 年版，第 4 页。

与社会结构以及农村的社会互动与社会变迁的社会学分支学科。

2. 把握农村社会学的研究对象要注意的几点

关于农村社会学的研究对象，要注意以下几点：

第一，农村社会学应该并不包括所有的农村研究，而仅仅是从社会学的视角和方法进行的研究。对农村社会的考查，不同学科所关注的角度不同，看问题的方式也不同。农村社会学的研究，必须在社会学的学科视野内进行，以区别于经济学、政治学、法学等其他社会科学的视角。

第二，农村社会学的研究包括两个基本的方面：静态的农村社会关系与社会结构考查和动态的农村社会互动与社会变迁的考查。社会学的创始人、法国社会学家孔德曾经提出，社会学有两大基本研究领域，即社会静力学和社会动力学。社会静力学就是研究社会的静态结构；而社会动力学则是研究社会的变迁。借鉴孔德的观点，农村社会学的静态考查主要是分析农村社会关系以及农村的社会结构；农村社会学的动态考查主要是分析农村社会互动与社会变迁。

3. 农村社会学的基本研究领域

农村社会学的基本研究领域应该既包括微观层面，也包括宏观层面的问题。具体来说应该包括以下内容：

（1）农村社会的社会关系研究。社会关系是农村居民相互联系的纽带，也是形成农村社会的基础。按照联结的纽带，农村居民的社会关系纽带主要包括血缘关系、地缘关系和业缘关系。其中血缘关系和地缘关系在农村社会是最主要的社会关系。

（2）农村的环境和区位研究。农村的环境研究需要研究地理位置、土壤、气候、地形地貌等各种自然环境因素对农村区位布局和农村社会发展的影响。农村的区位研究则需要将农村放到农村—都市连续统中，去考察一个具体的农村社区区域特性、发展程度等，另外还需要从农村入手对城乡关系中的一系列现象和问题进行分析。

（3）农村社会结构研究。农村社会结构的研究主体是农村的经济结构、人口结构、职业结构、社会关系结构、阶级与阶层结构、群体结构等，分析这些结构的基本特征、形成方式及其对农村社会发展产生的影响等。

（4）农村社会问题的研究。社会问题是社会中发生的、被多数人认为是不合需要或不能容忍的事件或情况，这些事件或情况影响到多数人的生活，从而必须以社会群体的力量才能进行改革。[①] 社会问题是考察农村社会在当前社会变迁中所出现的各种不适应或不正常的现象，这些现象影响了农村居民的生活或者阻碍了农村社会的发展，需要运用综合的力量才能解决。诸如当前中国农村社会在生态环境、人口、教育、贫困等方面的问题都需要进行探讨，以寻找这些问题产生的社会根源，提出改善和解决这些社会问题的方案。

（5）对农村社会变迁的研究。社会变迁可以从宏观、中观和微观三个层次进行考查。宏观层面的农村社会变迁需要将农村社会放到当前社会的宏观背景中考查，看农村社会整体社会结构的转变；中观层面的农村社会变迁就是具体考查农村社会的某一个制度领域的变迁，例如专门考查农村社会的政治制度、经济制度、文化的变迁等；微观层面的农村社会变迁需要考查农村社会在居民的生活方式、价值观、行为特征等方面发生的变迁。考查这些变迁的发生过程和变迁趋势，分析导致和制约这些变迁的各种因素，对农村的工业化和现代化等做出解释和预测。

三　关于农村社会学的三个基本概念：农村、农民、农业

（一）农村

农村也被称作"乡村"，是与城市相对的农业劳动者聚居的地方。从综合角度看，农村无论在经济、政治、文化上都与城市具有显著差异。经济活动相对简单，自给自足性较强；管理中会更多地受到地缘关系和血缘关系的影响；居民的时间观念、接受信息的能力都没有城市居民强；生活上更节俭；同一农村社区的居民有大致相同的生活方式和价值观念，对自己生活的地方有更强的认同感。

具体来说，农村这一概念往往隐含着以下特征：

（1）以农为主，以农业生产方式为基础。

（2）人口密度较低。由于农村人口从事着以种植业和养殖业为主的农业生产，这些都是需要和自然界直接打交道的，需要更广阔的土地、水域等。这一性质决定了农村社区的人口数量不能太多。因而，农村社会在

---

① 王思斌：《社会学教程》，北京大学出版社2011年版，第211页。

单位面积上生活的居民人数相对于城市要低得多，即具有较低的人口密度。

（3）地缘、血缘关系明显。农村社会的居民比较重视地缘关系和血缘关系，人们对同一个地方的人以及具有血缘联系的人具有更强的认同感。以这些关系为纽带而形成的社会群体，如邻里、家庭、宗族等在农村居民的生活中发挥着重要的社会支持作用。

（4）地域特征明显。农村社会分布在广阔的空间里，当地的地理环境对农村社会的生活方式、文化体系、资源条件等具有直接的影响。因此，在不同区域的农村社会形态方面也有明显的差别，甚至村庄聚落都具有明显的地域特征。沿海的渔村、山区的村落、平原的村庄……从居住方式、劳作、饮食、观念、语言、艺术等方方面面无不体现出浓厚的地域色彩。

（二）农业

农业是一个侧重于经济形态的概念。农业是以土地资源为生产对象的部门，是直接与自然打交道的产业。农业这个概念可以按照广义和狭义两种范围进行理解。根据《中国大百科全书》的解释，广义农业包括种植业、林业、畜牧业、渔业、副业五种产业形式；狭义农业是指种植业，包括生产粮食作物、经济作物、饲料作物和绿肥等农作物的生产活动。

广义农业中的种植业是进行种植生产的产业；林业是培育和采伐林木的产业；畜牧业是从事牲畜饲养的产业；渔业是从事水产养殖的产业；副业指的是那些对农业产品进行初步小规模加工或者制作的产业。从产业结构来看，农业属于第一产业。

（三）农民

1. 农民的界定

《辞海》中对农民的表述是"直接从事农业生产的劳动者"。美国社会学家，埃弗里特·M. 罗吉斯和拉伯尔·J. 伯德格认为："农民（peasant）是农产品的生产者和传统的定向的乡下人，他们一般比较谦卑，大多是自给自足的。"这一定义带有综合的描述特征，包括了生产特征、身份特征和行为特征，将这几方面综合在一起就描述出了农民的概念。法国社会学家 H. 孟德拉斯对农民的理解是与城市相对的身份，也就是农民是相对于城市居民而言的一个概念。

弗里德曼（Harriet Friedmann）对"小农"的定义是："那些农业生产者，他们首先是使用家庭劳动力——并由此以家庭作为生产单位——来主要为生存而进行生产，其次是依赖于非商品化的关系进行家庭再生产。"① 她认为，从生产形式来看，农民的生产以家庭为生产单位，而且主要是非商品化的生产。这两个特征是农民的生产形式与其他生产形式的主要区别。

本书认为，农民首先是一个职业范畴的概念，可以说农民就是从事农业劳动的农村居民。当然，这里的农业劳动是一个广义的概念，包括农业、林业、牧业、渔业等大农业。所以，农民包含了从事广义农业劳动的所有居民。

2. 与农村居民相区别的农民

农村居民指的是居住在农村的居民。农村居民首先具有地域含义，表示的是那些居住在属于农村的地域范围内的居民。另外，在 20 世纪 50 年代至 80 年代户籍制度严格实施的时期，政策与要求严格限制了农村居民迁往城市，所以当时的"农村居民"这个概念还包含了户籍的含义，也就是说农村居民同时也可以理解为户籍在农村并居住于农村的居民。从80 年代以后，户籍制度开始有所松动，大量农村剩余劳动力涌向城市务工，开始从事非农工作，但是由于各种隐性和显性的社会排斥，迁往城市的这些农村居民大多难以取得所在城市的户籍。在这种社会背景下，农村居民这个概念也就不能再理解成户籍在农村并且居住于农村的居民了。

3. 不同时间维度下的农民

理解农民的概念还需要结合时间维度来看。在我国改革开放以前，农民和农村居民几乎是重叠的，但是随着中国工业化和城市化的进程，农民作为一个阶层发生了分化，其概念也开始变得复杂化，农民已经不能再按传统意义去理解。农民从事农业劳动的比重或者说职业的角度至少可以分为"纯农"和"兼农"两种，"纯农"就是只是从事农业劳动的人；"兼农"也被称为"亦工亦农"，指的是一部分时间从事农业劳动，而另外的时间从事非农产业劳动。社会学家费孝通在江苏南部做调查时谈道，在江

---

① Friedmann, "Household Productions and the National Economy：Concepts for the Analysis of A-grarian Formations", *Journal of Peasant Studies*, 1980, 7 (2), pp. 158 – 184.

苏农村形成了一支具有独特性质的劳动队伍。"各地对这支劳动队伍有许多称呼,例如农民工、务工社员、亦工亦农人员等等。叫法虽然不同,但意义却相同,那就是农工相兼。因此,兼业就是这批劳动者具有的独特性质。上班时做工,下班回家后帮助家里干农活。"① 而放到家庭里说,这样的家庭可以叫作兼业户。他发现,在乡镇工业较发达的无锡、常熟、江阴、沙洲、武进等市县的农村里,除了五保户等特殊农户,几乎都是兼业户。

法国社会学家 H. 孟德拉斯 1976 年出版的《农民的终结》一书中分析了法国农民在现代化过程中经历的一系列变化后指出,传统农民的角色正在消失,日益转变成农业经营者。21 世纪的中国,大量农民进城务工,不再从事农业劳动,而随着农村土地的经营形势的转变,中国传统农民的角色也必然转变成新型的农民角色。

第二节　农村社会学的研究意义

一　早期农村社会学家改造农村社会的实践

社会学作为一门基础学科,应用性是其基本学科特征之一。自 20 世纪社会学传入中国伊始,早期中国的社会学家们多以应用社会学的理论与方法来改造中国社会,而不是以追求宏大抽象的理论为己任。这一特点在农村社会学的研究中尤其突出。从乡村建设运动的实践可以看出,研究农村社会、解释农村社会问题的最终的目的在于改造中国社会、实现强国救国的目标。早期农村社会学家的这一探索,在中国社会学史上留下了令人瞩目的一页,而其中饱含的精神仍然可以作为激励当前农村社会学研究的动力,其实践意义仍然具有重要的启示。

二　中国城市化和现代化的需要

城市化率一般用城市人口占总人口的比重来表示,这是衡量一个国家或地区城市化水平的重要指标。根据国家统计局公布的数据,我国 1949

① 江苏省小城镇研究课题组编写:《小城镇 大问题——江苏省小城镇研究论文选(第一集)》,江苏人民出版社 1984 年版,第 51 页。

年的城市化率为 10.64%，1978 年为 17.92%。而 2016 年的数据显示，我国城镇常住人口 79298 万人，比上年末增加 2182 万人，乡村常住人口 58973 万人，同比减少 1373 万人，城镇人口占总人口比重（城镇化率）为 57.35%。

自 20 世纪 80 年代以来，中国社会的现代化加速推进，城市化率快速提高。伴随这一过程，中国的城乡社会格局必然发生巨大的变化。越来越多的农村人口转变为城市人口，越来越多的农村地区转变为城市，必然会对农村社会造成巨大的冲击。研究城市化进程中的农村社会，对于如何更好地实现城乡一体化将会有重要的指导意义。

三　解决当前农村社会问题的迫切要求

在城市化进程中，我国农村社会正在发生翻天覆地的变化，这既是一个蜕变的时机，也是一个社会问题不断的时期。自 20 世纪后期以来，大量农村剩余劳动力流入城市，村庄的空心化、农业经济持续发展面临挑战，农村人口的老龄化、留守儿童和留守妇女问题等诸多农村社会问题需要研究，并寻求缓解或解决的途径。对这些问题的回应和探索，是当前农村社会学研究最迫切的一些议题，同时也显示出农村社会学最重要的实践价值。本书将会在后面有关章节对当前农村社会问题进行专门讨论。

第三节　农村社会学的研究方法

一　实证主义和人文主义：农村社会学研究的两大方法论基础

实证主义和人文主义是农村社会学研究的两大方法论。实证主义的方法论由法国社会学家孔德提出，其核心主张在于社会现象和自然现象一样有规律可循，因此应该像科学家研究自然现象一样，采用实验、观察等更为科学的方法，摒弃形而上学的思辨方法。实证主义的方法经由法国社会学家涂尔干的实践，最终形成了社会学研究的主流方法传统。

人文主义的方法论主要是在对实证主义的批判上形成的。例如，德国的迪尔泰就对实证主义的观点表示质疑。他认为，人是具有自由意志的，人的行为是无规律的，而且也是无法预测的。社会历史事件也都是独特的、偶然的，不存在普遍的历史规律。所以，对人和社会的研究就不能采用自然科学的方法来研究，而只能以人文科学的主观方法来对具体的人和事件进行解释和说明。20 世纪发展起来的现象学派也否定了实证主义的许多假设，他们认为涂尔干所谓的"客观的社会事实"是不存在的，社会活动中隐含着个人的主观意义和动机。现象学派主张"还世界以本来面目"。人文主义的方法论强调社会现象与自然现象的差别，主张采用更适合社会现象的方法对社会现象进行研究，比如解释和理解的方法。

对于实证主义和人文主义无法用对错来判断，事实上它们只是两种观点的不同倾向而已，实证主义倾向于将社会现象等同于自然现象，倡导用自然科学的方法来研究社会现象，实证主义学者看到了社会现象也具有规律性这一特征，企图用更科学的方法去研究社会，但是又过分强调了社会现象与自然现象相同的特征。人文主义在某种程度上，实际上是对实证主义的反思和批判。人文主义强调了社会现象的独特性，反对使用自然科学的方法，倡导以适合研究人文现象的方法来研究社会，这是一大进步，但是有些人文主义的倡导者的观点彻底否定了社会现象的客观性和规律性，似乎又走向了另一个极端。事实上，大部分人文主义学者并不是彻底地反对实证主义，他们也关注于社会现象的客观性，只是反对滥用数学知识来分析社会现象。

二　农村社会学研究的基本方式

（一）统计调查

统计调查是现代社会调查中应用最为普遍的一种方式，通常是通过抽样的方式确定调查对象，并通过格式化的问卷收集资料，然后对收集到的资料进行统计分析，系统地认识某种社会现象这样一种调查方式。

从研究性质来看，统计调查属于定量研究方式。其调查对象的选择主要依靠抽样，资料的收集主要依靠结构式问卷，最终结果主要依靠对变量的统计分析。

统计调查适合对大范围的调查对象进行研究，适合对社会现象的一般情况和总体情况进行分析。这种方法强调科学的概率抽样，以及建立在数理统计的基础上的资料分析。统计调查广泛应用于市场调查、舆论调查、学术研究以及实践工作部门的调查研究中。

（二）实地研究

实地研究（field research）也叫田野研究，是一种深入研究对象的生活背景中，以参与观察和无结构访谈的方式收集资料，并通过对这些资料的定性分析来理解和解释社会现象的研究方式。[①]

从研究性质来看，实地研究属于质性研究，这种方法强调研究者的理解和解释，从思维逻辑来看属于归纳性研究。实地研究最典型的研究程序是不带研究假设就进入实地，然后在参与研究对象的生活中，通过参与观察和无结构访谈等方法收集实地资料，最后通过对这些实地资料进行质性分析而得出研究结论。

实地研究通常是个案研究，通过对个案的深入剖析，达到对某种社会现象的深入了解。实地研究方法相对其他的研究方法来说，在理解社会现象的有效性以及深度方面有比较明显的优势，适合对某种社会现象进行全面以及整体性的把握。不过，实地研究方法对于解释大量社会现象的普遍规律，难免存在局限性，因为实地研究方法通常难以像统计调查那样，在大量的总体样本当中通过科学的抽样方法选择调查对象，对个案的理解和解释也很难用于对其他个案的推断。

（三）实验研究

实验研究方式在自然科学研究当中非常普遍，但是应用于社会现象的研究中则相对较晚。

实验研究是通过某种干预来检验两个变量之间的因果关系。实验研究通常是先提出一个理论假设，假定自变量会导致因变量发生变化，然后对自变量和因变量都进行一次测量，这就是前测；接下来引入自变量让其发生作用，再对自变量和因变量进行第二次测量，即后测；最后通过对比前测和后测的情况来检验之前的理论假设是否成立。

实验研究的控制性很强，对因果关系的解释力更好。不过研究范围比较小，只能对少数研究对象进行研究，另外，很多社会现象用实验方法来研究缺乏现实性，而实验的结果也很难推论到现实生活中去。

（四）文献研究

文献研究是一种通过收集和分析现存的以文字、数字、符号、画面等

---

① 风笑天：《社会学研究方法》，中国人民大学出版社 2012 年版，第 203 页。

信息为主的文献资料，来探讨和分析各种社会行为、社会关系及其他社会现象的研究方式。[①]

1. 内容分析

内容分析是文献研究中常用的一种方法。它是这样一种研究技术，即对各种信息交流形式的明显内容进行客观、系统的和定量的描述。[②] 各种信息交流形式包括文字的、声音的、图片的、视频的……各种文献。内容分析通常并不关注这些信息的内在含义，而是对这些信息的表面内容进行分析，通常是对这些表面内容的数量及其表现方式等方面进行定量的统计，然后通过统计数据，分析文献背后的社会含义。

其基本步骤是：

（1）选择主题。选择主题就是选择所要研究的问题。这个过程，或者是根据研究者的兴趣，或者是根据已有文献而确定。比较多的情况是根据能够找到的文献量来确定研究主题。

（2）决定总体与抽取样本。用于内容分析的文献，通常其数量是比较多的，所以很难将所有文献全部用于分析，因而需要对其进行抽样。例如，如果要对报纸上报道的某种现象进行分析，能够使用的报纸非常多，不仅涉及不同类型的报纸，而且每一年每一天每种报纸都在发行，所以必须通过抽样选取一部分报纸来进行分析。这一抽样过程与其他研究方式中的抽样是同样的原理，在文献研究的内容分析中，最经常使用的抽样方法就是分层抽样，当然也可以采用其他的抽样方法。

（3）定义要统计的概念或变量。这个过程需要通过研究思路的设计，然后通过操作化的方式提出主要的统计概念或变量。

（4）建立类别。建立类别就是将上述主要变量分成不同的类别，以方便后续的编码和统计。例如人物的性别、职业、政治面貌、文化程度、宗教信仰等都可以分成不同的类型。另外，事件也可以按照不同的思路进行分类。

（5）制作编码表。制作编码表是用于后续的资料录入和统计，其具体的做法是，按照上述步骤的分类，给予不同类别以不同代码，以方便后

---

① 风笑天：《社会学研究方法》，第 215 页。
② 风笑天主编：《社会研究方法》，高等教育出版社 2006 年版，第 201 页。

期录入数据。

（6）训练编码员。训练编码员的目的是让编码员明确文献的编码类型和要求，这样才能更有效地对文件内容进行编码。

（7）对资料进行编码。对资料进行编码，就是根据文献的内容，例如，报纸上的文章，可以根据文章报道的主题进行编码，也可以根据文章中出现的某些字或词语进行编码，或者对文章中出现的人物及其主要特征进行编码。

（8）录入计算机并进行统计分析。按照变量的编码值录入计算机，然后进行统计分析。

（9）报告研究结果。这是内容分析的最后一步，就是根据文献内容的统计结果做出分析，撰写研究报告。

2. 二次分析

二次分析是对那些由其他人原先为别的目的收集和分析过的资料进行新的分析。这也是文献研究常用的一种方法。

二次分析所使用的资料通常是以数据文件的形式存在的，因为之前的资料收集过程、数据整理和录入的过程已经完成，二次分析是直接使用经过初步处理的数据资料，所以这种资料的使用可以大大提高研究的效率。换句话说，前期的资料收集工作已经完成，这样既可以节约经费，也可以节省时间、人力和物力。当然，二次分析也有不可避免的缺陷，就是所运用的资料并不是根据研究者本人的思路以及变量设计来收集的，所以在研究问题的解释方面可能会存在有效性和针对性不足的情况。还有一个问题就是，寻找合适的数据资料也是比较困难的，这个往往需要征得收集资料的人的同意才可以使用，因此可能还会涉及知识产权的保护问题。

3. 现存统计资料分析

现存统计资料往往是以频数、百分比等统计形式出现的聚集资料。法国社会学家涂尔干的自杀研究就是典型的使用统计资料进行的，涂尔干搜集了欧洲十一个国家的自杀统计数字并做了这项研究。

事实上在很多学科中都需要收集现成的统计资料，这些统计资料已经经过初步的整理和计算，是以频数和百分比等统计形式出现的。有关人口、经济和社会发展等方面的资料是在社会现象的研究中经常使用的资料。在使用统计资料时，要注意这些数据的来源是否可靠，另外还要注意这些数据资料的统计口径，例如识字率这样的统计数据，要知道其计算口径，要了解识字率统计的是什么年龄段以上的人口，以及识字的标准是如何衡量的，等等。再如，广播电视的覆盖率，要知道其计算基数是什么。只有明确了统计数据的统计口径，才能更准确地解释这些数据的含义，也才能通过这些数据的使用来解释特定的社会现象。

三　农村社会学研究的资料收集方法

（一）问卷法

问卷（questionnaire）是由一系列问题构成的表格，是用来测量人们行为、态度和社会特征的一种资料收集工具。问卷调查是现代社会调查应用最多的一种资料收集方法，广泛应用于社会生活状况调查、社会问题调查、市场调查、民意调查和学术性调查之中。

一份规范的问卷通常由封面信、填答指导语、问题及答案以及编码及其他资料构成。问卷的封面信是写在封面的一封短信，是写给填答问卷的调查对象来了解该项调查的内容等信息。封面信要有称呼和落款，信的主体部分主要是简单介绍该次调查的主题、调查对象是如何选取出来的、向调查对象承诺问卷的保密措施，并对调查对象配合该次调查表示感谢。问卷的填答指导语，主要是用于对调查对象填写问卷的指导。指导语需要指出填答问卷的方式以及具体的要求，指导语也要尽可能的详细明确，这样才能避免不按要求填答的情况出现，提高问卷调查的质量。问卷的主体部分，就是一系列的问题和答案。可以按照研究者的需要设计成不同的问题类型，最常见的包括多项单选题、多项任选题、多项限选题、多项排序题、表格式等题型。问卷的编码主要是为了方便录入计算机。问卷中的问题及选项都需要转换成具体的数字代码后才能录入计算机，方便使用专门的统计软件进行统计。这些数字本身并没有数学上的意义，只是数字的代码。在统计使用的时候，需要根据变量的测量层次或者测量尺度，使用合适的统计方法来进行分析。

问卷法在具体运用中可以分为自填式问卷和结构式访问。自填式问卷就是将问卷发放到调查对象手中，并由调查对象自己填答；而结构式访问则是由访问员手持问卷，并根据问卷上的问题逐一提问，按照调查对象的回答在问卷上作答。

自填式问卷法按照问卷发放的方式又可以分为个别填答、集中填答、网络填答；个别填答就是将调查问卷分别发放到每个调查对象手中，由对方根据调查的要求自己填答问卷，然后由调查员收回问卷的方式；集中填答就是将调查对象集中在某个地方，统一发放问卷，统一填答，然后再收回的方式；网络填答就是借助互联网的各种终端发放问卷，由调查对象在线填答问卷并且在线提交的方式。网络填答的问卷，可以通过邮箱发送给调查对象，也可以通过手机的各种软件发送链接，然后再由调查对象填答。

结构式访问则可以分为当面访问和电话访问。当面访问就是面对面的访问，这是结构式访问中使用得最多的一种访问方式。当面访问不仅可以听到对方说什么，而且还可以根据当时的情境、表情和动作等把握对方的回答，所以获得的资料有效性会比较高。当面访问对访问员有较高的要求，需要访问员在语言表达、礼貌性和说话的方式以及言谈举止的恰当方面做得比较好。电话访问并不是通过打电话访问，而是通过一套专门的计算机辅助电话访问系统进行访问。这种访问不需要访问员与对方直接接触，可以完全通过电话进行沟通，所以要求访问员在语言表达方面清楚流畅，访问声音的音调适中。电话访问的调查对象通常是由系统对电话号码进行随机抽样；电话访问的问卷可以直接提前输入计算机，届时由访问员拨通电话根据对方的回答在计算机上记录回答结果。电话访问效率比较高，但是由于访问员与对方不见面，所以访问的效果通常没有当面访问那么好，问卷的长度和问题的难度有比较大的限制，所以电话访问通常适合于做简单的市场调查，或者民意测验，而对于那些相对复杂以及较深入的问题，则有比较明显的局限性。另外，电话访问在调查对象的选取方面也有局限，很难保证样本的代表性。

（二）观察法

1. 观察法的含义

观察法指的是带着明确的目的，用自己的感官和辅助工具去直接地、有针对性地了解正在发生、发展和变化着的现象。作为资料收集方法的观察法和日常生活中人们对各种事物的观察有所不同，它要求观察者的活动具有系统性、计划性和目的性，而且要求观察者对所观察到的事实做出实质性的和规律性的解释。

2. 观察法的类型

按照观察地点可以把观察法分为实验室观察和实地观察。实验室观察就是在专门配备的实验室内进行观察，实验室内可能会有一定的设备。实地观察是指在现实生活场景中所进行的观察。例如在人们劳动、娱乐、消费、交往等日常生活场景中进行的观察。

按照观察中研究者所处的位置或所采取的角色可以将观察法分为局外观察和参与观察。局外观察也可以称为非参与观察，即观察者处在被观察的群体或现象之外，完全不参与其活动，尽可能地不对群体或环境产生影响。参与观察就是研究者深入研究对象的生活背景中，在实际参与研究对象日常社会生活的过程中所进行的观察。参与观察是一种非结构性的观察。

按照观察方式的结构化程度可以将观察法分为结构式观察和无结构式观察两种。结构式观察指的是按照提前制定好的程序、采用明确的观察提纲或观察记录表格对现象进行的观察。而无结构式观察则指的是没有任何统一的、固定不变的观察内容和观察表格，完全依据现象发生、发展和变化的过程所进行的自然观察。

按照观察对象可以将观察法分为直接观察与间接观察。直接观察是直接对所研究的对象进行观察；间接观察是不直接观察研究对象，而是通过观察一些和研究对象有关的物品、痕迹、行为标志等达到对研究对象的认识，例如物质痕迹测量和行为标志观察。

（三）访谈法

访谈就是通过口头交谈收集资料的方法，通常可分为结构式访谈与无结构式访谈两大的类型。

结构式访谈是按事先设计好的、有一定结构的问卷进行的访谈，分当面访谈和电话访谈。无结构式访谈又称作深度访谈或者自由访谈，它与结构式访谈相反，并不依据事先设计的问卷和固定的程序，而是只有一个访谈的主题或范围，由访谈员与被访者围绕这个主题或范围进行比较自由的交谈。

（四）文献法

文献法是一种通过收集和分析现存的、以文字、数字、符号、画面等信息出现的文献资料，来探讨和分析各种社会行为、社会关系及其他社会现象的研究方式。

文献的收集在许多研究中是一个基础性的工作，尤其是通过文献的收集，了解前人的研究成果，然后做出文献综述，在此基础上才能提出研究者自己的研究假设和观点。文献法也可以作为专门的研究方式，就是通过收集各种形式的文献资料，并对这些文献资料进行分析，从而达到对某种社会现象的解释和理解。

文献的类型多种多样，包括各种记载了某种信息的形式和载体。在以往的农村社会学研究中，文献法是使用得最多的方法类型，包括书信、报纸、自传、日记、统计资料、政府工作报告等各种文献。

四 农村社会学研究的资料分析方法

（一）统计分析方法

统计分析方法是现代社会调查中最常用的资料分析方法，尤其是用于问卷资料的分析。统计分析方法就是通过数理统计的方法对收集到的定量资料进行统计分析。

问卷资料收集回来以后要经过审核、编码，录入计算机，然后进行统计分析。按照统计的变量可以做单变量的统计、双变量的统计和多变量的统计。单变量的统计又可以分为描述统计和推论统计；双变量的统计主要是寻找两个变量之间的关系，通常有相关分析和因果分析；多变量的统计主要是对多个变量之间的复杂关系进行统计分析。

（二）质性分析方法

在社会研究的实践中，质性分析方法主要是应用在实地研究和历史比较研究中。

质性资料（qualitative data）指的是研究者从实地研究中所得到的各种以文字、符号表示的观察记录、访谈笔记以及其他类似的记录资料。

对于质性资料可以采用定量或质性两种不同的方式进行分析，其中定量分析主要是指内容分析方法，而质性分析则是对观察进行非数字化的考察和解释的过程，其目的是要发现内在的意义和关系模式。

质性资料分析过程从思维逻辑来看属于归纳逻辑，它是对收集到的那些观察或访谈获得的质性资料进行描述、分类和归纳，从个别到一般、从个别经验事件上升到一般理论的过程。

具体说来，对资料进行编码是质性分析的一条主线，它既依赖于前期的概念形成过程，同时也将撰写备忘录作为一项补充技术来使用。不仅如此，在质性分析中，研究者往往会采取包括实例说明、比较分析和事件流程图等多种分析策略。

五 早期农村社会学的学者们所使用的研究方法

20世纪前期，中国的社会学学者们在农村社会开展了丰富的社会调查，不仅收集了珍贵的资料，还建立了农村社会调查的指标体系，例如关于农村的人口、农业生产、农村的教育、农村的医疗卫生、农村家庭等方面的指标体系。纵观老一辈农村社会学家开展的社会调查，在研究方法上总体体现了如下特点：

1. 调查方式主要是典型调查和个案调查。

老一辈的社会学家在开展农村社会学研究时，大多数采用典型调查，或者是个案调查的方式，也就是说，他们在选择调查对象时，并不像现代西方社会学那样，通过科学的概率抽样来选择调查对象，而是选择一些比较典型的个案，进行深入的剖析，例如，费孝通与张志毅所做的《云南三村》的研究，是在处于内地的云南，根据村庄的经济性质选择的三个典型村庄，就是禄村、易村和玉村三个村庄。其中禄村是典型的农田经济，而易村又具有相对发达的手工业，玉村的商业经济在这三个村庄中更为明显一些。

2. 调查对象的选取比较随意，通常以方便或典型的方式选取个案。

老一辈的社会学家在开展农村社会学研究时，通常是采用方便的原则或者是典型的原则来选择调查地点，比如说费孝通先生的《江村经济》，选择的就是他自己家乡所在地——江苏省吴江县的一个村庄，这在很大程度上应该是本着方便的原则而选择的调查地点。除了方便的原则，有些老一辈社会学家在选择调查地点的时候，也会考虑当地的经济社会特征是否适合研究者的研究意图。

3. 资料收集方法以无结构式为主。

老一辈的社会学家，在开展农村社会学研究时，其资料收集大多数是以无结构式方法，即以无结构式访谈为主，而不像现代西方社会学的定量研究方法那样，以结构化的方式收集资料，所以从研究的性质来看，老一辈社会学家们更偏向于定性的研究方式。

4. 资料分析方法以质性分析为主

老一辈的社会学家，在开展农村社会学研究时，由于搜集的资料大多数是通过访谈观察等方式所获得的，因而其文字和其他类型资料难以准确进行统计分析，所以资料的分析方法大多还是以质性分析方法为主。

而当前农村社会学的调查研究除了继承老一辈农村社会学家的传统以外，也越来越多地通过定量研究方法进行。这种研究方法与老一辈的社会学家的研究方法相比，在以下几个方面的特征更为突出：

（1）调查方式主要是统计调查。在调查方式上，由于受到现代西方社会学定量研究方法的影响，统计调查的方式受到更多的青睐。

（2）调查对象的选取强调概率论基础上的随机抽样。这些定量研究，在选择调查地点的时候，更加强调基于统计学的概率论而进行科学的抽样，以便将调查样本所获得的结论推论到总体中去。

（3）资料收集方法以结构式问卷为主。资料收集采用结构式的问卷和结构式访谈等方式来获取。所以获取的资料通常可以通过数字编码，然后输入计算机，进行统计使用。

（4）资料分析方法以定量分析为主。计算机的普及使用，使得人们可以对大规模的问卷资料进行统计分析，这样就大大减轻了资料分析的工作量，同时也提高了研究结论的准确性。

第四节　农村社会学的理论体系

一　小农理论

"小农"是中文翻译英文概念 peasant 的另一个译法，以示和农民概念的区别。在马克思主义的观点看来，小农意味着一种低下的身份，也意味着过去的历史。恩格斯将"小农"定义为"小块土地的所有者或租佃者，尤其是所有者，这块土地既不大于他以自己全家的力量通常所能耕种的限度，也不小于足以养活他的家口的限度"[1]。

小农理论主要是经济学领域的学者们对小农经济行为特征进行的分

① 《马克思恩格斯选集》第4卷，人民出版社1995年版，第486—487页。

析。由于学者们所处时代的差异、开展调查的地域差异以及研究视角的不同，关于小农经济行为的理论分析也存在很大差异。但相对比较成熟的小农理论大致可以分为以下四种：生存小农理论、理性小农理论、剥削小农理论①和过密化小农理论②。

（一）生存小农理论

生存小农理论以恰亚诺夫、斯科特为代表。他们的观点大致倾向于将小农的经济行为视为自己的生计以及基于生存道义基础而生产，而不是基于利润最大化的理性追求。

恰亚诺夫在对20世纪20年代俄国四个县的家计调查材料进行研究后提出，小农具有独特的体系，遵循着自身的逻辑和规则。农户的生产和消费是从自身效用出发遵循"有条件的均衡"，其产品主要是自身消费而并不是追求利润的最大化。"家庭农场的经济活动的基本动力产生于满足家庭成员消费需求的必要性，并且其劳动乃是实现这一目标的最主要手段"，这一理论的基础是"家庭生命周期说"，认为家庭农场的经济状况主要随家庭消费者与生产者的比例周期性变化而起落。③

在恰亚诺夫研究的基础上，詹姆斯·斯科特进一步阐明了生存小农的经济行为，他在对东南亚传统小农面对风险时的行为动机的研究后认为，在长期的互动过程中，农民形成了尊重人人都有维持生计的基本权利的道德观念和社会公正感，农民的经济行为是基于道德而不是经济理性。"生存伦理就是植根于农民社会的经济实践和社会交往之中……既然佃农宁愿尽量减少灾难的概率而不是争取最大的平均利润，那么，在对租地使用权制度评估方面，佃户生存收益的稳定和保障就比其平均利润或被地主取走的收获量都更具决定性。……安全第一确实意味着，围绕着日常的生存问题，有一个防御圈。"④

（二）理性小农理论

理性小农理论以舒尔茨和波普金为代表。他们的观点大致倾向于将小

---

　　① 潘璐：《"小农"思潮回顾及其当代论辩》，《中国农业大学学报》（社会科学版）2012年第2期。

　　② 李继刚：《中国小农去自给化研究》，陕西师范大学出版社2014年版，第11页。

　　③ ［俄］恰亚诺夫：《农民经济组织》，萧正洪译，中央编译出版社1996年版。

　　④ ［美］詹姆斯·斯科特：《农民的道义经济学：东南亚的反叛与生存》，程立显等译，译林出版社2001年版。

农的经济行为视为追求利润最大化的企业家行为。

舒尔茨认为，小农的经济行为与企业行为并没有多大区别，小农的资源配置是有效率的。传统农业增长的停止，不是因为小农缺乏进取心，而是因为传统边际效率收益递减规律在支配。改造传统农业需要引入现代要素，一旦现代技术要素投入能够保证利润在现有价格水平上被获得，那么小农就会毫不犹豫地成为最大利润的追求者。[①]

继舒尔茨之后，波普金进一步阐明了舒尔茨的分析模型，提出了类似的观点。波普金认为，小农的每一项活动都要进行估算，以确保其获得可能的利益。在经济领域，农户就像公司一样，在村庄这个松散的开放体范围内，通过相互竞争达到最高利益；在政治活动中，农民也具有政治市场投资者的特征。因此，小农的行为符合理性的经济人的特征。

（三）剥削小农理论

剥削小农理论是一些马克思主义革命者以及部分学者所持有的观点，以马克思、恩格斯最具代表性。这种理论倾向于将小农视为处于附属地位、受剥削的对象，并将小农生产方式描述成将会走向灭亡的、过去生产方式的一种残余。

马克思对法国小农经济进行考察后认为，小农经济具有突出的自给自足特征，人数众多的小农在小块土地上经营。一小块土地，一个农民和一户家庭；旁边又是另一小块土地，一个农民和一户家庭。小农经济的生产方式不利于分工和应用科学，难以形成规模经营，这使小农之间相互隔离，社会关系简单，最终加剧了小农的贫困。小农安于现状、听天由命的特征也使其在政治上处于任人摆布的地位。马克思指出："小农人数众多，他们的生活条件相同，但是彼此间并没有发生多种多样的关系。他们的生产方式不是使他们互相交往，而是使他们互相隔离。这种隔离状态由于法国的交通不便和农民的贫困而更为加强了。"[②] 在《资本论》第三卷中，马克思提出："小块土地所有制按其性质来说就排斥社会劳动生产力的发展、劳动的社会形式、资本的社会积聚、大规模的畜牧和科学的不断

---

① 李继刚：《中国小农去自给化研究》，第 13 页。
② 《马克思恩格斯选集》第 1 卷，人民出版社 1995 年版，第 677 页。

扩大的应用。"① 总的来说，马克思认为小农经济的前景并不乐观。他认为，尽管小农经济曾经在历史上发挥了重要作用，但是这种小规模的农业生产方式必然受到资本主义经济发展的排挤。

与马克思的观点相似，恩格斯也认为，小农是过去生产方式的残余，小农经济无法长期存在，必然走向灭亡。他在《法德农民问题》中专门定义了小农经济，"我们这里所说的小农，是指小块土地的所有者或租佃者——尤其是所有者，这块土地既不大于他以自己全家的力量通常所能耕种的限度，也不小于足以养活他的家口的限度。因此，这个小农，像小手工业者一样，是一种工人，他和现代无产者不同的地方就是他还占有自己的劳动资料；所以，这是过去的生产方式的一种残余"②。"我们的小农，同过了时的生产方式的任何残余一样，在不可挽回地走向灭亡。他们是未来的无产者。"③

（四）过密化小农理论④

过密化小农理论的代表学者是黄宗智。他按照形式主义、实体主义和马克思主义的概括方式对以往的小农理论进行了概括和分析，认为这些理论由于各自特定的时代背景不同，所以其强调的重点也不同，而在中国社会，坚持某一种观点而排斥另外一种观点是没有意义的，需要综合分析。他主张："要了解中国的小农，需进行综合的分析研究，其关键是应把小农的三个方面视为密不可分的统一体，即小农既是一个追求利润者，又是维持生计的生产者，当然更是受剥削的耕作者，三种不同面貌，各自反映了这个统一体的一个侧面。"⑤ 他提出要区别不同阶层的小农："一个经济地位上升的，雇佣长工以及生产有相当剩余的富农或经营式农场主，要比一个经济地位下降的、在饥饿边缘挣扎，付出高额地租和领取低报酬的佃、雇农，较为符合形式主义分析模式中的形象。而后者则更符合马克思主义的分析模式。而一个主要为自家消费而生产的自耕农，则接近于实体

---

① ［德］马克思：《资本论》第 3 卷，人民出版社 1975 年版，第 830 页。

② 《马克思恩格斯全集》第 22 卷，人民出版社 1964 年版，第 568 页。

③ 《马克思恩格斯全集》第 22 卷，第 569 页。

④ 李继刚：《中国小农去自给化研究》，第 15 页。

⑤ ［美］黄宗智：《中国农村的过密化与现代化：规范认识危机及出路》，上海社会科学院出版社 1992 年版，第 6 页。

主义所描绘的小农。"①

黄宗智通过对中华人民共和国成立前几个世纪的华北平原和长江三角洲的农业发展进行综合分析后，提出了过密型商品化的结论。他认为，中国的小农经济并不会随着商品化的发展而发生质的变化，像西方国家那样演变成资本主义经济。中国小农经济采用的是以过度密集劳动投入来获取生产增长的生产方式。过密化是由于中国人口过多而其他生产要素过少造成的。小农家庭因为耕地面积有限，而家庭劳力过多，缺乏就业机会，因此在边际报酬十分低下的情况下仍然继续投入劳动。过密型商品化导致农业成为没有发展的增长，因为伴随农业总产量增加的是人均总产量的停滞不前，实际上劳动生产率和人均收入几乎没有改进。

二 乡村建设学派

20世纪二三十年代，中国社会政治动荡、军阀混战、农业生产技术落后、农民生活困苦不堪，一些知识分子从改良中国农村乃至改良中国社会的政治理想出发，发起和推动了乡村建设运动。当时影响比较大的包括：

（一）晏阳初主持的定县平民教育与乡村建设运动

晏阳初主持的定县乡村建设运动可分为三个阶段。1926—1929年，平教会主要从事平民教育和初步的社会概况调查。1929—1932年，由平民教育转向全面乡村建设。1932年，国民政府内政会议划定县为全国五大县政建设实验县。定县也开始了与政府合作的新阶段。

1926年，晏阳初选择河北定县开展平民教育与乡村建设实验。当时主持实验的机关是中华平民教育促进会，其出版了《平民千字课本》等进行识字扫盲运动，晏阳初认为，中国的大患是民众的贫、愚、弱、私"四大病"，因此主张通过公办平民学校对民众，首先是农民进行教育——先教识字，再实施生计、文艺、卫生和公民"四大教育"，"以文字教育救愚，以生计教育救穷，以卫生教育救弱，以公民教育救私"，培养知识力、生产力、强健力和团结力，以造就"新民"。除此以外，他还主张在农村实行政治、教育、经济、自卫、卫生和礼俗"六大整体建

---

① 黄宗智：《中国农村的过密化与现代化：规范认识危机及出路》，第6页。

设"，从而达到强国救国的目的，其中包括积极推广合作组织、传授农业科技，建立农村医疗卫生保健制度等。

（二）梁漱溟主持的邹平乡村建设运动

梁漱溟受泰州学派的影响，在中国发起过乡村建设运动。1928 年梁漱溟在河南进行过短期的村治实验，1931 年又来到山东的邹平，进行了长达七年的乡村建设运动，后来实验区逐步扩大到全省十几个县，在海内外产生了深远影响。梁漱溟的邹平乡村建设实践以 1933 年 7 月为界，分为前后两个阶段。前期由乡村建设研究院负责，侧重于人才的训练及问题的研究。1932 年国民政府内政会议划邹平为全国五大县政建设实验县。邹平乡村建设的基本方案是：把乡村组织起来，建立乡农学校，它们既是行政机关，又是教育机关和乡民的自治团体。为了克服分散农民的弱小问题，组织了农村合作社。邹平的乡村建设与国民政府的县政建设实验合二为一。

乡村建设运动是中国农村发展史上的一次重要的社会运动，其代表了不停留于纯粹理论层面而是从社会实践出发去探索社会发展道路的思路。其总体特点就是实践性：通过试验区的社会实践推动农村发展；通过实验区的建立而带动整个乡村建设。

三　社区研究学派

以一个具体的社区为范围展开研究，进而去认识整体社会，这是早期中国社会学家们开展社会学研究的一个重要思路。社会学家吴文藻在引进和介绍西方社会学理论的同时非常重视社会学的"中国化"发展，致力于"建立'适合我国国情'的社会学教学和科研体系，使'中国式的社会学'扎根于中国的土壤之上"。而对于社会学如何"中国化"，他特别提倡的一点就是社区研究，即"用同一区位的或文化的观点和方法，来分头进行各种地域不同的社会研究"。

20 世纪的前半期，中国社会学涌现出了一大批农村社区研究成果，谱写了中国社会学史上的辉煌篇章。其中费孝通的《江村经济》、费孝通与张之毅的《云南三村》等都是当时典型的农村社区研究成果，以下进行简要介绍。

《江村经济》是费孝通根据 1936 年在江苏吴江县庙港乡开弦弓村进

行的调查研究写成的，该成果最初成于 1938 年，原为英文，题为"开弦弓，一个中国农村的经济生活"，是根据作者在英国伦敦大学的博士学位论文而写成。1939 年在英国出版，书名为"中国农民的生活"。中文版于1986 年由江苏人民出版社以《江村经济》为书名出版。《江村经济》由作者的博士导师、英国人类学家马林诺夫斯基作序。著作以经济为主线，叙述了江村农民的消费、生产、分配和交易等体系，描述了一个传统中国农村社区的社会结构，同时又分析了受到世界经济影响的江村经济的发展道路。《江村经济》出版后受到了人类学界和社会学界的重视。1981 年，费孝通因这部著作及其他学术成就荣获英国皇家人类学会的最高荣誉奖"赫胥黎奖章"。

　　《云南三村》实际上是三项社区研究成果。1938—1942 年，正值抗日战争初、中期，费孝通和张之毅在云南选了三个农村社区进行调查，分别称作禄村、易村和玉村，当时分别属于云南省的三个县——禄丰、易门、玉溪。最初在商务印书馆出版了土纸本，包括费孝通的《禄村农田》（1942）、张之毅的《易村手工业》（1943），张之毅的《玉村商业和农业》是油行本。1943 年费孝通初访美国，在访问期间把这几篇论文编译成 *Earth bound China*（《土地缚束下的中国》，美国芝加哥大学出版社1945 年版）一书。1987 年张之毅去世后，由费孝通汇编成《云南三村》一书。[①] 云南三村的研究目的是想了解当时受现代工商业城市经济影响较浅的内地农村的社会经济结构，进而研究怎样提高内地农民的生活。而之所以选择了三个村，是因为这三个村代表了抗日战争前云南东部滇池周围坝子里的三种不同模式，方便进行比较研究。其中，禄村是一个典型的内地农业社区，除了农业之外，副业很少，或者说根本没有手工业的自给自足的农村模式。禄村的特点就是众多人口挤在狭小的坝子里，用着简单的技术，依靠农业生产维持生计。易村则代表了手工业生产的模式，这里长着大量的竹子，发展起了两种主要的手工业，一项是编织篾器；另一项是制造土纸。玉村是受市镇影响较深的村庄，其商业经济较明显。玉村"在土地制度上是从禄村到江村的过渡形式，在农业经营上具有靠近城镇的菜园经济的特点，在发展上正处在传统经济开始被现代经济侵入的初期

---

① 费孝通：《行行重行行》，群言出版社 2014 年版，第 528 页。

阶段"①。

四　"差序格局"理论

《乡土中国》一书是费孝通的著名著作之一，作者尝试对中国乡土社会的结构进行深层剖析，深入浅出地讨论了结构之构成、功能、运行体系等等，展现了社会结构是如何支配社会生活的方方面面，他提出的"差序格局"成为描述中国社会结构的基本概念。

费孝通在《乡土中国》中用比喻的方式将中国社会结构的基本特性概括为"差序格局"。中国的社会结构就像以"己"为中心，像石子一般投入水中，从石子落水的地方开始，一圈一圈地向外形成波纹。每个人都是他自己社会影响推出去的圈子的中心，波纹所推及的就发生联系，从而形成特定的社会关系。波纹一圈圈推出去，愈推愈远，也愈推愈薄。与此形成对比，费老把西洋社会的结构称作团体格局，同样以比喻的方式，他认为西洋的社会有些像我们在田里捆柴，几根稻草束成一把，几把束成一扎，几扎束成一捆，几捆束成一挑。每一根柴在整个挑里都属于一定的捆、扎、把。每一根柴也都可以找到同把、同扎、同捆的柴，分扎得清楚是不会乱的。在社会，这些单位就是团体。"我说西洋社会组织像捆柴就是想指明：他们常常由若干人组成一个个的团体。团体是有一定界限的，谁是团体里的人，谁是团体外的人，不能模糊，一定得分清楚。在团体里的人是一伙，对于团体的关系是相同的，如果同一团体中有组别或等级的分别，那也是事先规定的。我用捆柴来比拟，有一点不太合适，就是一个人可以参加好几个团体，而好几扎柴里都有某一根柴当然是不可能的，这是人和柴不同的地方。我用这譬喻是在想具体一些，使我们看到社会生活中人和人的关系的一种格局。"②

【本章思考题】

1. 农村社会学的研究对象是什么？

2. 当前我国社会开展农村社会学研究的意义有哪些？

① 费孝通：《逝者如斯：费孝通杂文选集》，苏州大学出版社 2005 年版，第 171 页。

② 费孝通：《乡土中国》（修订版），上海人民出版社 2013 年版，第 29 页。

3. 阐释概念"农民""农村居民"的基本含义。

4. 早期我国社会学者开展农村社会学研究的方法具有哪些特点？

5. 简述农村社会学研究的主要理论观点。

【补充阅读】

《华北的小农经济与社会变迁》探讨的问题①

革命前，中国的小农具有三种不同的面貌。首先，是在一定程度上直接为自家消费而生产的单位，他在生产上所做的抉择，部分地取决于家庭的需要。在这方面，他与生产，消费、工作和居住截然分开的现代都市居民显然不同。其次，他也像一个追求利润的单位，因为在某种程度上他又为市场而生产，必须根据价格、供求和成本与收益来作出生产上的抉择。在这方面，小农家庭的"农场"也具备一些类似资本主义的特点。最后，我们可以把小农看作一个阶级社会和政权体系下的成员；其剩余产品被用来供应非农业部门的消费需要。

农民学中三个不同的传统

小农的这些不同特性，各主要传统学派已分别加以阐明。西方经济学家研究其类似资本主义企业一面的代表作是西奥多·舒尔茨（诺贝尔奖获得者）的《传统农业的改造》。舒氏在书中精辟地论述：小农的经济行为，绝非西方社会一般人心目中那样懒惰、愚昧，或没有理性。事实上，他是一个在"传统农业"（在投入现代的机械动力和化肥以前）的范畴内，有进取精神并对资源能作最适度运用的人。传统农业可能是贫乏的，但效率很高。它渐趋接近一个"均衡"的水平。在这个均衡之内，"生产因素的使用，较少有不合理的低效率现象"（舒尔茨，1964：37）。因此，舒氏认为小农作为"经济人"，毫不逊色于任何资本主义企业家（舒尔茨，1964：特别是第二、三章）。因此，舒尔茨提出改造传统农业的正确途径，不是苏联式的改造，而是在保存家庭式农场的生产组织结构的基础上，提供小农可以合理运用的现代"生产因素"。一旦有经济利益的刺激，小农便会为追求利润而创新，从而改造传统农业，如同美国所经历的

---

① ［美］黄宗智：《中国农村的过密化与现代化：规范认识危机及出路》，上海社会科学院出版社1992年版，第2—8页。

农业改革一样（舒尔茨，1964：第七、八章）。

最近，波普金又进一步阐明了舒尔茨的分析模型对我们了解小农政治行为所蕴含的意义。在他看来，小农的农场，最宜于用资本主义的"公司"来比拟描述。而作为政治行动者的小农，最宜于比作一个在政治市场上的投资者。在波氏的分析中，小农是一个在权衡长、短期利益之后，为追求最大利益而做出合理生产抉择的人。波普金的书也因此取名为《理性的小农》（1979）。

对这种把小农当作资本主义企业家的分析持批评态度的学者，则强调小农为自家生计而生产的一面。此学派可以苏联的蔡雅诺夫为代表。他在20世纪20年代对革命前俄国小农所做的研究，令人信服地说明了小农经济不能以研究资本主义的学说来理解。资本主义的利润计算法，不适用于小农的家庭式农场。因为这种农场不是依赖于雇佣劳动，其家庭全年所投入的劳动，很难分计为一个个劳动单位的成本。农场一年所生产的农产品，是全年劳动的成果，也不易像现金收入一样按单位计算。最重要的是，小农的家庭式农场的生产，主要是为了满足其家庭的消费需要，不是为了追求最大利润。

三十年之后，经济史家卡尔·波拉尼又从另一不同角度批评了用资本主义经济学来研究小农经济。波拉尼和他在哥伦比亚大学的同派学者，认为资本主义经济学的概念和分析方法，都是以一个根据供求规律而定出价格的市场的存在为前提。将这种经济学应用到尚无此类市场的经济体系上，实际上等于强把"功利的理性主义"世界化：把世界上所有的人，都等同一个追求经济合理化的"功利的原子"。波拉尼提倡用"实体经济学"取代上述"形式经济学"，以"实体经济学"分析资本主义市场尚未出现之前的经济。他还认为，"形式经济学"的前提是人人都有余裕作经济抉择，并假定土地、劳力和资本都可以用货币买卖。他所提倡的"实体经济学"，则认为在资本主义市场出现之前的社会中，经济行为"植根"于社会关系，如古代的"互惠"关系（例如互助及亲属之间的义务），而非取决于市场和追求至高利润的动机。研究前资本主义的经济，需要一种截然不同的方法：要把经济作为社会"制度过程"来探讨（波拉尼等，1957；特别参见第十二、十三章）。

波拉尼的观点，得到许多研究尚无市场关系的小社团和半商业化农村的经济人类学者的支持。这些"实体主义者"（同行们常这样称呼他们）一向反对用西方传统经济学的模式，来研究非西方的前工业社会。时至今日，资本主义经济学到底应否或如何应用于小农经济研究，仍是一个争论不休的问题（所涉及的问题范围可见于多尔顿，1969，以及附录的评论）。

詹姆斯·斯科特阐明了蔡雅诺夫和波拉尼的学说，在于分析农民思想和政治行为方面所蕴含的意义。在其《小农的道义经济：东南亚的叛乱和生计维持》（1976）一书中，斯科特力持：小农经济行为的主导动机，是"避免风险、严安全第一"，在同一共同体中，尊重人人都有维持生计的基本权利的道德观念，以及"主客"间"互惠关系"等。因此，小农的集体行动，基本上是防卫性和复原性的，是为了对抗威胁生计的外来压力，对抗资本主义市场关系以及资本主义国家政权的入侵。

与形式主义及实体主义的观点相对立，马克思主义强调的则是小农的最后一个方面。一些传统的马克思主义理论著作认为，小农经济是树建经济的基础，其主要特点是一整套的阶级关系，即地主和小农生产者之间的剥削与被剥削关系。小农的生产剩余，主要是通过地租（包括劳役、实物和货币地租）和赋税形式而被地主及其国家所榨取。封建社会中的农民，既非形式主义分析中的企业家，也非实体主义者笔下的道义共同体成员。他们是租税的交纳者，受剥削的耕作者。其生产的剩余用来维持统治阶级和国家机器的生存。（马克思主义者承认封建主义社会中小私有者农民的存在，但认为当时主要的阶级关系是地主和佃户间的关系。特别参见马克思，1967：782—802；列宁，1907：190—218；斯大林，1940；毛泽东，1939）。

本书所采用的首先是一个综合的分析。以上概述的三种分析，对我们了解他们所特别强调的那个方面有所裨益。可是，这些分析引起了长时间的争论。在我们看来，继续坚持某一方面的特征，而排斥其他方面，是没有意义的。本书首先主张：要了解中国的小农，需进行综合的分析研究，其关键是应把小农的三个方面视为密不可分的统一体，即小农既是一个追求利润者，又是维持生计的生产者，当然更是受剥削的耕作者，三种不同面貌，各自反映了这个统一体的一个侧面。

其次，我们还需要区别不同阶层的小农。因为这些特性的混合成分和侧重点，随不同阶层的小农而有所区别。一个经济地位上升的，雇佣长工以及生产有相当剩余的富农或经营式农场主，要比一个经济地位下降的、在饥饿边缘挣扎，付出高额地租和领取低报酬的佃，雇农，较为符合形式主义分析模式中的形象。而后者则更符合马克思主义的分析模式。而一个主要为自家消费而生产的自耕农，则接近于实体主义所描绘的小农。

　　我们要采用的是一个区别不同阶层小农的综合分析。十六世纪后，在华北平原开始植棉。这些棉农，表面看起来，似乎都是为适应市场需求和棉花的较高利润而植棉。但仔细观察，就会发现各个阶层的棉农，其植棉的动机是不同的。较大而富裕的农场，在决定把棉花纳入其总作物组合型时，显然在很大程度上受到利润的诱导。然而，即使是最大、商业化程度最高的农场，一般仍以其耕地面积的相当部分，种植直接供家人食用的作物，并把部分剩余用以纳税，供政权组织所用。至于较贫穷的小农，生存的考虑往往重于利润的追求。小农分化和人口递增的双重压力，使许多贫农农场面积在十八世纪后，缩小到生产不足维持其家庭的食用。许多这类小农，被迫冒险以反常的比例面积来种棉花，因为植棉可以较充分地使用剩余劳力，而棉花的较高收益，也使他们有可能赖以维持生计。至于租佃土地的贫户，则往往毫无选择的余地。地租一旦随棉花所得的收益增高，租种可以植棉的土地的小农便无法继续种粮食。但是，如果市场行情发生剧变，他们便相应地调整作物组合比例，与较富裕的农场并无二致。换言之，小农对种植棉花的态度，同时受三种因素的影响。利润的考虑，在富裕的农场上占较大的比重。在贫穷的农场，则较多地考虑生计与生产关系。

　　另一个有关的现象是：使用雇佣劳力的大农场和依赖家庭劳力的家庭农场，对人口压力会做出不同的反应。大农场得以就农场的需要变化而多雇或解雇劳力。家庭式农场则不具备相似的弹性。从相对劳力而言，面积太小的家庭农场，无法解雇多余的劳力，面对剩余劳力的存在和劳力的不能充分使用而无能为力。在生计的压力下，这类农场在单位面积上投入的劳力，远比使用雇佣劳力的大农场为多。这种劳力集约化的程度可以远远超过边际报酬递减的地步。蔡雅诺夫指出，革命前俄国农业中曾存在过这种现象（蔡雅诺夫，1966b：113—16）。克利福德·吉尔茨给爪哇水稻农作中这种集约化到边际报酬收缩的现象，冠以一个特别的名称："农业内卷化"（吉尔茨，1963）。本书将证实人口压力常使冀一鲁西北平原贫农农场劳力的边际报酬，降至雇佣劳动工资和家庭生计需要之下。对一个与资本主义企业相类似的大农场来说，这样的经济行为是不合理的——一个企业何以会在边际收益低于成本时继续投入劳力？这样做岂不等于故意要亏本？

但我们不应就此下定论说，那些家庭农场的经济行为是"不合理的"，是不能用形式经济学来理解的。内卷化的现象，实际上可以用一般微观经济学的理论来给予合理的解释，但需要同时用关于企业行为和消费者的抉择理论来分析，而不可简单地用追求最大利润的模式来分析。一个有剩余劳力的小农，把投入农场的劳力提到如此高的地步，是因为这样的劳力对他们来说，只需很低的"机会成本"（因缺乏其他的就业可能），而这种劳力的报酬，对一个在生存边缘挣扎的小农消费者来说，具有极高的"边际效用"。不用追求最高利润的观念（来自企业行为的理论），而用"效用"观念（来自微观经济学中关于理性消费者的抉择的理论）的好处是：它可以顾及与特殊境况有关的主观抉择。最主要的是要把家庭农场当作一个生产和消费合一的单位来理解。

小农的经济行为在以上两个例子中——一个和商业化有关，另一个和人口压力有关——只能通过区别不同阶层的小农，而又综合形式主义、实体主义和马克思主义学派的分析来理解。这是本书探讨华北农村的演变形势时所采用的基本观点。

第二章　农村社会学研究简史

第一节　国外农村社会学研究简史

一　农村社会学兴起的背景

农村社会学的研究最早起源于美国，这与美国社会在 19 世纪后期、20 世纪初的社会变迁密不可分。自美国南北战争以来，工业化迅速推进。伴随这一过程出现的就是农村社会的衰退，大量小农破产，农民生活贫困，农村人口大量涌入城市，农村社会出现了严重的危机。正是这一社会变迁背景，推动了社会各界对农村社会的关注和研究。

学界一般认为，农村社会学成为专门研究领域的开端始于 1894 年罕德逊教授在芝加哥大学开设的课程"美国乡村生活的社会环境"，这是一门专门讲授农村社会的课程。1915 年，威斯康星大学的盖尔平教授发表了报告《一个农业社区的解剖》，提出了划定一个具体的农村社区范围的方法，认为一个农村社区是由一个交易中心及其周围散居的农户构成。盖尔平教授提出，可以围绕那个交易中心，找到交易中心的交易行为能达到的距离，在最远处做下标记，然后将这些记号连接起来，就形成了一个圆圈，圆圈内就是一个农村社区的范围。这一研究被学界认为是美国首次科学的、系统的农村社会学研究。

二　农村社会学的产生和发展

20 世纪 20 年代，为了应对农业危机，美国农业部批准各州建立农业实验站，资助农业经济学和社会学的研究。农村社会学很快成为美国社会学的一个重要研究领域——1935 年《农村社会学》杂志创刊，1937 年美国社会学学会宣布成立农村社会学学会，自此以后，农村社会学进入蓬勃发展时期。农村社会学的研究集中于农村社会福利与社会政策、农村组织、农村人口、农村居民心理、农村社会变迁等方面。一直持续到 20 世纪 50 年代，农村社会学在美国社会学的研究中始终处于领先地位。

不过进入 20 世纪 70 年代以后，美国农村社会学研究开始衰落，其主要原因是农村人口的不断减少、持续的工业化、大规模组织的出现以及社会的信息化使得农村社会的性质发生了巨大的变化。从 20 世纪 80 年代开始，更多的研究开始转向农业社会学。

在美国的农村社会学衰落的期间，尤其是第二次世界大战以后，西欧的农村社会学取得了很大的发展。这一方面是因为战争导致西欧的农村受到严重破坏，战后急需重建；另一方面也受到了美国农村社会学的影响，一些美国的农村社会学者赴欧洲开展社会调查，除此以外，当时联合国粮农组织也积极帮助西欧社会开展农村社会学的教学和研究活动。1957 年，欧洲农村社会学工作协会成立，不久后更名为"欧洲农村社会学学会"。1964 年欧洲与美国的农村社会学学会联合在法国举行"第一届农村社会学世界大会"，1968 年又在荷兰举行"第二届农村社会学世界大会"，由此，农村社会学这门学科在世界许多国家得以广泛传播。[1]

在西欧的农村社会学研究中，法国农村社会学尤其突出。H. 孟德拉斯及其追随者以农业现代化的方式及其后果为主题，开展了对农民和农业经营以及农村社会变迁的一系列研究。孟德拉斯主编的《法国农村社区》（两卷本，1971 年版和 1974 年版），对农业经营和农民家庭的转变、农业在国民经济中的地位、农民在法国社会的地位、农村社会的转变等进行了分析。在孟德拉斯的《农民的终结》中，分析了法国社会变迁中农民角色的转变，认为随着法国农村社会的变迁，传统的农民角色趋于消失，取而代之的是农业经营者。

第二节 中国农村社会学研究简史

一 早期的农村社会调查和研究

自从 19 世纪末 20 世纪初社会学被引入中国以后，早期的农村社会调

---

① 韩明谟：《农村社会学》，北京大学出版社 2014 年版，第 2 页。

查主要可以分为两种思路，一种是学术界的；另一种是 20 世纪 20 年代至 40 年代中国共产党人开展的农村调查。

（一）外籍人士开展的农村社会调查

1918—1919 年，上海沪江大学葛尔溥指导开展了广东潮州凤凰村的调查，这项调查是国内最早的农村社会调查，也是早期比较完整和系统的农村社会调查。这项调查对凤凰村的地势、人口、卫生状况、民族、宗教、经济、风俗、教育、娱乐等方面进行了系统的调查，调查结果最终呈现为著作《华南农村生活》（*Country Life in South China*），1925 年在美国发表。

最早用中文出版的农村社会调查成果是白克令教授指导沪江大学学生进行的《沈家行实况》。这是 1923 年白克令教授指导沪江大学的学生对距离上海不远的沈家行开展的调查。该调查对沈家行的居住、家庭、宗教、娱乐、公共卫生与健康、商业、地方行政等方面进行了综合考察。调查成果《沈家行实况》1924 年出版于商务印书馆。

（二）本土学者开展的农村社会研究

20 世纪 20 年代至 40 年代，一些留美学生回国后开展农村社会学的研究和教学工作，开展了大量的农村社会调查。

其中最有代表性的就是费孝通，他以江苏省吴江县开弦弓村为调查地点，写成了其代表作《江村经济》，后又与张之毅一起完成了《云南三村》，包括费孝通的《禄村农田》（1942）、张之毅的《易村手工业》（1943）、张之毅的《玉村商业和农业》，基于类型学的思路，对 20 世纪早期中国农村的发展进行了系统的调查研究。另外，根据费孝通在云南大学任教期间的讲义编写成的《乡土中国》（1948），也是早期农村社会研究的重要著作。

（三）农村社会实践运动

20 世纪 30 年代，农村社会学的研究不仅停留在学术探讨领域，更是走向了社会改革的实践。一批学者和仁人志士本着改造落后的中国社会的目的，开展了乡村建设运动，其中最为典型的是晏阳初主持的河北定县平民教育与乡村建设运动和梁漱溟主持的山东邹平乡村建设运动。乡村建设运动不仅是一项对农村社会的改革试验，其理论也产生了一定的影响。

（四）中国共产党人开展的农村社会调查

20 世纪 20 年代至 40 年代，中国共产党人因为革命需要开展了一系列对农村社会的调查，以更好地把握农村社会结构。

其中最为突出的就是毛泽东同志的调查。1927 年，毛泽东同志在湖南五个县开展调查，撰写了著名的《湖南农民考察报告》，对农村社会的阶级阶层结构进行了详细的分析。1930 年，他又从 8 个家庭入手展开观察，对一个农村社区的阶级结构、土地制度和居民的政治态度等进行了分析，写成了《兴国调查》。还有其 1933 年在兴国县长冈乡的《长冈乡调查》和在福建上杭县才溪乡开展的《才溪乡调查》，都是比较综合的农村社会调查。

除了毛泽东同志外，还有张闻天主持、马洪起草的《米脂县杨家沟调查》，蒋旨昂的《战时乡村社区政治》，张少微的《乡村社区实地研究》。这些调查成果的出发点虽然都是为了更好地领导新民主主义革命，但是通过具体的农村社会剖析，深刻地揭示了农村社会结构，也成为早期农村社会调查成果中的重要组成部分。

二　20 世纪早期农村社会学的学科建设

20 世纪二三十年代，农村社会学逐渐成为专门的一个分支学科，在学科建设方面取得了重要进展。

中国第一部农村社会学著作被认为是 1924 年顾复出版的《农村社会学》一书。1929 年，杨开道出版了《农村社会学》；同年，冯和法出版了《农村社会学大纲》。1934 年，言心哲出版了《农村社会学概论》。这些著作或教材为农村社会学的学科建设做出了重要贡献，农村社会学也日益成为中国社会学研究中的重要领域。

三　农村社会学的中断和恢复重建

1952 年，社会学这一学科在院系调整中被取消，作为社会学分支的农村社会学也基本上停止了活动。虽然如此，对农村社会的研究其实并未停止，费孝通在 20 世纪 30 年代至 80 年代，不断对江村进行追踪研究，其研究发现体现在《江村五十年》一书中。

1979 年以后，社会学得到恢复，作为分支社会学的农村社会学的教学和研究活动也随之恢复。部分高校设立了农村社会学专业,一些研究机构也组建了农村社会学研究中心,相继出版了一些农村社会学的教材和专著,农村社会学的研究开始更多地探讨农村城镇化、农村社会变迁等主题,这也是对中国农村社会变迁的及时回应。

【本章思考题】

1. 美国农村社会学研究兴起的社会背景是什么?
2. 法国农村社会学研究的特点?
3. 请评述一本 20 世纪早期我国农村社会学的经典著作。

【补充阅读】

《云南三村》序①

日子似乎越过越快,应当做的事总是不能及时完成,堆积成山,压得使人难受。这可能是人到老年难免的苦处。以这本《云南三村》来说,我早就该编定交去出版,不料一拖已有两年。昨晚才算全部看完一遍,了却了这桩心事。

能有几天不受干扰地集中时间校阅这部稿子,可以说也是得之偶然的机遇。今年国庆节前夕,突然接到澳门东亚大学的邀请,匆匆就道,10月4日到达。东亚大学要我做的事并不多,参加一次仪式和讲一次话。但两个节目,由于中秋放假加上周末休息,拉开了好几天。由此我无意中得到了一段可以自由支配的时间。我带上这部稿子,利用这段空隙,从头阅读了一遍。和天津人民出版社约定出版这本书已是两年多前的事了。这本书包括我和同事张之毅同志于抗战初期(1938—1942年),在云南内地农村调查的三本报告:《禄村农田》《易村手工业》和《玉村农业和商业》。其中前两份报告分别在1943年由重庆商务印书馆出版,用的还是抗战后方的土纸。第三份报告一直没有出版过。1943—1944年我访问美国时,曾以英文把这三份报告写成 *Earthbound China* 一书,1945年由芝加哥大学出版社出版,后来收入英国 Kegan Paul 书局的国际社会学丛书里。

从云南内地农村调查开始时1938年11月15日算起到今天已接近五

---

① 费孝通、张之毅:《云南三村》,社会科学文献出版社2006年版,第1—8页。

十年，只差一个月又三天，快整整半个世纪了。这半个世纪里，从世界到个人都发生了史无前例的变化。自从 1979 年社会学在中国重新取得合法地位后，我一直有意把我国早期社会学调查成果整理出来重予出版，使后人能了解这门学科是怎样发展过来的。但这几年我总觉得应当做的事实在太多，大概是由于有了点年纪，精力已日见衰退，望着案头待理的一叠叠稿纸，已感到力不从心，无可奈何。此项打算未能如愿实现。

我的《江村经济》还是靠了朋友们的帮助翻译，今年方与读者见面。当时我就想到已经约定出版的《云南三村》应当接着付印。我把这意思告诉了张之毅同志时，知道他那时正在埋头校阅《玉村农业和商业》这本旧稿。他是个认真做学问的人，对自己的要求十分严格。文如其人，读者在本书里就体会得到这位作者的性格。说是校阅，实是重写。这几天我阅读这本稿本，发现他从旧稿中剪下来贴在稿子上的占不到全稿的三分之一。我耐心地等他把定稿送来，谁知道送来的却是他老病复发的信息。我去医院看他时，他已昏迷，话也没有能接上口。今年 6 月 8 日他逝世了。丧事过后，他的家属在案头找出了这一本他亲自剪贴改写的稿本，送到了我的手上。我心上一直挂着这件事，但腾不出手校阅，十分难受。

真是想不到，将近五十年前，为了油印他那本《易村手工业》，我曾一字一句地亲手刻写蜡版；过了这么半个世纪，最后还是轮到我，为了出版这本《玉村农业和商业》，又一字一句地亲自校阅他的修正稿。这段学术因缘，岂是天定？但是今昔还是有别。当年我凡是有着不清楚或不太同意的地方，总是能拉住他反复讨论、查究；而现在凡是遇到模糊的字迹、不太明白的句子时，只能独自猜度了。此情此景，在异乡明月下，令人惨然。

关于云南三村的调查经过，本书中都有交代，在这里不必多说。这一段时间的生活，在我这一生里是值得留恋的。时隔愈久，愈觉得可贵的是当时和几位年轻的朋友一起工作时不计困苦、追求理想的那一片真情。以客观形势来说，那正是强敌压境、家乡沦陷之时，战时内地知识分子的生活条件是够严酷的了。但是谁也没有叫过苦，叫过穷，总觉得自己在做着有意义的事。吃得了苦，耐得了穷，才值得骄傲和自负。我们对自己的国家有信心，对自己的事业有抱负。那种一往情深，何等可爱。这段生活在我心中一直是鲜红的，不会忘记的。

　　现在很可能有人会不太明白，为什么一个所谓"学成归乡的留学生"会一头就钻入农村里去做当时社会上没有人会叫好的社会调查。《禄村农田》却的确就是这样开始的。我初次去禄村的日子离我从伦敦到达昆明时只相隔两个星期。为什么这样迫不及待？《江村经济》最后一段话答复了这个问题。我当时觉得中国在抗战胜利之后还有一个更严重的问题要解决，那就是我们将建设成怎样一个国家。在抗日的战场上，我能出的力不多。但是为了解决那个更严重的问题，我有责任，用我所学到的知识，多做一些准备工作。那就是科学地去认识中国社会。我一向认为要解决具体问题必须从认清具体事实出发。对中国社会的正确认识应是解决怎样建设中国这个问题的必要前提。科学的知识来自实际的观察和系统的分析，也就是现在所说的"实事求是"。因此，实地调查具体社区里的人们生活是认识社会的入门之道。我从自己的实践中坚定了这种看法。1935—1936年的广西大瑶山调查和江苏太湖边上的江村调查是我的初步尝试。经过了在伦敦的两年学习，我一回到国土上，立刻就投入了云南内地农村的调查。这里有一股劲，一股追求知识的劲。这股劲是极可宝贵的。

　　广西大瑶山的调查只有我和前妻王同惠两人，江村调查只有我单枪匹马。但是到了云南却能聚合一些志同道合的青年一起来进行这项工作了。出于老师吴文藻先生的擘画，不但1938年在云南大学成立了一个社会学系，而且1939年和燕京大学合作成立了一个社会学研究室。我接受了管理中英庚款董事会科学工作人员的微薄津贴（1939—1941年），以云大教授的名义，主持研究室的工作，开展社会学调查。1940年昆明遭到日本大轰炸，社会学研究室不得不疏散到昆明附近呈贡县的农村里去。我们租得一个三层楼的魁星阁，成为我们的工作基地。因此这个研究室也就从此被称为"魁阁"。到1945年日本投降才回到昆明。前后有六年。

　　1939年春季我在西南联大兼课，张之毅同志在我班上听课。他从清华大学社会学系毕业后，首先报名自愿参加我主持的社会学研究室。由他牵头陆续有史国衡、田汝康、谷苞、张宗颖、胡庆均等同志参加，加上云大的教授许烺光先生和燕京大学硕士研究生李有义同志，形成了一个研究队伍。魁阁的学风是从伦敦政治经济学院人类学系传来的。采取理论和实际密切结合的原则。每个研究人员都有自己的专题，到选定的社区里去进行实地调查，然后在"席明纳"里进行集体讨论，个人负责编写论文。

这种做研究工作的办法确能发挥个人的创造性和得到集体讨论的启发。效果是显然的。像《易村手工业》这样的论文是出于大学毕业后只有一年的青年人之手，我相信是经得起后来人的考核的。

张之毅同志参加研究室的第一课是跟我一起下乡，去禄村协同我进行调查。学术是细致的脑力劳动，有如高级的手艺，只是观摩艺术成品是不容易把手艺学会的。所以我采取"亲自带着走，亲自带着看"的方法来培养新手。从1939年8月到10月中，张之毅同志和我一起在禄村生活和工作。随时随地提问题，进行讨论。所以他摸出了我从江村到禄村比较研究的线索，和共同构思出今后研究的方向。我们又在该年10月18日一同去寻找一个内地手工业发达的农村来为以农田为主的禄村作比较研究。走了六天才找到易村。拟订调查计划后，11月17日，他便单独去易村进行工作。这时他已经有了调查的初步经验，而且对要了解的问题已心中有数。从这基础上，他克服种种困难，在二十七天里取得了丰富的数据，而且提高了认识，提出了新的问题。为下一回玉村调查打下了基础。

玉村调查是在1940年和1941年中进行的。由于玉村离呈贡的魁阁较近，而且交通方便，所以他能和我的禄村调查一样，在整理出初步报告后，再去深入复查，步步提高。由于他所遗下的稿本里缺了叙述调查经过的一章，我已记不住他进行工作的具体日期。但是，由于这本稿子曾经反复在魁阁的"席明纳"里讨论过，又在我改写英文时细嚼过，所以我对玉村调查的主题印象相当深刻。实际上，它已为我在80年代的小城镇研究开辟了道路。玉村是一个靠近玉溪县镇的一个农村。玉溪县镇是云南中部的一个传统商业中心。它在土地制度上是从禄村到江村的过渡形式，在农业经营上具有靠近城镇的菜园经济的特点，在发展上正处在传统经济开始被现代经济侵入的初期阶段。无怪这样一个富具特点的研究对象能吸引住张之毅同志的研究兴趣，直到他生命的最后一刻。

从《江村经济》到《云南三村》，还可以说一直到80年代城乡关系和边区开发的研究，中间贯串着一条理论的线索。《云南三村》是处在这条线索的重要环节上，而且在应用类型比较的方法上也表现得最为清楚。因之，要理解魁阁所进行的这些的社会学研究，最好看一看这本《云南三村》。

《云南三村》是从《江村经济》基础上发展出来的。《江村经济》是对一个农村社区的社会结构和其运作的素描，勾画出一个由各相关要素有系统地配合起来的整体。在解剖这一只"麻雀"的过程中提出了一系列有概括性的理论问题，看到了在当时农村手工业的崩溃、土地权的外流、农民生活的贫困化等等，因而提出了用传统手工业的崩溃和现代工商业势力的侵入来解释以离地地主为主的土地制度的见解。但是当时我就觉得"这种见解可否成立，单靠江村的材料是不足为凭的"。于是提出了类型比较的研究方法，就是想看一看"一个受现代工商业影响较浅的农村中，它的土地制度是什么样的？在大部分还是自给自足的农村里，它是否也会以土地权来吸收大量的市镇资金？农村土地权会不会集中到市镇而造成离地的大地主？"《禄村农田》就是带了这一系列从《江村经济》中产生的问题而入手去研究的。从江村到禄村，从禄村到易村，再从易村到玉村，都是有的放矢地去找研究对象，进行观察、分析和比较，用来解决一些已提出的问题，又发生一些新的问题。换一句话，这就是理论和实际相结合的研究方法。

当我发表《江村经济》之初确有人认为解剖这么一个小小的农村，怎样戴得上《中国农民生活》这顶大帽子。当时这样批评是可以的，因为显而易见的，中国有千千万万个农村，哪一个够得上能代表中国农村的典型资格呢？可是人对事物的认识，总是从具体、个别、局部开始的。如果我停留在《江村经济》不再前进一步到《云南三村》，那么只能接受上述的批评了。

当然也有人为我辩护说，《江村经济》这一类的研究目的不是在提供一个"中国农村"的典型或缩形；而是在表达人类社会结构内部的系统性和它本身的完整性。这本书为功能分析，或是系统结构分析做出了一个标本。

我本人并不满足于这种辩护，因为我的目的确是要了解中国社会，并不限于这个小小江村。江村只是我认识中国社会的一个起点。但是从这个起点又怎样才能去全面了解中国农村，又怎样从中国农村去全面了解中国社会呢？这就是怎样从点到面、从个别到一般的问题。

我并不想从哲理上去解决这个问题。我只想从实际研究工作中探索出一个从个别逐步进入一般的具体方法。我明白中国有千千万万的农村，而且都在变革之中。我没有千手万眼去全面加以观察，要全面调查我是做不到的。同时我也看到这千千万万个农村，固然不是千篇一律，但也不是千变万化，各具一格。于是我产生了是否可以分门别类地抓出若干种"类型"或"模式"来的想法。我又看到农村的社会结构并不是个万花筒，随机变化出多种模样的，而是在相同的条件下会发生相同的结构，不同的条件下会发生不同的结构。条件是可以比较的，结构因之也可以比较的。如果我们能对一个具体的社区，解剖清楚它社会结构里各方面的内部联系，再查清楚产生这个结构的条件，可以说有如了解了一只"麻雀"的五脏六腑和生理循环运作，有了一个具体的标本。然后再去观察条件相同的和条件不同的其他社区，和已有的这个标本作比较，把相同和相近的归在一起，把它们和不同的和相远的区别开来。这样就出现了不同的类型或模式了。这也可以称之为类型比较法。

应用类型比较法，我们可以逐步地扩大实地观察的范围，按着已有类型去寻找条件不同的具体社区，进行比较分析，逐步识别出中国农村的各种类型。也就由一点到多点，由多点到更大的面，由局部接近全体。类型本身也可以由粗到细，有纲有目，分出层次。这样积以时日，即使我们不可能一下认识清楚千千万万的中国农村，但是可以逐步增加我们对不同类型的农村的知识，步步综合，接近认识中国农村的基本面貌。这种研究方法看来有点迂阔，但比较实地。做一点，多一点，深一点。我不敢说这是科学研究社会的最好的办法，只能说是我在半个世纪里通过实践找出来的一个可行的办法。

社会科学实际上还是在探索阶段。目的是清楚的，我认为，就是人要把自身的社会生活作为客观存在的事物，加以科学的观察和分析，以取得对它正确如实的认识，然后根据这种认识来推动社会的发展。作为一个中国人，首先要认识中国社会。《云南三村》是抱有这个目的的。一些青年人经过几年的探索所取得的一些成果。我相信这些记录是值得留下来给后人阅读的。

《云南三村》是"魁阁"的成果。我在1946年"李闻事件"发生后仓促离滇，这个研究阵地就由张之毅同志留守。他在云大坚持了两年，1948年离滇去闽。其后我和他长期不在一起工作，但是他始终没有离开农村社会经济的研究道路，尽管他的工作岗位曾有多次变动。解放后，他在中国科学院经济研究所工作期间，写出了《无锡、保定两地调查报告》

和《冀西山区考察报告》，均未出版。1980 年我们在中国社会科学院社会学研究所里重又聚在一起，但是 1985 年由于我不能不离开社科院而又分手了。坎坷多事的人生道路，聚散匆匆，人情难测，但是张之毅同志始终如一地和我一条心，急风暴雨冲不散，也冲不淡我们五十年的友谊。却不期幼于我者竟先我而逝，他的遗稿还需要我来整理。尚有何言？如果我们共同走过的这一条研究中国社会的道路今后会后继有人，发扬光大，愿他的名字永远留在这块奠基的碑石上。

费孝通

1987 年 10 月 13 日于澳门凯悦饭店

第三章　农村的土地和环境

第一节　土地和土地制度

一　土地的概念和属性

（一）土地的定义

1972 年，联合国粮农组织在荷兰瓦格宁根召开的"农村进行土地评价专家会议"对土地下了这样的定义："土地包含地球特定地域表面及以上和以下的大气、土壤及基础地质、水文和植被。它还包含这一地域范围内过去和目前人类活动的种种结果，以及动物就它们对目前和未来人类利用土地所施加的重要影响。"1975 年，联合国发表的《土地评价纲要》对土地的定义是："一片土地的地理学定义是指地球表面的一个特定地区，其特性包含着此地面以上和以下垂直的生物圈中一切比较稳定或周期循环的要素，如大气、土壤、水文、动植物密度，人类过去和现在活动及相互作用的结果，对人类和将来的土地利用都会产生深远影响。"

狭义的土地，仅指陆地部分，较有代表性的是土地规划和自然地理学家的观点。土地规划学者认为："土地是指地球陆地表层，它是自然历史的产物，是由土壤、植被、地表水及表层的岩石和地下水等诸多要素组成的自然综合体……"自然地理学者认为："土地是地理环境（主要是陆地环境）中互相联系的各自然地理成分所组成，包括人类活动影响在内的自然地域综合体。"

广义的土地，不仅包括陆地部分，而且还包括光、热、空气、海洋……较有代表性的是经济学家的观点。英国经济学家马歇尔指出："土地是指大自然为了帮助人类，在陆地、海上、空气、光和热各方面所赠予的物质和力量。"美国经济学者伊利认为："……土地这个词……它的意义不仅指土地的表面，因为它还包括地面上下的东西。"

借用中国国土资源部的定义：土地（Land）是地球表层的陆地部分及其以上、以下一定幅度空间范围内的全部环境要素，以及人类社会生产生活活动作用于空间的某些结果所组成的自然—经济综合体。[①]

（二）土地的属性

1. 土地的自然属性

土地的地理位置不可移动。土地是地球表层的构成成分之一，每一块土地所在的位置是相对固定的，土地不像其他的资源和生产要素那样可以按照人们的需要移动或者搬迁。农民对土地的安全感大概与此有关，"地就在那里摆着。你可以天天见到它。强盗不能把它抢走。窃贼不能把它偷走。人死了地还在。"[②] 在土地上进行的经营活动往往能够反映土地所在的地理位置和地形地貌的特征，例如，有的土地适合种植粮食，而有的土地则适合种植水果、香料、树木以及其他的经济作物。

土地本身具有质量差异。由于土地所处的地理位置不同，其周边生态环境也不同，不同地区的土地在其构成成分上也不同，所以土地在质量上就形成了差异，有些地方的土地比较肥沃，而有些地方的土地则比较贫瘠。

土地的数量有限，是不可再生的自然资源。土地的使用方式和管理方式，直接关系到土地资源是否能够可持续发展。所以，人们在使用土地的时候，必须要遵循自然规律。盲目利用和过度开发土地资源会导致土地资源的急剧减少，带来不可修复的后果。

2. 土地的经济属性

土地的经济属性更明显。一方面，土地是人类重要的经济资源。在农业社会，土地是最重要的生产要素。另一方面，人类对土地资源的开发与利用，多以追求经济效益为目的，并随着市场的需求不断调整其利用方式，基于土地与经济之间的密切联系，我们可以认为土地管理是通过行政的方式，管理调控土地资源利用中产生的社会经济关系，以便在土地资源

---

① 参见中华人民共和国国土资源部，http://www.mlr.gov.cn/tdzt/zdxc/tdr/21tdr/tdbk/201106/t20110613_878180.htm。

② 费孝通：《江村农民生活及其变迁》，敦煌文艺出版社 2000 年版，第 139 页。

利用过程中创造更合理的社会经济财富，满足经济生活发展需要的过程。这意味着土地管理必须在市场经济条件下，充分利用经济规律，保证管理的合理性与有效性。①

马克思认为，土地是一种特殊的商品，土地所有权和使用权可以市场化转让。②

二　土地制度

(一)　土地制度的含义和内容

制度是制约人们社会行动和社会关系的一套相对稳定的规则体系。社会制度包括宏观、中观和微观三个层次：宏观层次的社会制度是一个社会的根本政治经济制度，比如资本主义制度、社会主义制度等；中观层次的社会制度是在某一具体领域发挥作用的制度，比如政治制度、经济制度、宗教制度、教育制度等；微观层次的社会制度是生活中的各种行为规范和行为准则，例如习俗、礼仪制度等。

土地制度是一定社会制度下对土地关系的规范，是有关土地的所有权、使用权等方面的一套相对稳定的规则体系。土地制度反映了围绕土地的所有权和使用权而产生的人与人、人与地之间的社会经济关系。土地制度主要包括土地所有制度和土地使用制度这两个大的制度体系。

1. 土地所有制度

土地所有制度是关于土地这一生产资料分配的规范体系，它决定了土地所有权属于什么主体及其相关的责、权、利。土地所有制度是土地制度的核心，也是土地关系的基础。

从大的方面来看，土地所有制度可以分为土地公有制和土地私有制两大类型。结合历史上的根本政治经济制度，土地所有制度又可以分为五种类型：原始公社土地公有制、奴隶社会土地所有制、封建地主土地所有制、资本主义土地所有制以及社会主义土地所有制。

2. 土地使用制度

土地使用制度系在一定的土地所有制下关于土地使用的形式、条件和

---

① 罗骧：《城市化进程中的土地管理》，湘潭大学出版社 2014 年版，第 6 页。

② 詹王镇：《马克思主义土地产权理论及其在中国的实践研究》，合肥工业大学出版社 2015 年版，第 107 页。

程序的规定，它表明人们如何对土地加以利用和取得收益，规定了享有土地使用权的主体及其责、权、利。

在土地制度两大构成部分中，土地所有制决定着土地使用制度。土地使用制度是土地所有制的反映和体现，又是实现和巩固土地所有制的一种形式和手段。[①]

（二）我国现行土地制度的由来

我国现行土地制度是社会主义土地公有制，具体又包括全民所有制和集体所有制两种形式。《中华人民共和国土地管理法》第二条规定："中华人民共和国实行土地的社会主义公有制，即全民所有制和劳动群众集体所有制。"

1. 土地全民所有制及其形成

我国土地的全民所有制，具体采取的是社会主义国家所有制形式。

根据《中华人民共和国土地管理法》第 8 条和《土地管理法实施条例》第 2 条规定，下列土地属于全民所有土地，即国家所有土地：

①城市市区的土地；

②农村和城市郊区中已经依法没收、征收、征购为国有的土地；

③国家依法征用的土地；

④依法不属于集体所有的林地、草地、荒地、滩涂及其他土地；

⑤农村集体经济组织全部成员转为城镇居民的，原属于其他成员集体所有的土地；

⑥因国家组织移民、自然灾害等原因，农民成建制地集体迁移后不再使用的原属于迁移农民集体所有的土地。

2. 农村集体土地所有制及其形成

农村集体土地所有制就是土地作为生产资料以及其劳动成果归劳动群众集体共同占有的土地公有制形式。

《中华人民共和国宪法》和《中华人民共和国土地管理法》规定，集体所有的土地属于村农民集体所有，由村农业生产合作社等农业集体经济组织或者村民委员会经营、管理。已经属于乡（镇）农民集体经济组织所有的，可以属于乡（镇）农民集体所有。村农民集体所有的土地已经

---

① 陆红生主编：《土地管理学总论》，中国农业出版社 2016 年版，第 140 页。

分别属于村内两个以上农业集体经济组织所有的，可以属于各该农业集体经济组织的农民集体所有。《中华人民共和国土地管理法》第 8 条规定："农村和城市郊区的土地，除由法律规定属于国家所有的以外，属于集体所有；宅基地和自留地、自留山，属于农民集体所有。"《中华人民共和国宪法》第 10 条规定："农村和城市郊区的土地，除由法律规定属于国家所有的以外，属于集体所有；宅基地和自留地、自留山，也属于集体所有。"第 9 条规定："矿藏、水流、森林、山岭、草原、荒地、滩涂等自然资源，都属于国家所有，即全民所有；由法律规定属于集体所有的森林和山岭、草原、荒地、滩涂除外。"

我国农村集体土地所有制是通过土地改革、农业合作化、人民公社化等运动逐步形成的。

从中华人民共和国成立前解放区的土地改革，到中华人民共和国成立初期 1950 年至 1952 年的土地改革，没收、征收了地主、富农阶级的土地，无偿分配给无地、少地的农民，由此彻底废除了地主阶级封建土地所有制，实现了农民土地所有制。

土地改革完成以后，农民分到了土地，但是分散的农业个体无法适应工业化对粮食和工业原料的需要，所以发起了农业合作化运动。从最初的互助组，到初级合作社，再到高级合作社，农村的土地逐渐由个体农民土地所有制转变为农业生产合作社集体土地所有制。

1958 年初，在农村掀起了合并高级社，进而发展成人民公社化运动。至 1958 年年底，全国农村普遍实现了人民公社化，从而建立了人民公社土地所有制。1962 年变更为"三级所有，队为基础"的制度。人民公社化运动是在土地公有制的基础上，扩大合作社的规模，提高公有化的程度，仍然是集体公有制。

（三）1978 年以来我国农村土地承包制度

1. 农村土地承包制度的由来

人民公社化运动强调"一大二公"，生产管理方式单一、劳力过分集中，这些影响了社会主义农业优越性的发挥，分配上绝对平均主义，挫伤了农民的生产积极性。

1978 年，安徽省凤阳县小岗村的 18 户农民私下搞起了包干到户。这在当时"一大二公"的环境下，是冒了极大的政治风险的。但是其包干到户的做法，却取得了非常好的效果。随后这一做法逐渐推广开来，开创了我国农村改革的新篇章。1980 年 10 月，党中央《关于进一步加强和完善农业生产责任制的几个问题》中明确指出，"实行包产到户是依存于社会主义经济，不会脱离社会主义轨道的"，进一步肯定包产到户是社会主义集体经济的生产责任制，是合作经济的一个经营层次。

家庭联产承包责任制通俗地说就是"包干到户""包产到户"。即在坚持土地集体所有制的基础上，将土地的使用权和经营权承包到户，农业生产变为分户经营、自负盈亏，农民生产的东西，"保证国家的、留够集体的、剩下都是自己的"。1978 年开始兴起的家庭联产承包责任制，大大提高了农民的生产积极性。

从 1978 年至今，我国的农村土地制度一直维持了这种所有制上的集体所有的公有制，使用制度则是承包制。

2. 农村土地承包制的制度建设

为了稳定承包制度，必须要推动相关的法律制度建设。2002 年 8 月 29 日，第九届全国人民代表大会常务委员会第二十九次会议通过了《中华人民共和国农村土地承包法》（以下简称《土地承包法》），2003 年 3 月 1 日起施行。《土地承包法》的立法目的是稳定和完善以家庭承包经营为基础、统分结合的双层经营体制，赋予农民长期而有保障的土地使用权，维护农村土地承包当事人的合法权益，促进农业、农村经济发展和农村社会稳定。

我国现行农村土地政策的基本内涵是：坚持农村土地农民集体所有，依法维护农民土地承包经营权，稳定土地承包关系并保持长久不变，在坚持和完善最严格的耕地保护制度前提下，赋予农民对承包土地占有、使用、收益、流转及经营权抵押、担保权能。[①]

改革开放以来，我国农村土地承包经营制度虽几经变迁，但目标始终在于维持集体所有、均地承包、家庭经营和允许在农民自愿前提下进行土地流转的大格局。以党和国家农村土地承包政策为基础、相关法律为骨干、相关配套法规和部门规章为补充的农村土地承包法律法规政策体系基本健全，农村土地承包经营权登记体系、农村土地承包经营权流转管理体

---

① 王泽厚主编：《农村政策法规》，山东人民出版社 2016 年版，第 62 页。

系、农村土地承包经营纠纷调解仲裁体系基本建立。[①]

2013 年以来开展的工作主要是农村土地承包经营权确权登记颁证。农村土地承包经营权确权登记就是依据法律规定，由县级以上地方人民政府将农户承包土地的地块、面积、空间位置等信息及其变动情况记载于登记簿，颁发"土地承包经营权证"等证书，以进一步明确农民对承包土地的各项权利。2013 年"中央 1 号"文件提出："健全农村土地承包经营权登记制度，强化对农村耕地、林地等各类土地承包经营权的物权保护。用 5 年时间基本完成农村土地承包经营权确权登记颁证工作，妥善解决农户承包地块面积不准、四至不清等问题。"农村土地承包经营权确权登记颁证工作，主要是解决承包地块面积不准、四至不清、空间位置不明、登记簿不健全等问题。实现承包面积、承包合同、经营权登记簿、经营权证书"四相符"，承包地分配、承包地四至边界测绘登记、承包合同签订、承包经营权证书发放"四到户"。

三　农村土地流转问题

（一）　土地流转的含义和途径

土地流转的基本含义就是承包土地的农户在保留对土地的承包权的同时，将土地的使用权或经营权转让给别的农户或经济主体。

农村土地流转的途径有多种，常见的有转包、转让、入股、合作、租赁、互换等，通过这些方式转让土地的经营权给其他经营主体。

（二）　农村土地流转的必要性

家庭联产承包责任制的实施，解放和发展了农业生产力，农民的积极性得到了极大提高。但是随着市场经济的进一步发展，分散化的农业经营方式其局限性越来越明显，迫切需要对农村土地流转制度进行改革和完善。

1. 农村土地流转有利于提高土地的利用效率

土地分散化经营影响了土地的利用效率，很难适应现代农业的发展要求。自从家庭联产承包责任制以来，每个农户承包到的土地往往是小块的、分散的土地，这样的土地既不利于使用机械，也不利于进行规模种

---

① 王泽厚主编：《农村政策法规》，第 63 页。

植。农村土地使用权的合理流转，有利于土地、技术、资金等生产要素的合理配置，提高劳动生产率，提高农业生产水平。

2. 农村土地流转有利于发展规模经营

农村土地流转鼓励农民将承包地的使用经营权向合作社以及专业大户集中，这样有利于发展规模经营，提升农业机械化、集约化水平，由此，过去农户肩挑手扛、人工播种施肥等现状必然会得到改善。专业大户、公司或者合作社由于资金雄厚，可以购买大型机械，这样在单位面积上需要投入的人力大大减少，可以在很大程度上解决现在千家万户分散经营的问题。

3. 农村土地流转有利于农产品的商品化和市场化对接

土地的分散经营，与农产品的商品化和市场化要求存在一定的矛盾。分散的农户在农作物的耕种时，难以了解市场趋势，容易出现盲目性问题。分散的农户，往往只看当前的行情，可能会导致多数农户一哄而上，投入种植那些当前价格高的农产品，而当农产品收获时，这一农产品的供给量可能就会远远超过市场的需求量，从而农产品价格下跌，直接导致农户的亏损，这在一定程度上也是市场信息不对称所产生的问题。除此以外，农户在销售农产品时，由于缺乏与市场对接的有效通道，被中间环节盘剥较多，导致农户取得了丰收但是获利不多的情况出现。农村土地的合理流转，可以让土地得到适当的集中，规模经营，这样可以使农产品更好地与市场对接。

4. 农村土地流转有利于农村人力资源的优化配置

家庭联产承包责任制以来，分散的小户经营在一定程度上限制了劳动力的流动。劳动力被限制在了有限的土地上，效率低下。另外，由于农业经营的季节性很强，在农忙的季节还好，但是到了农闲的季节，大量的剩余劳动力处于闲置状态。而通过土地的合理流转，使农村剩余劳动力可以更合理地流动到其他行业。在一些农村地区，农民们将自己的土地经营权流转给了合作社、专业大户或公司，自己可以放手出外打工，也有的选择就地为合作社或公司工作，这样农户不仅可以获得合作社或公司给自己的土地使用收益，还可以额外获得一份打工的收入。

随着农业技术的改善和城市化的推进，农村剩余劳动力越来越多，这是一个必然的趋势。农村土地的合理流转，可以使得农村人力资源得到优化配置。

（三）我国土地流转的政策

2004 年，国务院颁布《关于深化改革严格土地管理的决定》，其中关于"农民集体所有建设用地使用权可以依法流转"的规定，强调"在符合规划的前提下，村庄、集镇、建制镇中的农民集体所有建设用地使用权可以依法流转"。

为了规范农村土地承包经营权的流转，《农村土地承包经营权流转管理办法》发布。该办法从流转当事人、流转方式、流转合同和流转管理等方面阐述了土地流转的相关规定，为更好地规范土地流转行为、维护土地流转当事人的合法权益提供了依据。

2014 年 11 月，国务院办公厅印发了《关于引导农村土地经营权有序流转发展农业适度规模经营的意见》，对农村土地承包经营权流转提出了明确要求，做出了明确规定。意见要求大力发展土地流转和适度规模经营，五年内完成承包经营权确权。

一些地方实践积极探索土地流转经验，发展出了一些土地流转的模式，例如重庆、广东、北京等地在农村建设用地的使用权流转中，探索出了不同的模式——重庆的农地入股模式、广东的农地出租模式、北京郊区的小产权房模式，等等。

【案例】

农村土地流转致富：采取公司＋合作社＋基地＋农户经营模式①

"我家的 3 亩地以前种水稻和果蔬，一年下来收入 7000 多元，去年我把地全部租给钟光平家庭农场，因为我有种植果蔬经验，他聘我在农场做事，每年租金和工资加起来有 2 万多元，比自己种植强得很。"8 月 5 日，永丰县佐龙乡富裕村村民夏培华在农场菜地里干劲十足，一边除草，一边笑容满面地对笔者说。

近年来，永丰县因地制宜整合分散耕地和闲置土地，探索出了"集体特色""大户经营""带地入社""以地入股"等土地流转新方式，积极引导种养大户、致富能手通过租赁、置换、转包等形式承包土地进行规

---

① 资料来源：土流网，https：//www. tuliu. com/read－38247. html，2016 年 08 月 09 日。

模种植、养殖，加快了农业结构调整步伐，促进传统农业向现代农业转化，让大批传统农民向新型"产业"农民华丽转身，变身为产业工人，促进了农民增收致富。

针对大量农村青壮年劳动力外出务工，导致土地撂荒的现状，该县紧紧围绕"明确所有权、稳定承包权、放活使用权"这一主线，按照流转形式多样化，运作方式市场化，实施程序合法化，流转合同规范化的要求，成立了农村土地流转服务中心，建立了农村土地承包经营流转信息平台，收集和发布农村土地流转信息，积极引导农民在自愿、互利的原则上，将手中的土地转包给有实力、善经营、会管理的家庭农场和种粮大户耕种，让分散在各家各户的土地，通过流转集中到经营能手手中，为农业产业规模化、机械化、标准化提供了强有力保障。佐龙乡富裕村大部分村民因种田收益得不到保障，土地对村民的吸引力变小，甚至达到了抛荒。2011 年开始，该村果蔬种植大户钟光平运用土地流转政策，陆续流转了全村 1000 余亩土地种植辣椒、西瓜、草莓等果蔬。村民把土地租赁给钟光平后，钟光平又返聘他们长期在农场做事，解决了留守村民的就业问题，达到互利共赢。固定聘工有范长英、夏凤英、夏培华等 23 人，忙的时候，一天有 120 余人做事。

此外，该县还出台相关扶持激励政策，大力支持引导种养大户、致富能手发展农民专业合作社，通过"公司 + 合作社 + 基地 + 农户"的经营模式，改变农民"单兵作战"，形成"风险共担、利益共享"的共同体，引领广大农民加入合作社"抱团"致富。合作社统一提供技术指导，解决原料供应、销售难等一系列问题，极大增强了农民抵御市场风险能力，有效增加了农民的收入。三坊乡胡怀松的高山红果业专业合作社是全县最早成立的，成立于 2007 年，目前拥有社员 400 余人。该合作社成立后，带动周边潭头、上固、沙溪等乡镇 380 户农户发展脐橙、白桃、奈李等果业种植。

目前，该县实现土地流转 13.54 万亩，流转率 30.2%。年产值 1000 万元以上农业产业化基地 18 个，培育了家庭农场 1400 多家、农民专业合作社 375 家，建成了烟叶、茶叶、百合、蘑菇、白莲、草莓、杨梅等近 200 个现代农业生产基地，众多农村劳动力也变身成为产业农民，辐射带动全县 8 万农户增收。

第二节　农村的环境特征

一　自然性

相对城市而言，农村的环境具有自然性。农村与大自然存在着紧密而天然的联系，而城市则往往远离自然；另外，农村的生产方式以直接同自然打交道的第一产业为主，包括种植业、渔业、林业等，这些都具有这种特征。

正是因为农村环境的自然性，所以对环境的依赖性是比较强的。一个农村社区的发展往往与当地的自然环境特征具有直接关系，在那些土壤肥沃、雨水充沛、温度适宜的农村，经济生产具有较好的基础，经济发展水平通常也比较高；而在那些自然条件较差的农村，例如干旱缺水、土壤贫瘠、温差极大的农村，农业生产本身就受到了较大的限制。虽然科技的发展使人类改造自然的技术得到了很大程度的提高，例如人工降雨、滴灌、温室培育等技术的使用已经比较普遍了，但是第一自然的特征还是在很大程度上影响着农业经济的发展。

关于"第一自然"和"第二自然"的说法值得注意。第一自然就是原始自然，或者说是没有经过人类改造过的自然。随着社会生产力的发展，特别是科学技术的发展，人类周围的自然界越来越多地被打上了人类活动的印记，日益成为"人化了的自然界"，原来纯粹是"外部"的条件，逐渐变成了内部条件，变成了劳动的对象，变成了社会的组成部分。经过人的改造、影响而形成的自然被称为"第二自然"。[①]

二　初级性

初级性主要是和次级性相对而言，意即农村环境主要以未经人为改造的环境或者只是在较少程度上被人为改造的环境为主。

初级主要是描述直接与自然打交道的系统，而次级则是指不直接与自然打交道的系统。产品直接取自自然界的部门被称为"第一产业"，对初级产品进行再加工的部门被称为"第二产业"，为生产和消费提供

---

① 庞树奇、范明林主编：《普通社会学理论新编》，上海大学出版社 1998 年版，第 72 页。

各种服务的部门被称为"第三产业"。这种分类方法成为世界上较为通用的产业结构分类方法。

我国的三大产业划分就是这样：第一产业主要是指广义上的农业，或者说是大农业，包括种植业、林业、牧业和渔业等；第二产业主要是指工业和建筑业，例如制造业、采掘业等；第三产业主要是指除第一、二产业以外的其他各业，包括金融业、服务业、流通部门等。

农村主要是从事农业劳动的社区，所以，从产业划分的角度来看，农村的环境特征是初级性的。

三　脆弱性

环境脆弱性是环境系统在特定时空相对于外界干扰所具有的敏感反应和自我恢复能力，是自然属性和人类干扰行为共同作用的结果。[①] 生态环境的脆弱性与多种因素有关，一方面，某些环境相对来说本身更脆弱一些，这与地形地貌、地质构造、当地的生物群体类型、气候特征等因素有关。另一方面，生态系统本身有其存在和发展的规律，人们在开发和利用自然资源时必须要遵从这种客观规律，如果不遵从客观规律，就会对生态系统造成破坏，打破生态平衡，导致当地环境的恶化。

农村环境以自然存在的环境为主，不像城市主要以人工建造物为主，所以农村环境的脆弱性更为明显。农村的自然资源承载能力有限，一旦被过度使用和开发，就会带来整个生态环境的改变，且难以在短时间内恢复。

农村的发展要与自然环境匹配，资源开发必须要适度，以不影响作物的生长规律和承受能力为标准，否则将会导致资源枯竭、生态破坏、污染物超标排放等问题，土地污染很难恢复，例如森林砍伐、过度放牧等造成的影响十分深远。

---

① 刘克锋、张颖主编：《环境学导论》，中国林业出版社 2012 年版，第 3 页。

第三节　农村的生态平衡

一　生态平衡的含义

"生态平衡"一词源自生物学，是指在一定时间和相对稳定的条件下，生态系统各部分的结构与功能处于相互适应与协调的动态平衡之中。任何一个成熟的生态系统，其结构与功能，包括物种组成、各种群的数量和比例，以及物质与能量的输出、输入等方面，都处于相对稳定状态。也就是说，在一定时期内，系统内生产者、消费者和分解者之间保持着一种动态平衡，系统内的能量流动和物质平衡在较长时期内保持稳定，这种状态就是生态平衡。[1]

从社区的角度来谈生态平衡，社区的生态平衡可以看成是在社区范围内，社区各种要素之间、社区系统与外部环境之间以及社区各种机构之间通过能量转换、协调、控制等达到相互平衡的状态。这里所说的"生态平衡"有几个方面尤其关键：一是从自然生态系统的角度来说，社区要合理开发资源、科学布局产业、保护社区环境；二是社区内的人口从数量上能维持在合适的程度；三是社区内的各种机构和子系统之间能够通过协调、控制等达到平衡状态。当然，因为生态平衡本身就是对生物学概念的借鉴，所以自然生态系统的平衡是其中最重要的一点。

芝加哥学派比较注重社区的生态平衡问题。芝加哥学派的代表人物帕克，在他的《人文区位学》中指出，尽管人类社区与动植物的聚居区不同，但是人类的社区同样需要维护生态平衡，遵循生态平衡的规律。在社区变迁中，一系列的因素都可能会打破社区的生态平衡，例如人口的消长会对资源产生压力，饥荒和战争等也会给社区带来灾难性的影响。[2]

二　生态平衡在农村社会的重要意义

生态平衡在农村社会具有十分重要的意义，农村社会以农业为经济基础，而农业是直接与大自然打交道的产业，这一特征决定了农村社会的生

---

① 郎铁柱主编：《世界遗产与生态文明》，天津大学出版社 2015 年版，第 131 页。

② 黎熙元主编：《现代社区概论》，中山大学出版社 2007 年版，第 39 页。

产生活必须遵循生态平衡的规律。

（一）生态平衡有利于维系农业生产的正常开展和提高农业生产力

农业生产直接从自然中获取资源，在自然中进行种植、培育等，遵循自然规律、合理开发和利用自然资源是农业经济的基础。在长期的农业生产历史中，人们总结出了依据气候、土壤、植被和水分等方面的差别而因势利导、因地制宜进行农业生产的一套生产经验和生产方式，这是遵循自然规律的典型表现。而随着现代生产技术的发展，越来越多的现代科技运用到了农业生产中，在提高农业生产力的同时，面临着更高的打破农业生态系统平衡的风险，例如农药的大量使用、无机肥料的使用、自然资源的过量开采等。所以需要在农业生产中防范相关风险，维持新的生态平衡。

（二）生态平衡有利于调节农村人口与环境之间的平衡

人是农业社会的生产和消费主体，也是农村生态系统中的重要组成部分。人口的数量必须维持在合适的程度，才能与社区的环境系统保持平衡。人口数量一旦超过环境的承载力，就会产生生存的压力；而人口数量太少，又不利于劳动生产。除此以外，人口的结构是否合理，也会影响到农村社区的生产生活质量。自 20 世纪后期以来，农村青壮年大量流出成了影响农村人口数量和结构的最大因素。越来越多的青壮年人口流出农村，一方面减少了农村人口的整体数量；另一方面又导致了农村人口的老龄化，进一步产生了农村社会的劳动力不足和养老难题。

（三）生态平衡有利于农村社区的协调稳定

与自然生态系统相比较，特定范围的农村社区还包含了组织和群体要素。社区内的群体和组织是人们适应环境的一种手段，其本身构成了社区生态的一部分，又与社区的自然环境系统形成相互交换、相互支持的作用。各种群体和组织在一定范围内通过沟通、协调、交换、合作等产生了人文生态系统，这些主体之间是否能够协调运行，直接影响农村的社会管理秩序。

三　当前农村生态平衡面临的威胁

（一）资源减少

1. 耕地减少

根据国土资源部 2005 年度全国（未包括香港、澳门和台湾地区）土地利用变更调查报告公布的数据。2001—2005 年，由于经济社会快速发展和生态建设力度加大，以及农业结构调整频繁，中国耕地面积净减少600 多万公顷，由 2000 年 10 月底的 12827 万公顷减至 2005 年 10 月底的12208 万公顷，年均净减少耕地 123 万公顷，人均耕地面积由 2004 年的0.094 公顷下降为 0.093 公顷。2005 年度土地变更调查结果显示，中国有耕地 18.31 亿亩，人均耕地为 1.4 亩，9 年间中国的耕地减少了 1.2 亿亩。这意味着，要完成《国民经济和社会发展第十一个五年规划纲要》中 1.2亿公顷（18 亿亩）耕地保有量的硬性指标，中国耕地减少量必须控制在3000 万亩以内。截至 2008 年 12 月 31 日，全国耕地面积为 18.2574 亿亩，人均耕地 1.4 亩，耕地数量越来越接近保证粮食安全的"红线"。[①]

耕地如果继续减少，必将威胁到国家的粮食安全，甚至威胁到社会稳定，所以必须采取措施保住耕地的总量不减少。在这方面的主要措施就是生态退耕和加强建设用地审批和管理措施，而建设用地的审批和管理又涉及统筹城乡发展，需要统筹安排，合理控制，严格管理。

2. 森林面积减少

森林是地球的肺，对于调节地球的生态系统发挥着关键作用。过度砍伐将会导致氧气供应的减少，破坏生态循环规律，影响气温，造成气候的不稳定变化。在干旱地区，耐旱植物本身生长速度缓慢，过度砍伐容易引起土壤的沙漠化和石漠化。

我国农民以柴禾为燃料的情况比较普遍，这也是导致森林资源减少的重要原因。在一些地区的农村，人们习惯以秸秆、稻草等作为燃料，使有机质不能还田，土壤条件也随之恶化，破坏了农村生态平衡。

我国政府为了应对森林面积减少的情况，提出了生态文明的理念，并且日益通过各种有效措施守护森林资源，比如退耕还林、林权改革、在农村推广太阳能和沼气等新能源等措施，确实起到了明显的作用。

（二）污染问题

农村的污染问题主要集中在三个方面——土壤污染、水污染和生产生活垃圾污染。

---

① 资料来源：《农地政策与农民权益》，土流网，http://www.tuliu.com/read - 25292.html。

1. 土壤污染

土壤污染主要是农药和工业化肥的大量使用导致的。在当前农村的生产中，农药的使用非常普遍，而且体现在生产的各个环节。一些作物甚至在整个生长周期中要反复使用农药。杀虫剂曾经一度在病虫害防治中发挥了重要作用，大大提高了农作物产量和质量，但是过度使用杀虫剂所产生的危害已经越来越明显，这是导致食品安全问题的一个重要原因。另外，工业化肥在农业生产中日益取代了传统农业生产中的有机肥料，这是导致土壤板结的一个重要原因，也是导致农作物中有害物质超标的原因之一。土壤一旦被污染，很难在短时间内恢复。

2. 水污染

在传统的村庄，孩子们在清澈见底的河里捞鱼摸虾是众多文学作品描述的场面，而如今农村越来越难以见到这样的场面了，主要就是因为干净且无污染的水资源越来越少了。水污染一方面是因为化肥和农药的大量使用，从地表层渗透到水里。另一方面，在矿区，采矿和洗矿等作业也导致了水污染；在靠近城镇的农村，工场的污水排放则是导致水污染的最主要原因。水污染不仅直接导致农村居民的饮水安全受到了威胁，也导致了食品安全问题。在污染严重的农村地区，种植的作物含有大量有害物质，严重威胁人民的生命健康。

3. 生产生活垃圾污染

在传统的农村生产生活中，垃圾多是一些容易处理的垃圾，可以在大自然中被自然分解和处理。而随着农村生产生活方式的变迁，农村的垃圾越来越被一些无法分解和消耗的垃圾占据。在一些农村的小河、小溪、路边、竹林等里面，随处可见各种塑料垃圾，而在耕地旁也经常可见各种塑料薄膜被随意丢弃和堆放。垃圾越来越多、越来越难处理，但是恰恰在农村往往缺乏一套垃圾处理的方式和系统，这使得农村的垃圾处理问题变得日益严峻。

农村环境的污染问题日益严峻，这与农村的生产方式和生活方式变迁有密切关系，也与工业化发展进程有关，是多重因素的结果。工厂的污水排放是典型的与工业化发展相伴随的问题，但农药和化肥的使用则与现代农村生产方式中盲目追求产量有关。例如除草剂的使用，在传统的生产方式中，人们需要在农作物生长周期中实施几次人工或机械除草的工作，而当前随着大量农村劳动力外出务工，人们无力承担繁重的人工除草作业，即便有劳动力，人们也不愿意采取传统的方式，转而求助于除草剂，认为其省时省力。然而，除草剂所产生的危害却是惊人的。虽然近些年国家加强了对这一类农药的控制，但由于各种管理的不到位，一些农村仍然随处可以买到。所以，农村污染的治理需要综合措施，多管齐下，才能从源头上产生效果。

【本章思考题】

　　1. 完善农村土地流转制度的意义是什么？

　　2. 自然环境对农村的发展有什么样的影响？

　　3. 农村的生态文明建设应该如何推进？

　　4. 新时代如何推进美丽乡村建设？

【案例】

"十大模式"引领美丽乡村建设①

　　美丽乡村怎么建？如何支撑美丽乡村的产业发展？传统乡土文明怎么保护发展？近日，农业部发布了中国"美丽乡村"十大创建模式，为全国的美丽乡村建设提供范本和借鉴。

　　具体而言这十大模式分别为：产业发展型、生态保护型、城郊集约型、社会综治型、文化传承型、渔业开发型、草原牧场型、环境整治型、休闲旅游型、高效农业型。

　　中国农产品市场协会会长张玉香介绍，自2013年农业部在全国开展美丽乡村创建活动以来，各地积极开展美丽乡村建设的探索和实践，涌现出一大批各具特色的典型模式，积累了丰富的经验和范例，而此次发布的十大模式正是从各地的创建经验中总结提炼而来。

　　"每种美丽乡村建设模式，分别代表了某一类型乡村在各自的自然资源禀赋、社会经济发展水平、产业发展特点以及民俗文化传承等条件下建设美丽乡村的成功路径和有益启示。"张玉香表示，美丽乡村建设模式涵盖了美丽乡村建设"环境美""生活美""产业美""人文美"的基本内

---

　　① 资料来源：中华人民共和国财政部，http：//www. mof. gov. cn。

涵，具有很强的借鉴意义，能够为中国各地美丽乡村的建设提供范本。

中央农村工作领导小组办公室副主任唐仁健认为，美丽乡村应以耕读文化为魂，以优美田园为韵，以生态循环农业为基，以朴素村落民居为形。张玉香说，建设美丽乡村，必将改变前进方式，推进农业可持续发展；必将推进新农村建设；必将改变发展理念，推进新型城镇化建设。

1. 产业发展型模式

主要在东部沿海等经济相对发达地区，其特点是产业优势和特色明显，农民专业合作社、龙头企业发展基础好，产业化水平高，初步形成"一村一品""一乡一业"，实现了农业生产聚集、农业规模经营，农业产业链条不断延伸，产业带动效果明显。

典型：江苏省张家港市南丰镇永联村。

2. 生态保护型模式

主要是在生态优美、环境污染少的地区，其特点是自然条件优越，水资源和森林资源丰富，具有传统的田园风光和乡村特色，生态环境优势明显，把生态环境优势变为经济优势的潜力大，适宜发展生态旅游。

典型：浙江省安吉县山川乡高家堂村。

3. 城郊集约型模式

主要是在大中城市郊区，其特点是经济条件较好，公共设施和基础设施较为完善，交通便捷，农业集约化、规模化经营水平高，土地产出率高，农民收入水平相对较高，是大中城市重要的"菜篮子"基地。

典型：上海市松江区泖港镇。

4. 社会综治型模式

主要在人数较多，规模较大，居住较集中的村镇，其特点是区位条件好，经济基础强，带动作用大，基础设施相对完善。

典型：吉林省松原市扶余县弓棚子镇广发村。

5. 文化传承型模式

是在具有特殊人文景观，包括古村落、古建筑、古民居以及传统文化的地区，其特点是乡村文化资源丰富，具有优秀民俗文化以及非物质文化，文化展示和传承的潜力大。

典型：河南省洛阳市孟津县平乐镇平乐村。

6. 渔业开发型模式

主要在沿海和水网地区的传统渔区，其特点是产业以渔业为主，通过发展渔业促进就业，增加渔民收入，繁荣农村经济，渔业在农业产业中占主导地位。

典型：广东省广州市南沙区横沥镇冯马三村。

7. 草原牧场型模式

主要在我国牧区半牧区县（旗、市），占全国国土面积的 40% 以上。其特点是草原畜牧业是牧区经济发展的基础产业，是牧民收入的主要来源。

典型：内蒙古锡林郭勒盟西乌珠穆沁旗浩勒图高勒镇脑干哈达嘎查。

8. 环境整治型模式

主要在农村脏乱差问题突出的地区，其特点是农村环境基础设施建设滞后，环境污染问题，当地农民群众对环境整治的呼声高、反应强烈。

典型：广西壮族自治区恭城瑶族自治县莲花镇红岩村。

9. 休闲旅游型模式

休闲旅游型美丽乡村模式主要是在适宜发展乡村旅游的地区，其特点是旅游资源丰富，住宿、餐饮、休闲娱乐设施完善齐备，交通便捷，距离城市较近，适合休闲度假，发展乡村旅游潜力大。

典型：江西省婺源县江湾镇。

10. 高效农业型模式

主要在我国的农业主产区，其特点是以发展农业作物生产为主，农田水利等农业基础设施相对完善，农产品商品化率和农业机械化水平高，人均耕地资源丰富，农作物秸秆产量大。

典型：福建省漳州市平和县三坪村。

第四章　农村的人口

第一节　农村的人口数量

一　人口数量及其影响因素

人口是某一社会特定阶段的一定数量和质量的人的总称。人口数量就是某一地区在一定时间点的人口的总量。人口数量是一个绝对值，但是它同时又是一个不断变动的值，所以只能在特定的时间点标明某一地区静态的人口总量。

影响人口数量的因素有很多，但是主要因素有人口的出生、死亡和迁移等过程。人口的出生率高意味着这一地区的人口数量增加；人口的死亡率高则意味着这一地区的人口数量减少；人口的迁移则要看是迁出还是迁入，迁出某一地区的人口增加意味着这一地区人口总量的减少，迁入某一地区的人口增加则意味着这一地区的人口数量增加。不过，这三个因素对人口的数量的影响不能孤立地看。人口的出生和死亡是相对的，人口的迁出和迁入也是相对的。所以在衡量某一地区的人口时，需要用某一时间段出生人口和死亡人口之差以及迁入人口和迁出人口之差来综合确定。

二　新中国成立以来不同历史阶段我国农村人口数量概况

自1953年以来，我国共进行了六次全国人口普查（截至2020年），根据这六次全国人口普查数据可以看到，一方面，从1953年至2010年，我国农村人口的绝对数量在上升；另一方面，随着城市化的推进，城镇化率不断提高，所以农村人口占全国总人口的比例在不断下降。

表 4－1　1953—2010 年全国人口普查

指标	普查年份					（年）
	1953	1964	1982	1990	2000	2010
城镇化率（%）	13.26	18.30	20.91	26.44	36.22	49.68
城镇人口（万人）	7726	12710	21082	29971	45844	66557
农村人口（万人）	50534	56748	79736	83397	80739	67415

　　2013 年年底，农村人口占全国总人口的比重为 46.3%，比 2000 年下降了 17.5 个百分点，年均降幅超过 1 个百分点。

　　农村人口的减少是现代化过程中的客观规律，只是不同国家的进程和速度不一样而已。农村人口的减少与城市化水平提高是同步的过程，也就是说，农村人口的减少实际上是农村人口进入城市、逐渐成为城市居民的结果之一。在城市化水平特别高的国家，几乎已经没有农村人口。在英美等发达国家，城市化水平都在百分之八十以上，农村人口只占了非常少的一部分。

　　除了城市化，农村人口的减少也可能是因为农村人口出生率下降带来的。随着农村居民生育观念的转变，对生育子女的数量期待日益下降，从而带来了新生人口的减少。另外，越来越多的育龄人口进入城市，也导致了农村新生人口的减少。

三　农村人口数量的发展趋势

　　根据中国发展研究基金会的预测，（因第七次全国人口普查结果还未公布，故本书仍采用预测数据）至 2020 年中国农村人口在全国总人口中所占比例将远低于规划的 40.1%。以下是其具体预测依据和结果[①]：

　　　　以 2010 年全国第六次人口普查的人口总量 13.40 亿为起点，以这次普查的人口性别、年龄结构以及总和生育率 1.5 为基础，在目前"单独二孩"政策持续不变的情况下，2020 年中国总人口预计为14.2 亿人；如果 2015 年全国全面实施二孩政策，即每对夫妇可以生

---

　　①　中国发展研究基金会：《农村全面建成小康社会之路》，中国发展出版社 2015 年版，第 19 页。

育两个孩子，2020 年中国总人口预计为 14.9 亿人。根据 2014 年 3 月颁布的《国家新型城镇化规划 2014—2020 年》，2020 年中国城镇化水平将达到 60%，这意味着农村人口将会降低至 40%。按照上述两种方案，2020 年中国农村总人口将分别为 5.7 亿人和 5.9 亿人。

2013 年年末，中国总人口为 13.6 亿人，其中农村人口为 6.3 亿人，占总人口的 46.3%。2008 年至 2013 年期间，农村人口下降了 7600 万人，每年减少大约 1500 万人，如果按照这个速度。2014—2020 年，中国农村总人口将减少大约 1 亿人，届时中国农村总人口约为 5.3 亿人。

总体来看，中国未来农村总人口都将保持继续下降的趋势。其中，按照 2008— 2013 年人口下降数预测出的农村总人口数低于基于 2010 年"六普"结果和《国家新型城镇化规划 2014—2020 年》所做的预测数。这一结果说明，在未来几年中，中国农村总人口极有可能以比新型城镇化规划更快的速度减少，到 2020 年，中国农村人口在全国总人口中所占比例将远低于规划的 40.1%。

四　我国农村人口数量的影响因素

影响农村人口数量的因素表面上看是人口的出生、死亡和迁移三大过程，实际上其内在作用机制是非常复杂的，既有经济因素的作用，也有政治和文化因素的作用。

（一）经济因素对农村人口数量的影响

经济因素对农村人口数量的影响最直接的方式是通过影响农村人口迁移而产生的。人口流动的规律表明，地区经济发展差异是人口迁移的一个重要原因。人口迁移的主要方向通常都是从经济较落后的地方迁往经济较发达的地方。我国社会自 20 世纪 50 年代以来所形成的城乡差距，促使大量农村剩余劳动力流动到城市，尤其是 20 世纪 80 年代以后，由于户籍制度松动而形成民工潮。直到 21 世纪的今天，尽管城乡差距在逐步缩小，但是农村人口仍然络绎不绝地流入城市，迁移的主流就是农村的青壮年劳动力，并且家庭式迁移的数量逐年上升。农村人口越来越少，越来越多的农村人口变成城市人口，这是经济发展的结果，也是城市化的必然结果。

　　经济因素对农村人口数量的影响还通过间接的方式产生作用。经济因素会影响农村人的生育观念，从而影响农村人口的出生率。随着农村经济的发展，农村居民的收入总体增加，人们的消费观念、教育观念等都会随之发生变化，农村居民的生育观念也越来越多地具有现代生育观念的特征，多子多孙多福的生育观念也日益淡化。

　　(二) 政治因素对农村人口数量的影响

　　在历史上某些战乱频繁时期，战争直接影响农村人口数量，战争会导致人员的伤亡增加，从而减少现有人口。另外，战争所伴随的粮食分配不足、疾病等都会导致死亡率上升，从而减少现有人口。

　　在和平时期，政治因素对农村人口数量的影响主要是通过人口政策产生的。中华人民共和国成立以来，我国人口政策的每一次调整都直接影响了农村人口的数量，从 "人多力量大" 的鼓励生育导向，到少生、优生、优育，再到严格的独生子女政策等，将农村人口数量的波动打上了深深的行政烙印。

　　(三) 文化因素对农村人口数量的影响

　　文化因素对农村人口数量的影响，首先是通过生育观念产生的。在我国传统农村社会，多子多孙是多福的表现。另外，由于宗族和香火的观念，寻常百姓都产生了追求多子女的生育意愿。随着农村社会的现代化发展，新型的现代生育观念逐渐产生，人们不再盲目追求多子女，开始重视生育的质量。与此同时，宗族和香火的观念日益淡化，使人们的生育观念发生了根本性的转变。生育观念直接影响着人口的出生率，从而影响农村人口的数量。

　　农村育龄妇女的文化程度间接影响人口出生率，从而影响农村人口数量。几乎所有的研究都表明，女性的文化程度越高，越重视自身的发展，对生育的意愿就越低。随着农村教育的发展，越来越多的女性接受教育，这直接改变了她们的生育观念，从而产生了更现代的生育倾向，这部分女性自愿选择少生孩子，这也可以直接影响农村的人口数量。

第二节 农村的人口结构

人口结构指的是一定时间点某一地区总人口中各种类型人口的数量和比例关系。考察人口结构一般可以从人口的自然结构和社会结构两个方面出发进行分析。

一 农村人口的自然结构

农村人口的自然结构主要包括农村人口的年龄结构和性别结构。

（一）农村人口年龄结构

1. 人口年龄结构的含义和测量方法

人口年龄结构是一定时间点、一定地区各年龄组人口在全体人口中的比重，通常用百分比来表示。

人口年龄结构的考察通常使用的指标有平均年龄、年龄中位数等。学术界通常按照老年人口系数、儿童少年人口系数、老少比和年龄中位数等指标将人口年龄结构划分类型，比较典型的类型包括年轻型、成年型和老年型三种。其中，老年人口系数就是老年人口（按国际标准一般是指65岁及以上的人口）在总人口中所占的比例，儿童少年人口系数是指0—14岁儿童少年在总人口中所占的比例，老少比就是老年人口与儿童少年人口之比，年龄中位数是一组人口按年龄排序处于中间位置的人的年龄。

表4-2 三种基本的人口年龄结构类型①

年龄结构类型	老年人口系数	儿童少年人口系数	老少比	年龄中位数
年轻型	5%以下	40%以上	15%以下	20岁以下
成年型	5%—10%	30%—40%	15%—30%	20—30岁
老年型	10%以上	30%以下	30%以上	30岁以上

① 佟新：《人口社会学》，北京大学出版社2010年版，第188页。

2. 影响农村人口年龄结构的因素

一般来说，影响人口年龄结构的因素，既有人口出生情况、死亡情况，也有迁移的情况。人口出生率提高会导致人口年龄结构的年轻化，而人口死亡率的下降在一定程度上会增加老年人口的比重。人口迁移的情况会导致某一年龄段人口的减少或增加。按照人口迁移的一般规律，少年儿童和老年人口的迁移率相对较低，而中间年龄段的人口迁移比例相对较高。这三个因素综合影响一个地区的人口年龄结构，从而产生既有的人口年龄结构状况。

自 20 世纪 80 年代以来，我国户籍制度的松动以及城乡的发展导致大量的农村青壮年劳动力流入城市，直至今天，这一过程一直在持续。这直接导致了在农村人口年龄结构中，老年人口比重快速增大，产生了留守儿童和留守老人的问题。

3. 我国农村人口老龄化问题

人口老龄化，指某一人口总体中老年人口（65 岁及以上）的比重逐渐增加的过程，特别是指在年龄结构类型已属年老型的人口中，老年人口比重继续上升的过程。中国于 2000 年进入老龄化社会。2018 年，中国 65 岁及以上老年人口占全国总人口的比重为 11.4%。[1] 中国人口老龄化来势凶猛、推进速度很快；老龄化的推进与经济发展不同步。欧美国家的老龄化是在经济发展达到相对较高的水平，人均收入相对较高的情况下出现的；而我国是人均收入水平还远远低于发达国家时就出现了快速的人口老龄化过程。[2] 由此可以推测，养老问题将会是我国社会未来相当长时间内面临的一个社会问题。

我国人口老龄化面临严峻挑战，农村人口老龄化面临的问题更是突出。随着城市化和工业化进程加快，农村大量青壮年劳动力外出务工甚至迁入城市居住，使得农村人口的老龄化程度快速提高。在经济发展水平相对城镇更低的农村地区，人口老龄化的程度反而超过了城镇，出现了老龄化的城乡倒置现象。据最近四次人口普查的统计，中国人口老龄化程度的倒置不仅一直存在而且有扩大的趋势。1982 年 60 岁及以上老年人口比例

---

① https://www.askci.com/news/finance/20180123/155928116673.shtml。

② 佟新：《人口社会学》，北京大学出版社 2010 年版。

城市为 7.4%，乡村为 7.8%，差距为 0.4 个百分点，此后一直都是乡村高于城市，差距在 1990 年、2000 年和 2010 年分别为 0.1 个、0.84 个和 3.5 个百分点。[①] 基于 2010 年第六次人口普查数据的测算显示，2020 年中国 60 岁以上的老年人口总数将达到 2 亿 4211 万人。即使按照国家新型城镇化规划中的 60% 的城镇化率和农村老年人口所占比例高于农村人口在全国总人口中比例 12 个百分点，即 52% 计算，2020 年，中国农村 60 岁以上老年人口数量也将达到 1 亿 2590 万人。[②]

人口老龄化会深刻地影响着一个地区的消费结构、经济发展、社会观念、社会分层以及代际关系等，提高社会的抚养系数，对社会保障体系提出新的要求。农村人口老龄化带来的挑战主要还是养老的压力，虽然我国城镇的养老保障体系也不健全，但农村的养老保障体系可以说是相当缺乏。从中华人民共和国成立以来，农村社会的养老一直以孤寡老人的救济为主，大多数地区在乡的范围内建立了敬老院，但是敬老院主要是救助"三无"老人，即无儿无女、无依靠、无生活来源的孤寡老人，其覆盖范围非常小。自国家推出新型农村养老保险以来，越来越多的农村居民加入了新型农村养老保险，使农村居民的养老有了基本的政策保障。不过目前新型农村养老保险的保障水平相对较低，对于满足农村居民的养老需求仍然还有很大差距。除此以外，由于长期缺乏制度性的安排，农村的社会养老机构十分缺乏，农村老人对于进入专门的养老机构养老在观念上也比较保守，加上子女常年外出务工，农村老人面临的养老压力不仅体现在经济上，也体现在生活照顾上。

(二) 人口的性别结构

1. 人口性别结构的含义

人口的性别结构是指在一定时间点、一定地区男女两性在全体人口中的比重，通常用百分比表示。

人口性别结构的测量一般用性别比，也可称其为"性比例"或"男性比"，是同一年龄组内每 100 名女性所对应的男性数。数字越大，说明

---

① 国务院人口普查办公室、国家统计局人口和就业统计司编：《迈向小康社会的中国人口全国卷》，中国统计出版社 2014 年版，第 59 页。

② 中国发展研究基金会：《农村全面建成小康社会之路》，中国发展出版社 2015 年版，第 22 页。

这一年龄组里男性比女性多的数量越大。男女两性的数量一般来说应该差不多，这样人口的性别才能达到平衡。而一旦某一性别的人数超过另一种性别的人数时，人口性别结构就会出现失衡的情况。

2. 农村人口性别结构失衡问题

中国人口性别比通常表现为男性人口数超过女性人口数，这也是由多种因素共同所致。出生婴儿的性别比状况构成了各年龄段人口性别比的基础。出生以后，男女两性的角色、社会分工、社会地位、资源分配等情况决定了两性的生存境遇，这些又直接影响到了男女两性的死亡率，从而影响到特定时点和特定地区的人口性别结构。例如，在战争中死亡率较高的是男性，战争频繁时期男性数量会下降；在等级森严的社会，女性的社会地位较低，女性的平均预期寿命短于男性。

在我国农村社会，男性偏好普遍存在，这一生育观念深刻影响着人口性别结构，导致长期的性别结构失衡。男性偏好的背后有着复杂的社会文化背景，在我国农村社会，传统的宗族观念影响深厚，男丁数量的多少往往意味着宗族力量的强弱，男丁数量多的宗族，在资源争夺或者机会竞争时占有优势。另外，香火延续的观念强化了农村居民生育男性的倾向。在这样的观念里，男孩儿被看成是继承香火、供奉祖先的人。所以，他们认为只有生育了男孩儿才能延续香火。也正是这样，孟子的"不孝有三，无后为大"这句话被广为传播。时值21世纪的今天，农村居民的这种男性偏好已经发生了转变，尤其是实施计划生育政策以后，国家也从源头上禁止胎儿性别鉴定，男女平等的观念逐渐加强，但实际情况仍然存在较大的地区差异，在那些宗族观念较强的地区，人们的男性偏好还是比较明显的。

农村社会的性别比偏高会带来许多问题，男多女少的局面直接导致了农村社会男性适婚人群的择偶难题。这一现象尤其在偏远山村地区比较突出，找不到合适配偶的大龄青年变成"光棍"，这不仅影响到农村社会的婚姻和人口再生产，更有可能对农村社会的稳定造成严重影响。

二 农村人口的社会结构

农村人口的社会结构指的是农村人口在不同职业、阶层、宗教信仰、文化程度方面的结构，农村人口的社会结构反映了一个地区的农村居民在收入水平、生活方式、社会地位和文化属性等方面的基本构成情况。考察这些结构，有利于更清楚地分析农村居民的社会分化程度，也有利于甄别哪些是优势群体、哪些是弱势群体。农村人口的阶层结构、教育结构、宗教信仰情况等将在本书后面相应的章节进行分析，因此本部分仅对农村人口的职业结构进行分析。

人口的职业结构是考察农村社会结构和社会变迁的一个重要维度。一般来说，一个地区的职业分化程度越高，则往往意味着这一地区的社会发展水平越高，现代化程度越高。在传统的生产方式中，农村人口的职业结构往往非常单一，人们从事着同样的劳动：农业村的居民几乎都在从事种植，渔村的居民都在从事渔业生产……随着农村社会的经济发展，居民的职业结构就会快速分化，只有一部分居民尚在从事农业生产，而越来越多的居民会通过各种方式从事第二、三产业的劳动。例如在一个偏僻的村庄有了通向外部的公路，发展旅游业以后，一些人开始开旅馆、农家乐、搞运输、养殖、进入工厂务工等，职业开始变得多样化。职业结构的分化表现了农村社会从同质性社会向异质性转变的过程，是一种积极的过程。

随着职业结构的分化，农民这一阶层也发生分化，阶层结构变得更复杂了，从单一的农民阶层逐渐变成农民阶层、工人阶层、农民企业家阶层、个体工商户阶层……多种阶层并存的状况。除此以外，职业结构的分化还会通过不同职业人群的社会观念、生活方式等各个方面对农村社会产生影响。

第三节　农村的人口质量

人口不仅具有数量特征，还具有质量特征。人口质量就是从质的方面考察人口的特征。

人口质量也称"人口素质"，是指人类具有的认识、改造世界的条件和能力。可以从三个方面来衡量一个地区的人口质量，即人口的身体素质、科学文化素质以及思想道德素质。

一 农村人口的身体素质

（一）测量人口身体素质的指标

反映人口身体素质状况，一般可以用人口平均预期寿命、长寿水平、平均死亡年龄、幼儿死亡率、残疾人口所占比重、平均智力商数、青少年身高体重的增长速度等指标。

人口平均预期寿命是根据人口生命表计算出来的一个指标，表示的是一批人出生以后平均存活的年数。平均预期寿命是一个重要的人口发展指标，在国际社会中得到广泛的使用。人口平均预期寿命反映了一个地区的医疗健康水平和公共卫生水平。2019 年 5 月 20 日，国家卫生健康委发布《2018 年我国卫生健康事业发展统计公报》（以下简称《公报》）。《公报》显示，我国居民人均预期寿命由 2017 年的 76.7 岁提高到 2018 年的 77.0 岁，孕产妇死亡率从 19.6/10 万下降到 18.3/10 万，婴儿死亡率从 6.8‰下降到 6.1‰。

残疾人的比重也是衡量人口质量的一个重要指标。根据 1995 年中国残疾人联合会制定并下发执行的《中国残疾人实用评定标准（试用）》的规定，将残疾分为六类：视力残疾、听力残疾、言语残疾、智力残疾、肢体残疾、精神残疾。根据《第二次全国残疾人抽样调查主要数据公报》，2006 年我国的各类残疾人总数达到 8296 万人，其中农村残疾人达 6225 万人，占残疾人口总数的 75.04%。

（二）影响农村人口身体素质的因素

从整体方面看，影响农村人口身体素质的因素主要有两个方面，一方面是生物因素；另一方面是社会因素。生物因素决定了人们身体的先天基础，社会因素则从多个方面影响着人们身体的后天条件。生物因素与先天的遗传等条件有关，社会因素则主要通过营养条件、生活方式以及医疗卫生条件等方面对人们的身体素质发挥作用。

是否能够摄取足够的营养对人们的身体状况至关重要，这与农村居民的经济收入和生活水平有关；生活方式对人们的身体健康有着重要的影响，例如抽烟、酗酒，摄入高盐、高糖、高脂肪、不新鲜的食物，以及从事重体力劳动等，都是不利于身体健康的。在我国一些贫困的农村地区，不仅营养条件差，还普遍存在酗酒的情况，这必然会威胁到当地居民的身体健康。除此以外，人们生病以后是否看得起病、有地方看病，是否能够得到最基本的医疗卫生服务，这是影响农村居民身体健康的一个社会保障环境。我国自 2003 年以来推行的新型农村合作医疗，使千千万万的农村居民受益，在满足农村居民医疗需求方面发挥了重要作用。

二　农村人口的文化素质

（一）测量人口文化素质的指标

人口文化素质状况，主要反映了人口的受教育情况，可以用这样一些指标来测量——识字率、文盲率、就学率、每十万人口中各种文化程度人口数、人口的平均受教育年限、每百万人口中从事研究与开发的科学家与工程师、每万职工中技术人员所占比重，等等。

（二）影响农村人口文化素质的因素

影响农村人口文化素质的因素主要就是教育的推广和发展。费孝通在《江村经济》中谈及 20 世纪 30 年代江村教育的状况，家长们对教育的重视程度不够，一旦小学课程安排与农业生产劳动时间冲突，孩子上不上学就成了很随意的事情，父母可能会更愿意让孩子在家放羊。

时至今日，我国农村居民的受教育状况得到极大改善，少年儿童入学率普遍都在 90% 以上，农村居民的受教育程度总体提高。尤其是自 2006 年以来，我国从农村开始实行免费义务教育制度。另外，随着扶贫工作的推进，通过扶教育改善扶贫状况的做法也在很大程度提高了农村居民的文化素质水平。

三　关于提高农村人口质量的讨论

20 世纪初期，在河北定县开展平民教育与乡村建设实验的晏阳初认为，中国大患是民众的贫、愚、弱、私"四大病"。非常精炼地指出了 20 世纪民众在各方面存在的问题，这"四大病"在很大程度上也反映了当时的人口素质。晏阳初主张通过办平民学校对民众，首先是农民，先教识字，再实施生计、文艺、卫生和公民"四大教育"，"以文字教育救愚，以生计教育救穷，以卫生教育救弱，以公民教育救私"，培养知识力、生产力、强健力和团结力，以造就"新民"。

（一）继续强化优生优育

继续强化优生优育的观念，从源头抓起，做好农村生殖健康和妇幼保健工作，减少出生缺陷，降低新生儿死亡率，降低残疾人口比例，为农村人口的身体素质打好基础，创造农村人口的强健体魄。

（二）进一步改善农村医疗卫生条件

进一步改善农村医疗卫生条件，提高农村医疗卫生人员的医疗水平，改善农村医疗设备。加大对村卫生室和乡卫生院的投入，提高基层医疗卫生水平，完善村卫生室—乡卫生院—县医疗卫生机构构成的三级医疗卫生体系。扩大新型农村合作医疗的覆盖范围，逐步提高新型合作医疗的保障水平，使农村居民看得了病、看得起病。

（三）大力发展农村教育事业

继续提高农村儿童入学率，减少农村适龄儿童的辍学率。

逐步将当前在少数贫困地区实行的义务教育扶助政策扩大到其他农村地区，实施从学前教育到高中阶段的免费或优惠政策。

强化农村家长的教育观念，提高家庭教育期望，干预某些地区出现的"读书无用论"，确实提高农村居民的受教育程度。

做好国家针对贫困地区的高考专项招生工作，提高贫困地区大学生的资助和就业扶助力度，强化农村居民对高等教育价值的认识。

【本章思考题】

1. 如何看待我国农村人口数量的下降？

2. 我国城镇化的深入发展对农村人口数量产生了哪些影响？

3. 试分析造成我国农村人口性别比失衡的原因。

4. 当前我国农村人口老龄化面临的主要挑战有哪些？如何应对这些挑战？

5. 如何提高我国农村人口质量？

【案例】

"中国出生缺陷干预救助基金会"简介①

中国是一个出生缺陷的高发国家。据《中国出生缺陷防治报告(2012)》统计，目前我国每年新生儿约为 1600 万人，出生缺陷发生率约

---

① 资料来源："中国出生缺陷干预救助基金会"官网，http://www.csqx.org.cn。

为 5.6%，全国每年新增出生缺陷患儿约 90 万例，并呈逐年上升趋势。其中，约 35% 的患儿在出生后死亡，40% 患儿出现终身残疾，不仅终身受到出生缺陷的困扰，还给家庭和社会带来沉重的精神和经济负担。另据《中国妇幼卫生事业发展报告（2011）》显示，新中国成立以来，我国婴儿死亡率以及 5 岁以下儿童死亡率持续下降，提前实现了联合国的千年发展目标，但出生缺陷率近 15 年来增长近七成，由 1996 年的 77.7/万，上升到 2010 年的 149.9/万，增长幅度达到 70.9%。

根据我国出生缺陷高发的严峻形势，在党和国家领导人的直接关怀下，经民政部批准，中国出生缺陷干预救助基金会于 2011 年 8 月 30 日正式成立，业务主管单位是国家卫生健康委。基金会成立以来，在财政部和国家卫生健康委的大力支持下，在蒋正华理事长的正确领导下，积极响应党和国家"积极推行优生优育，提高出生人口素质"的基本国策，在山西、陕西、贵州、四川、西藏、山东、广西、湖南、湖北、宁夏、河南、河北、甘肃等 31 个省（区、市）组织实施了以"从生命起点关注民生"为主题的多项出生缺陷干预救助项目，检测新生儿 151 万例，救助出生缺陷患儿 17837 名，为提升出生人口素质等方面发挥了应有作用。

一、聋病出生缺陷干预救助"天籁工程"

我国是世界上听力障碍和言语障碍者数量最多的国家。为动员全社会更加关注人口听力健康状况，降低耳聋人口出生几率，改善耳聋人口生活质量，提高国民听力健康水平，基金会开展了针对聋病干预救助的"天籁工程"。

山西"天籁工程"项目已于 2013 年 4 月在山西省长治市实施。每年为长治市出生的 3 万名新生儿进行耳聋基因和听力筛查；为全市耳聋高危人群进行耳聋基因筛查；为 100 名聋儿进行听力测试，配置助听器，进行听力和语言的康复训练；为 10 名 6 岁以上聋儿安装耳蜗，进行听力康复救助。

贵州"天籁工程"于 2013 年 7 月 12 日正式启动。基金会会同中国康复器具协会、贵州省民政厅、贵州省肢体康复中心等单位，联合实施以"帮助听力障碍患儿和老人重返有声世界"为主题的救助项目。以贵州全省民政福利机构的民政对象、孤残儿童、城镇"三无"对象、农村五保对象中的听力障碍患者验配骨传导助听器，以促进儿童听力缺陷和老年人的听力障碍康复。此工程涉及贵州省贵阳、黔东南州、黔南州、毕节、安顺及铜仁六州、市，共计546名听力障碍患者受益，其中100名为出生缺陷患儿。

二、出生缺陷干预救助地中海贫血

地中海贫血目前是世界上发病率最高的、可预防遗传性疾病，是我国南方最常见的出生缺陷疾病之一，以海南、广东、广西等省区发病率最高。

2012年6月5日，中国出生缺陷干预救助基金会与海南省卫计委、儋州市政府在儋州市正式启动地中海贫血孕前预防试点工作。未来3年内，基金会将以海南省儋州市地中海贫血预防试点为起点，在海南、广东、广西和福建四省，选择地中海贫血高发地区开展地中海贫血症筛查及干预救助工作。

三、出生缺陷干预救助长治市"健苗工程"

2013年4月16日，由中国出生缺陷干预救助基金会、山西省出生缺陷干预救助基金会和长治市政府共同组织实施的长治市"健苗工程"正式开始实施。每年为长治市出生的新生儿开展四十八种遗传代谢病筛查及耳聋基因筛查，并对部分聋儿进行康复等救助，从而探索建立长治市政府主导，卫计委及相关系统协调配合，社会力量参与的出生缺陷预防体系。通过对新生儿进行48种先天性遗传代谢病筛查以及耳聋基因筛查，建立筛查、诊断、干预、救助、康复各环节有效衔接的常态化服务机制降低因出生缺陷致贫致残比率，提高出生人口素质，减少医疗负担，提升人民生活质量和幸福感。

"健苗工程"项目开展以来，筛查率基本达到95%以上。对检测出的先天性耳聋患儿，已经纳入了免费康复救助项目；对药物性耳聋基因携带者，已为其家属发放生活指导卡片，并对其血缘亲属进行遗传咨询指导，以避免药物性耳聋发生；对耳聋基因突变携带者，给予医学指导，避免在未来生活中发生耳聋残疾。同时已为家庭贫困的聋儿，进行人工耳蜗的植入手术。

四、出生缺陷干预救助"春雨工程"

先天性代谢缺陷又称为遗传性酶病，中国新生儿中约有40万到50万的儿童患病，给患儿家庭和社会带来了巨大的危害。基金会与青海同德县联合开展"春雨工程",旨在通过新生儿人生的第一次体检,对 48 种遗传代谢缺陷进行筛查,降低新生儿因先天性代谢缺陷致病、致残、致死的几率。

五、与解放军总后勤部卫生部合作开展出生缺陷干预救助项目

2014 年 9 月 12 日,中国出生缺陷干预救助基金会与中国人民解放军总后勤部卫生部正式签署协议,合作开展出生缺陷干预救助项目。计划用 3 年时间,依托全军计划生育优生优育技术中心,建立 1—2 个"出生缺陷干预核心示范基地",4—5 个"出生缺陷干预示范基地",20 个左右"出生缺陷干预区域分支基地",形成出生缺陷干预基地服务网络。

六、出生缺陷防治宣传教育工作

中国出生缺陷干预救助基金会历来都非常重视出生缺陷防治的宣传教育工作,每年都举办 9.12 中国预防出生缺陷日宣传活动,并相继在山东、山西、甘肃、贵州等地组织开展出生缺陷防治及优生优育宣传教育活动。

七、成立专家委员会

2013 年 5 月,中国出生缺陷干预救助基金会正式组建第一批由 17 名院士领衔的出生缺陷防治领域专家团队,至今已发展成为拥有近百人的专家队伍,帮助基金会提高决策的专业化、科学化、规范化水平。

八、设立中国出生缺陷干预救助基金会科学技术奖

为表彰在我国出生缺陷防治基础、预防及临床领域做出突出贡献的专家学者和组织,充分调动出生缺陷防治领域广大专业技术人员的积极性、创新性和公益参与性,促进我国出生缺陷防治科学技术的发展和公益事业的进步,降低出生缺陷率,提高出生缺陷的诊断和治疗水平,改善出生缺陷患儿预后,提高我国出生人口素质,2014 年 7 月 1 日本基金会正式设立"中国出生缺陷干预救助基金会科学技术奖"。该奖项每两年在 9 月 12 日"中国预防出生缺陷日"举办一次颁奖仪式。

九、开展中央专项彩票公益金支持出生缺陷干预救助项目

"十二五"以来,基金会在财政部的支持下、国家卫生健康委的指导下,开展了中央专项彩票公益金支持出生缺陷干预救助项目。

一是开展出生缺陷防治宣传和健康教育项目。开展系统的出生缺陷防治宣传和健康教育项目,通过媒体摄制公益广告、印制宣传手册等手段开展婚前、孕前及产前咨询指导,普及出生缺陷防治知识;通过举办论坛、培训班、科普大课堂、巡讲等形式在全国广泛宣传出生缺陷干预救助知识。

二是联合原中国人民解放军总后勤部卫生部，以中国人民解放军总医院为中心建设出生缺陷干预救助示范中心。通过应用规范的出生缺陷检测技术，研制适宜的出生缺陷诊断产品，促进有效的出生缺陷干预康复，开展实用的出生缺陷技能培训，把示范中心建成高水平的出生缺陷疾病检测诊断中心、技术转化中心、干预康复中心和人才培训中心。

三是开展遗传代谢性出生缺陷疾病干预救助项目。遵循三级预防原则，截至2018年12月底，我会与当地人民政府或卫生健康委员会合作，在湖南省、广西壮族自治区、西藏自治区、山西省、甘肃省、贵州省、湖北省、安徽省、河南省等20个省（区、市）已检测141.62万名新生儿，确保早检测、早发现、早救助。

四是2016年6月，国家卫生健康委妇幼司和中国出生缺陷干预救助基金会合作，正式启动出生缺陷救助试点项目，对河北省、山西省、内蒙古自治区、辽宁省、江苏省、浙江省、安徽省、福建省、江西省、山东省等20个省（自治区）符合救助条件的出生缺陷患儿的诊断及治疗提供救助。2018年在试点项目基础上，项目增加北京、天津、吉林、黑龙江、广东、重庆、云南、西藏、宁夏、9个省（区、市），项目实施省份扩大到29个省（区、市）。截至2018年12月底，9262名遗传代谢病患儿通过310家实施单位向基金会提出申请，5565名遗传代谢病患儿得到救助。

五是2017年1月，国家卫生健康委妇幼司和中国出生缺陷干预救助基金会合作，正式启动先天性结构畸形救助项目，目前已在北京、河北、山西、辽宁、浙江、福建、江西、山东、河南、湖南、海南、四川、贵州、陕西、甘肃、天津、江苏、上海、广东、新疆等全国的31个省（市）开展，在项目地区为符合救助条件的患病儿童提供医疗费用补助。截至2018年12月底，14163名先天性结构畸形救助患儿通过272家定点医疗机构向基金会提出申请，7855名先天性结构畸形患儿得到救助。

今后，我们将继续发挥优势，加强与有关部门，医疗科研机构和社会救助组织的沟通合作，动员更多社会力量参与到这项工作中来，向更多患儿及家庭伸出援助之手，努力筑牢出生缺陷防线，为实现健康中国做出更大贡献！

第五章　农村的社会群体

第一节　家庭

一　家庭的基本属性

家庭是以婚姻关系和血缘关系为纽带而形成的社会生活形式。家庭是社会的细胞，是社会生活的基本单位。

（一）家庭是建立在婚姻和血缘关系的基础上形成的

婚姻是家庭的第一个基础，是组建家庭的开始。婚姻是男女双方根据社会习俗或特定制度的规定结合在一起而共同生活。婚姻是社会性的，之所以这样说，主要有两个原因：

第一，婚姻必须符合社会规范的要求，按照特定的习俗或者法律制度结合，才能为社会所承认，双方也才能享有相应的权益保障。在农村社会，人们在组建婚姻关系时往往更重视习俗的规范，而不是法律的规定。例如，在一些农村社会，人们是以宴请宾客或者是其他的习俗活动作为认定两个人婚姻关系成立的依据；而对法律当中两个人要依法办理结婚证的规定却不够重视，有些夫妻甚至是在孩子出生需要办理户口时才去补办结婚证，这反映了农村社会重礼俗而不是重法治的特征。这种现象在越传统的农村社会越明显，在那些现代变迁更明显的农村社会——例如离城市更近的农村社会，依法办理结婚证越来越成为人们心中肯定的形式。从传统到现代的变迁，也伴随着从礼俗到法治的变迁。

第二，婚姻不仅关系到两个人的事情，还关系到双方周围人群的联系。"婚"涉及两个人的结合，而"姻"则表明了男女双方原有家庭之间的联系。所以结婚不是两个人的私事，还意味着背后两个家庭的成员变成了姻亲，婚后夫妻双方的生活会与原来的双方家庭产生千丝万缕的联系，形成一个家庭网络。

（二）家庭是社会生活的基本单位

自从家庭产生以来，家庭就成为人们社会生活的一个基本单位。人类在相当长的时间内以家庭为单位开展生产、消费活动，围绕家庭的血缘和姻缘关系纽带组成了人们生活的基本单位。

（三）家庭是一种初级社会群体

家庭是一种初级社会群体，它的特征有别于次级社会群体：

1. 家庭成员之间具有亲密的关系

家庭成员之间具有的亲情是独特的，是其他社会群体无法取代的。这种亲密的情感是伴随着婚姻、血缘和朝夕相处产生的，自然而深刻。

2. 家庭成员的互动是直接的、面对面的持续互动

家庭成员之间的互动不需要任何中介，也不是断断续续的，在日常生活中，家庭成员之间保持着直接的、面对面的、持续的互动。

3. 家庭成员之间的交往是全面的

家庭成员在相处时，投入的是自己全部的人格，具有开放的心态。而在次级社会群体里面，人们只是有选择地投入部分人格，而对无关的方面会有所保留。

4. 情感和道德是维护家庭成员关系的主要力量

一个群体要能够维续，需要一套维护成员关系的纽带和规范。不同群体具有不同的规范，一个公司要靠严格的规章制度来规范成员的行为，而家庭则主要是靠情感和道德来维护成员关系。

二 农村家庭的结构及其变迁

（一）农村家庭结构类型

按照家庭的规模、代际构成等，可以把家庭结构分为几种类型：

1. 核心家庭

"核心家庭"是指由一对夫妻及其未婚子女两代人组成的家庭。最典型的核心家庭就是三口之家，由父亲、母亲和未婚的孩子组成。如果核心家庭是不完整的，缺少了某些成员，就成为特殊的核心家庭。缺少了未婚子女而只有一对夫妻的核心家庭称作"配偶家庭"，

这包括未生育的配偶家庭和子女已经离开父母单独生活而只剩夫妻两人的空巢家庭；夫妻双方缺少其中一位而只有父亲或母亲与未婚子女组成的家庭称作"单亲家庭"。配偶家庭和单亲家庭都是标准核心家庭的特殊表现形式。

2. 主干家庭

"主干家庭"是指由两对或两对以上均为异代的夫妇及其未婚子女组成的家庭。其特殊类型包括配偶主干家庭和单亲主干家庭。配偶主干家庭是在主干家庭中各对夫妇均无未婚的子女的家庭，而单亲主干家庭是主干家庭中夫妇或父母缺损一方的家庭。

3. 联合家庭

"联合家庭"，又称"大家庭"，指家庭中任何一代含有两对或两对以上同代夫妻所组成的家庭，它是核心家庭同代横向扩大的结果。

4. 其他家庭类型

其他家庭类型是指以上三种家庭类型之外的家庭类型，比较典型的包括以下几种：

隔代家庭：三代人组成的家庭但中间一代缺失的家庭，典型的就是爷爷辈和孙子辈生活的家庭，中间一代可能是长期外出或者因其他原因而长期缺失。

单身家庭：就是一个人组成一个单独的生活单位。严格来说，单身的人一个人过日子并不符合家庭的定义，因为没有婚姻的基础。不过，在现代社会，单身是一种客观存在的现象，它是一部分人选择的生活方式，同时又构成了一个单独的生活单位。

收养型家庭：就是父母和子女之间没有血缘关系的家庭。

继父母家庭（或混合家庭）：指的是因为离婚或其他原因而使婚姻关系不再存续，并且有一方或双方有未婚子女的两个残缺家庭重新组合的家庭类型。

（二）农村家庭结构的变迁

1. 家庭规模小型化

据国家卫计委发布的《中国家庭发展报告（2015）》，我国家庭平均规模为3.35人，其中农村家庭平均规模为3.56人，城镇家庭平均规模3.07人；家庭户平均规模为3.02人，其中农村家庭户平均规模为

3.14 人。①家庭规模小型化的趋势日益显现。农村家庭规模的小型化，是多种因素共同作用的结果：（1）生育观念的转变。虽然相对城市来说，农村居民的生育观念更传统一些，但是随着近些年农村社会环境和社会流动的加剧，农村居民的生育观念也在悄无声息地转变，传统社会那种多子多孙多福的观念不再那么深入人心了。另外，农村妇女的受教育程度的提高也在一定程度上影响了生育观念。大量的事实证明，受教育程度的提高总是伴随着出生率的下降。因为受教育程度越高的妇女，其观念越现代，越重视自身价值的体现，不再把生育当成是人生价值的体现和人生目标的追求，其生育意愿自然有所降低。（2）社会流动的影响。随着大量农村剩余劳动力流入城市务工，越来越多的农村家庭被拆分，很多家庭的青壮年常年外出，单个家庭的日常生活中家庭成员的数量相对减少。（3）家庭观念的转变。复杂的家庭结构必然伴随着复杂的人际关系，例如在联合家庭中，包含了复杂的代际关系和同辈关系，婆媳关系、妯娌关系都是较为复杂的。基于这样的原因，农村居民也越来越倾向于选择规模小、人际关系更简单的小家庭。

2. 离婚家庭增多

近些年来，我国的离婚率逐渐攀升，居高不下。2002 年，中国的离婚率仅有 0.90‰，2003 年达到 1.05‰，到 2010 年突破 2‰，2015 年的离婚率为 2.8‰，这也是 2002 年的 3 倍多。2017 上半年全国各级民政部门和婚姻登记机构共依法办理结婚登记 558 万对，比上年同期下降 7.5%；依法办理离婚登记 185.6 万对，比上年同期上升 10.3%。② 其中值得注意的是，不仅城市居民的离婚率居高不下，农村居民的离婚率在近年来也明显升高。

造成农村居民离婚率上升的主要原因是多方面的：一是日益发达的媒体给农村居民带来更多不安定的影响。随着网络和智能手机的普及，农村居民了解外部世界的机会增加了，信息量大大增加，社会交往圈子扩大了。近些年，农村青年和中年人通过网络结识异性，远赴外地见网友的报道不断出现于报端，这一过程为现实的婚姻带来了不良刺激。而在以往信息闭塞的农村社会，人们更容易安于现状，即使对婚姻不满意，也可能会委曲求全。

---

① 国家卫生计生委：《中国家庭发展报告（2015 年）》，2015 年 5 月 13 日。
② https://www.sohu.com/a/169191308_711287，2017 - 09 - 02。

二是大量青壮年劳动力外出打工，造成了常年的两地分居，夫妻感情逐渐淡化，寻求婚外情感和性行为的机会增加了，这也是导致离婚的一个重要原因。外出务工的青壮年们长年在外，只在过春节时才回一趟家，情感和性的需要无法满足，加剧了婚外出轨的可能性。近些年在打工人群中出现的临时夫妻现象就是这样的写照（临时夫妻现象参见下文材料）。三是农村的年轻人观念比老一辈人更开放，日益重视婚姻质量。在老一辈的观念里，婚姻就是为了过日子，过得去就行了。而当前的农村青年人，受教育程度提升了，价值观念也发生了变化，如果婚姻质量不高，就不会委曲求全。

3. 择偶难题——光棍现象

"光棍"是指到了适婚年龄而没有娶妻或者由于各种原因导致的单身汉。这一现象近些年在农村社区日益突出，尤其是在相对偏僻或经济条件较差的农村尤为突出。

肖亚洲根据在晋西农村的调查发现，在一个贫穷的刘家塔村，共156户，520个村民。如果不算外出打工、进城陪孩子读书的，目前常住村里的有30多户，90多人。其中到了适婚年龄没有婚娶或丧偶、离婚、配偶离家出走的单身汉，共有24人。加上外出打工的30多个单身汉，全村有近60个光棍。也就是说，村民中不到10人，就有1个光棍。光棍有50多岁的，也有40多岁的，最集中的在30岁左右。[①] 作者按照光棍形成的原因，总结了该村的四类光棍群体：

一是有历史原因的。主要是当年成分不好，遭人冷眼，没人愿意嫁。由年轻光棍熬成老年光棍。

二是身心有缺陷的。有的智障，有的精神失常，有的身体残疾，或者外表过于平平。

三是家庭经济困难的。这些适婚男性大多身体健全，本不该成为被婚姻淘汰的对象。他们中又分两种情况：一种是家庭收入低、家境困难的；另一种是在高额的婚娶成本面前无力支付娶亲费用的。

四是因为家庭生活贫困，婚姻发生变故的。

如前所述，光棍现象的出现是多种原因造成的，不过近些年农村光棍

---

① 肖亚洲：《厚土：一个清华学子对晋西农村的调查纪实》，中央编译出版社2016年版，第173页。

现象的凸显主要与几种因素有关：一是农村人口性别结构失衡。传统农业社会的性别偏好突出表现为重男轻女，这一观念导致农村居民生育行为中的男性偏好，造成农村人口性别失衡。二是农村年轻女性的流出。越来越多的年轻女性流入城市，她们或接受教育或务工，大多不愿意在农村生活，这也是导致农村适婚男性择偶困难的重要原因之一。

光棍现象突出体现了农村适婚男性的择偶难题，影响了农村婚姻家庭的平衡，必然会影响农村人口再生产，发展得再严重些，甚至会影响农村的社会稳定，因此应该引起社会各界的重视。

4. 隔代家庭问题

"隔代家庭"是指由祖父母（外祖父母）和孙子女（外孙子女）组成的家庭。农村隔代家庭主要是因为青壮年大量外出务工，导致主干家庭中的中间一代缺失，只有祖辈和孙辈在家，从而产生的特殊家庭类型。隔代家庭的未成年孩子被称为"留守儿童"。

隔代家庭对未成年人的成长影响是比较大的。隔代家庭的未成年人长期与双亲分离，对他们的身心发展是不利的，这样难以形成亲子依恋情感。祖辈对这些孩子的照顾往往只注重衣食等基本需要的满足，而对于孩子的心理和学习等关注不够，因此这些孩子在成长过程中往往面临着比完整家庭孩子更多的困惑。造成这种状况的原因是多方面的，一方面，农村的祖辈们往往文化程度较低，因此对于孙辈的教育观念滞后，也力不从心；另一方面，祖辈们在角色扮演方面不可能取代孩子的父母，与孩子的父母相比，代际之间的差异更大，所以在与孙辈沟通时也就更难沟通。

随着隔代家庭问题的增多，以及社会各界对留守儿童的关注，各级政府部门以及越来越多的社会机构开展了关爱留守儿童的行动，例如创造机会让留守儿童远赴他乡与父母团聚，开展夏令营等关爱活动，这些行动具有重要的意义，但随着越来越多的青壮年离开家乡，隔代家庭的问题仍然还是一个突出的社会问题。

三　农村家庭的功能及其变迁

（一）农村家庭的功能

1. 生物功能

生物功能包括生育和性需要的功能。生儿育女、延续种族是自家庭产生以来就特有的功能，同时它还满足了人对性的需要，并借助法律和道德的约束限制了家庭以外的性行为。

2. 经济功能

在农村社会，家庭是基本的生产单位，也是消费单位，家庭还为成员提供了经济支持。家庭必须为其成员提供充足的经济资源，如金钱、生活用品、居住空间等，才能满足家庭成员的生活、医疗保健、健康促进等需要。

3. 抚育和社会化功能

抚养指夫妻间或家庭同代人之间对下一代人的供养和照顾。家庭具有引导年轻成员学习社会规范、树立正确的生活目标、传授给成员社会知识和技能、把其培养成能胜任社会角色、成为合格社会成员的社会化功能。

4. 赡养功能

"赡养"指下一代对上一代的供养和照顾。目前，我国农村老年人在经济上对子女仍有较强的依赖性，随着核心家庭的增多，子女越来越少，又缺乏社会福利的支持，因此，子女在老人的生活照顾和精神慰藉方面的负担有所加重。

5. 情感功能

家庭成员之间以姻缘和血缘为纽带生活在一起，通过成员间相互关怀和支持、相互理解和交流深层情绪来满足爱与被爱的需要。

（二）农村家庭功能的变迁

在中国传统社会，家庭是一个几乎无所不包、无所不能的功能群体，个人和社会都对家庭高度依赖。改革开放以后，随着经济发展、社会进步、人口转变和家庭变迁，家庭功能发生了多重变化。

1. 部分家庭功能弱化了

随着农村社会的发展，传统农村家庭所具有的综合性功能开始萎缩，相当一部分家庭功能出现了弱化的情况。这种功能弱化的情况相比城市而言，可能没有那么突出，但是在农村社会也在不断地发生。弱化的功能最突出地体现在生产功能和养老功能等方面。

生产功能的弱化是农村家庭经济功能弱化的主要方面。自家庭联产承包责任制以来，农村家庭成为独立的生产单位，相对于人民公社时期，农村家庭的生产功能得到了强化。但是从改革开放以来，随着农村生产力水平的不断提高，大量农村剩余劳动力流向城市，越来越多的青壮年劳动力进入城市谋生，留守农村的人口以老年人和未成年人为主，越来越多的土地被流转给了更大的生产单位，也有相当一部分家庭的土地出现了荒置情况，在这一趋势下，农村家庭的生产功能快速萎缩。

农村家庭的养老功能弱化也是非常明显的一个变化。这一变迁同样与农村人口的流动有很大的关系。在中国的传统社会，养儿防老是人们对家庭的一种期待，更是一种责任。但是随着农村社会的变迁以及城市化的推进，大量青壮年流入城市务工，无暇顾及留守农村的老人。尽管农村老年人由于缺乏系统的社会养老体系，对子女的家庭养老责任仍然是主要期待，但事实上这些外出务工的子女已经无力承担对老人的照顾和赡养。对于那些获得了务工收入的子女来说，对老人的照顾也多停留在经济方面，对老年人日常生活的照顾，基本上也是力不从心。而对于那些务工收入较低的子女来说，不仅无力承担对老人的经济赡养，甚至还将孙辈留给老人照顾，老年人在晚年时仍然还承担着照顾孙辈的经济压力。另外，随着整体社会价值观的变迁，农村社会的孝道衰落也是一个非常明显的特征。在传统社会，对老人不孝是一大罪，会受到社会舆论甚至制度的强烈谴责和惩罚，而在当今的农村社会，老年人因为子女赡养问题而与子女对簿公堂的情况比比皆是。在这种处境下，老年人的养老状况令人堪忧。

2. 部分家庭功能发生了转移

家庭功能的转移体现在核心功能的转移。在传统农村社会，小农经济的生产方式下，家庭的核心功能自然是生产功能。随着农村社会家庭的变迁，家庭生产功能的萎缩和弱化，家庭经济功能的重心从生产功能转向了消费功能。农村家庭成员的收入日益多元化，除了土地的收入，越来越多的外出务工人员获得了工资性收入。收入水平的增加，改变了家庭成员的消费观念。对生活水平和生活质量的追求逐渐突出，在一些经济较为发达的农村地区，甚至出现了高消费、攀比性、炫耀性消费，且愈演愈烈。

除了经济功能的转移，家庭赡养功能和社会化功能也日益转移给了社会性的主体。如前所述，农村家庭的养老功能日益弱化，但是农村人口的老龄化发展却十分迅速。国家开始在农村推行社会养老保险，这就是新型农村居民养老保险，新型农村居民养老保险按照农村居民收入不稳定、收入较低的特征，设置了不同的养老保险缴纳标准，越来越多的农村居民加入了这种社会化的养老体系。虽然目前新农保的支付水平仍然较低，但是未来必然会有越来越多的农村老人从依赖家庭养老转向依赖这种社会性的养老体系。社会化功能的转移主要体现在农村留守儿童的社会化功能方面。越来越多的农村青壮年劳动力流入城市，而他们到了城市以后又面临各种制度性的障碍，没能完全享受城市的教育资源。相当一部分未成年孩子被留在了农村成为留守儿童。这些留守儿童终年见到父母的次数十分有限，而他们的祖父母对他们的教育又往往存在各种问题。近些年，政府机构和越来越多的社会机构开始关注留守儿童的教育，为留守儿童的身心发展提供了越来越多的支持。

3. 部分家庭功能的内涵变得更复杂

随着农村社会的变迁，家庭的某些功能仍然存在，有些功能甚至在一定程度上得到了强化，但是其内涵变得更复杂和多元化了，例如，情感功能和生物功能。

家庭是初级社会群体，给家庭成员提供温暖的呵护和安全的港湾。家庭成员之间互相依靠、互相倾诉，构成了精神支持的重要来源。其中，夫妻之间的情感支持尤其成为家庭情感功能的重要组成部分。但在我国传统农业社会，情感功能并没有被放到一个重要的位置，而是附属于经济和生育功能。随着农村社会的发展，年轻人在择偶和婚姻中越来越重视情感因素，其他因素则日益被放到情感因素之后。另外，婚姻中情感不稳定的情况也似乎有所增多，这从农村的离婚率上就可以看出。情感功能更重要了，但是导致情感不稳定的因素也增加了。随着越来越多的农村剩余劳动力外出务工，农村夫妻两地分居的情况也增多了。在一些外出务工的人群中，甚至还出现了"临时夫妻"现象，即一些并不是夫妻的打工男女临时凑在一起像夫妻那样在外生活和工作，但又同时保留各自原来家庭中的夫妻关系，这种现象进一步威胁到了婚姻中的情感功能。

除了情感功能，生物功能的内涵也变得更复杂了。家庭的生物功能包括性满足的功能和生育功能。在我国传统农业社会，由于各种因素的影响，性是难以启齿的，从来不会放到桌面上讨论，夫妻之间相敬如宾是理想状态，性只不过是生育的手段而已。随着农村社会环境的变迁，虽然性仍然是不可言的，但"谈性色变"的情况已然弱了很多。加之农村年轻人在择偶和婚姻中日益重视情感因素，性已经与生育分开，而不再从属于生育功能。另外，随着农村居民文化程度的提高，人们的生育观念也在日益向更现代的生育观念转变，从追求"多子多孙多福"日益转变为"少生优生优育"。当然，农村居民生育观念的转变存在较大的地区差异，在一些地区已然与城市居民差不多，但在一些相对较为偏远的农村地区，生育观念仍然还很传统。不过总体来看，生育观念向更现代的特征转变是必然趋势。

【案例】

临时夫妻①

　　临时夫妻是一种特殊形态婚姻家庭关系，是为了解决生理上的性饥渴和性心理等问题而临时组建的一种关系。

　　随着打工潮的兴起，打工虽然给农家带来了收入，改变了家庭经济贫穷面貌，但大多数打工家庭夫妇长期分居，家里孩子老人要照料，田地要耕种，很多家庭只好选择一人出去打工，一人留守在家，夫妻长期分居，为了解决孤男寡女精神上孤独寂寞、生理上的性饥渴和性心理等，在一些打工族家庭中悄悄出现一种"临时夫妻"。

　　这种"临时夫妻"的最大特点是不换掉自己的配偶，而是以保全法律上的夫妻关系、不拆散原有家庭为道德底线，打工在外的男女或留守在家的男女与另一异性以"性伙伴"或者"临时夫妻"生活方式组建一个临时家庭。他们或暗或明地生活在一起，彼此互相照应，以此来填补由于夫妻长期分居所带来的感情生活和性需求的缺位；而当夫妻团聚时，"临时夫妻"即自行解体，男女双方仍与自己的配偶过夫妻生活。

　　打工潮中出现的"临时夫妻"，这种说不清道不明的婚姻形态就像一个光怪陆离的万花筒，令人迷乱困惑。"临时夫妻"当属一种"灰色婚姻"，它介于道德行为和不道德行为之间，从某种意义上讲，它是在"应当"和"不应当"之间存在着的一种"合情不合法"的行为。

　　饮食男女，性生活，是人的本能和生理心理需求。"临时夫妻"暂时填补夫妻长期分居状态下出现的夫妻生活需求的真空地带，这种现象的存在反映了乡民婚姻生态伦理道德开始呈现多样性、复杂性和现实性。

---

　　①　资料来源：百度词条，https：//baike. baidu. com/item。

马斯洛需求理论一共有五个层次：生理需求、安全需求、情感和归属的需求、尊重的需求和自我实现的需求。农民工面临两个方面的缺失：一是生理需求，长期在外务工，生理上的需求是案主难以逾越的障碍。二是在情感和归属的需求上，缺乏与家人的沟通交流。

第二节　宗族

一　宗族的含义及其物化体现

（一）宗族的含义

《尔雅》"释亲"篇这样解释宗族："父之党为宗族。"宗族是以父系血缘关系为纽带的人类生活共同体。

宗族是比家庭范围更大的一个血缘群体。通常同一个宗族内的人被理解为一个共同的男性祖先繁衍的后代，就像一棵大树开枝散叶，形成了族内不同支系。当然，这个共同的祖先可能是真实的，也可能是虚构的。

由于来自于同一个祖先，同一个宗族内的人非常注重长幼次序和亲疏之别。

（二）宗族的物化体现

宗族的物化体现就是外在的一些可以表现或者承载了宗族特征的物品或象征，最常见的宗族物化体现就是族谱、祠堂、祖坟等。

族谱是用来记录族内世系关系和族内人口的一本记录，通常会世代相传，一代一代往下传递。

祠堂是用来供奉祖先牌位的房子，族人在重要的时间会到祠堂祭拜祖先。祠堂也是宗族内的人聚会和商量宗族事务的地方。

祖坟就是族内祖先去世以后修建的坟墓，通常在清明节等传统节日，族内后代会相约到祖坟边祭拜祖先。

二　我国农村社会不同时期宗族的变迁

在中国漫长的农业社会时期，宗族是非常重要的一种社会群体。同一宗族的人聚居在一处，在生产生活中维系着密切的关系，也在地方社会稳定中发挥着重要的作用。尤其是农村社会，宗族观念影响深远，宗族的纽带更加牢固。可以说，历史上的宗族扮演着地方团体的角色。另外，宗族由于其活动难免带有一定的迷信色彩，与现代社会的科学观念相左。族内的人相聚拜祖，既是凝聚人心的过程，同时也怀揣着祈求祖先保佑的愿望。宗族内的祭祖、上坟、烧香烧纸、设祖先灵位等做法都有这一特点。此外，宗族过分强调血缘关系，可能容易形成狭隘的小团体利益，宗族之间的冲突也往往会对地方社会的秩序造成影响。

在"文化大革命"中，宗族被当成"四旧"而被取缔和铲除，祖先牌位、祠堂、族谱等各种宗族的物化体现也在一定程度上被销毁，宗族的祭拜活动等也被命令禁止。一时之间，宗族的象征物品和活动销声匿迹，宗族的势力也在一定程度上日益萎缩。

20世纪80年代以来，农村的宗族又在一定范围内得到了复兴，其具体表现为重修族谱、立宗祠、拜祖先、兴修祖坟等活动形式。为何在80年代以后农村的宗族会得到复兴？究其原因可能与几个因素有关：（1）社会观念的开放和社会控制的松动。在"文化大革命"时期，社会的中心是政治斗争，意识形态的要求被强化；而改革开放以来，我国社会管理的重心开始由政治斗争转向经济建设，社会控制的手段从政治和行政手段转向经济、法律等手段，社会观念更加开放，这是宗族得以复兴的宏观社会背景。（2）宗族文化被当成传统文化加以呈现。随着社会观念的开放，宗族活动被当成传统文化加以展现和维护。宗族在一定程度上代表了乡土社会的特点，宗族文化在一定程度上可以帮助人们更好地去理解传统中国社会的结构。尤其是那些旅游开发的地区，在旅游经济的主导下，将宗族文化重新发掘、整理，这也是宗族文化得以复兴的一个原因。（3）农村居民生产生活的一些需求在其他基层组织中没能得到更好的回应。家庭联产承包责任制以来，土地分散到了每家每户，每个家庭成为独立的生产经营单位，但是合作的需要仍然是存在的，例如兴修水利、维护道路、生活中的互相照顾和支持、红白喜事互相帮忙等等，都需要其他家庭的帮助和协作。村委会、党支部等农村社会的基层组织虽然在村庄管理和政治生活中发挥着不可替代的作用，但仍然无法满足村民的多元化需求。当人们需要合作时，自然而然地就会想到宗族这一血缘关系网络。（4）宗族的观念仍然存在于农村居民的内心深处，一旦需要就会被迅速唤起。民间流传的"亲戚亲三代，宗族万万年""同宗同族一家人，打断骨头连着筋"这样一些说法，正好证明了留在人们心底的宗族观念和宗族情感。宗族活动虽然在"文化大革命"期间被压制住了，但是宗族的一些物化载体并没有完全消失，祖坟、祠堂、族谱等在一些地方仍然有所保留，所以一旦政治环境宽松，人们就立即通过这些物化体现联系在了一起。

三　对农村宗族现象的评价

关于农村社会的宗族现象，应该有客观的认识，既要看到其在农村社会中发挥的积极作用，也应该意识到其消极影响。

（一）宗族在农村社会发挥的积极功能

1. 社会支持功能

在中国的传统农业社会，社会保障十分缺乏。加上封建的剥削制度，普通百姓收入微薄，一旦碰到天灾人祸，更是民不聊生。当人们困苦不堪、缺乏支持时，向同一宗族内的其他家庭寻求帮助往往成为最为便捷也最可行的途径。宗族的血缘联系使得较为宽裕的家庭也产生了帮助族人的道义和责任感。大多数宗族本身也会在其祖训中驯化族人要有无相恤、互相帮助。

除此以外，历史上一些大的宗族还有义田和义庄，这两种实体也发挥着社会支持的作用。义田是宗族内共同拥有的一部分土地，为共同财产。义田通常来自前人的遗赠或募捐，一般由族人轮流耕种，产出的粮食用于宗族的祭祀和修缮祠堂等公共事务。另外，宗族的共同财产平时也发挥着社会救济的作用，对遭遇困难的族人、贫困家庭、寡妇等给予帮助，当碰到灾荒时，就用来接济族人。这是宗族发挥社会保障作用的典型表现。而对于义庄，据记载，义庄的制度始于北宋范仲淹，后来被其他宗族广为效仿。范仲淹出身孤寒，入仕之后好施与亲旧，而且有志于义庄的创立。及至贵显，禄赐有余，才于庆历、皇祐年间，于苏州吴、长洲两县，逐次购置田产千亩，设立义庄。他创设的动机，是由于自觉到宗族无论亲疏，都源出于同一祖先，富贵者对贫困的族人有经济上的责任。范氏义庄对族人的赡给，有详细的规矩，此一规矩是范仲淹于皇祐二年所订立，大致上是计口逐日支米一升，每年支衣一定，丧葬嫁娶皆有补助。赡给对象以居住在苏州的族人为主，外乡的亲戚如确有急需，也酌量予以济助。以每口逐日支米一升而即已解决了成人一日食米需要量的一半。因此，在义庄协助下的贫困族人，经济情况自必大为改善。南宋范氏族人范之柔说："先祖所创义田，今几二百年，聚族数千百指，虽甚窭者赖以无离散之患。"[1]

2. 社会管理和社会控制功能

中华人民共和国成立以前，我国农村社会的运行具有"皇权不下县"的特征，地方社会秩序的维系主要依靠民间力量和地方机制。宗族内那些长老往往是具有较高威望的长者，当宗族内因土地、山林、水资源等发生了利益纠纷或者家庭矛盾时，往往会求助于长老从中调解。族长往往更能站在公平公正的立场调解族内纠纷和矛盾。

另外，每个宗族都有一些族规，这种族规对于约束族人行为、维护当地社会秩序发挥着重要作用。宗族的族规通常是对族人生活中的一些重要事项进行倡导和维护，例如有些宗族的族规有关于孝敬老人的规定，有些族规有保护族内公共财产的规定，有些族规有关于伦理道德、社会风化的规定……族人必须要遵守族规，否则会受到严厉的惩罚，还有可能被驱逐出宗族。宗族的这些族规虽然有些内容可能与现代法律的精神相违背，但是在传统社会却拥有很高的权威，有很强的震慑作用。宗族通过宣扬纲常伦理、约束族人遵纪守法，承担了传统农村社会的社会管理和社会控制的重要功能，维护了地方社会的风气和社会稳定。

《宋史》卷二百八十二《王旦传》里记录了宋朝官员王旦治家训诫。据记载，王旦治家教子极严，"务以俭约率励子弟，使在富贵不知为骄侈"。曾告诫子弟说："我家盛名清德，当务俭素，保守门风，不得事于泰侈。勿为厚葬，以金宝置柩中。"后世子孙将其平日训导之言辑为《文正遗训》收录家谱中流传。该书共 27 条，详细规定了家庭成员应遵守的行为规范与家庭礼仪，如关于家族祭祀，作者规定："冬至一节，宗长领子孙男女齐到祠堂，击鼓三声，参拜四礼，供献酌馔：礼毕，宗长坐于堂东，主妇坐于堂西，子孙男女分立左右，命子弟一人诵家训曰：'为臣必忠，为子必孝，为兄必爱，为弟必敬，为妻必顺二毋徇私以伤和气。'"[2]

3. 社会整合功能

宗族通过血缘关系加强了族内家庭之间的联系，同族人之间的宗族情

---

① 梁庚尧：《中国社会史》，东方出版中心 2016 年版，第 260 页。
② 赵振：《中国历代家训文献叙录》，齐鲁书社 2014 年版，第 39 页。

感和认同感也使松散的个人和家庭凝聚成一个群体，产生了一定的整体效应。在传统社会里，宗族具有深厚的社会根基，它通过血缘的纽带使原子化的个人和家庭得以团结在一起，使个体家庭难以达到的目的变得更容易一些，尤其是涉及公共事务或者维护权益时，宗族的整体优势就体现得更明显。

另外，宗族通过教化和管理族人的方式，让人们各安其职，遵纪守法，维护了社会的秩序。族内的调解机制又可以有效地减少社会矛盾和社会冲突。从这种意义来说，宗族也发挥了社会整合的作用。

（二）宗族在农村社会产生的消极影响

1. 容易滋生地方保护主义、小集团主义

宗族的血缘关系加上一个宗族在利益上的相关性，很容易滋生小集团意识和地方保护主义意识。中华人民共和国成立以前，农村社会里同一宗族的家庭之间不仅存在血缘联系，还可能有土地、山林、房屋等公共财产，共同的经济利益加上天然的血缘联系，往往使他们紧密团结在一起，形成狭隘的小集团主义或者地方保护主义，而很少关注更大范围的公共利益。

2. 影响基层民主政治

宗族势力对基层民主政治的影响，最突出的就是对村民委员会干部选举的公平公正造成了不良影响，违背了基层民主政治的精神。村民委员会主任及其成员直接由村民投票选举产生，是村民委员会作为自我管理、自我教育、自我监督和自我服务的基层群众自治组织的最重要的体现。但在一些农村地区，由于宗族势力的干扰，严重违背了民主政治的宗旨。一些大的宗族，仗着人多势众，在村民选举中一味偏袒本宗族的候选人，使其在选举中明显占有得票优势。也许这一候选人并没有能力或人品上的优势，但是本宗族内的人或许是出于情面，或许是出于这一候选人对本宗族人的各种承诺，更倾向于将选票投给这一候选人。更有甚者，有的宗族势力纠集在一起形成当地的黑恶势力，称霸一方，霸占集体公共山林、土地、矿产等各种资源，从中渔利，严重影响了当地的社会公平环境，这样的涉黑涉恶宗族势力必须依法铲除。

3. 一些宗族活动掺杂着封建迷信的观念和做法

宗族活动里族人常常聚在祖坟宗祠等场所烧香、上供、焚烧纸钱等，祈求祖先显灵、庇荫子孙后代，这些活动虽然也带有对祖先的怀念和祭奠，但是其封建迷信的特点也很明显。另外，这些做法从环保的角度来看也不符合环保的理念。

改革开放以后，一些地方出现大肆兴修祖坟的现象，各个宗族之间互相攀比，有的宗族扩建祖坟用料奢侈、排场极大，铺张浪费现象突出，无非是为了彰显子孙后代的实力，这种攀比之风为农村社会的风气带来了不良影响。另外，兴修祖坟的做法也不利于殡葬改革的推行。人们对于祖先祭祀的观念带有很强的迷信色彩，同时，祖坟作为宗族的外在象征物也具有特殊的意义，所以宗族内的人设置重重障碍阻挠殡葬改革的推行。

第三节　邻里

一　邻里的含义和属性

（一）邻里的含义

"邻里"是指居住地相邻并能够构成互动关系的初级社会群体。按照居民的联系纽带，邻里之间的联系属于地缘关系。住地毗连的人们认同特定的一组角色，据此形成密切的互动关系，有着显著的认同感和感情联系，由此构成相对独立的小群体。

（二）邻里的构成要素

1. 地域邻近

构成邻里的首要因素就是居住在邻近的区域范围，可能是房前屋后，也可能是一个小组范围，或者是一个自然的村落。居住地的邻近使得居民之间朝夕相处，相互之间比较熟悉，来往频繁，这也为居民之间在生产生活方面的相互照顾和扶持提供了便利。所谓"远亲不如近邻"，大致就是对这一现象的形象表述。

2. 交往频繁

构成邻里的第二个因素是要有频繁交往，否则即便住在隔壁，也可以形同路人。邻居之间老死不相往来，根本不发生联系，就无法形成邻里。在传统的村庄，村民们每天在生活中打交道最多的就是自己的邻居，抬头不见低头见，在家休息娱乐时、在田间地头劳动时、家里有婚丧嫁娶建房等重大活动时……邻居是随时都在接触的互动对象。这种互动是经常性的、持续的、直接而全面的。

3. 情感亲密

邻里之间频繁的互动为亲密的情感联系奠定了基础。在中国的传统乡村社会，对邻里的照顾是一种美德，获得邻里的认可和良好评价也是一个人在社会生活中品行得到认可的重要标准。另外，人们会因为"左邻右舍"的原因而自然产生一种亲切感，所谓"故乡情"，在某种程度上也可以看成是邻里之间亲切感情的体现。而且邻居之间在生活方式、价值观方面大致相同，越是传统的村庄，这种同质性就越强。人们对邻里的认同感或多或少地也与这种生活方式和价值观的同质性有关。因为这一点，人们对邻里更容易产生"我群感"，对邻里之间的归属感会比较强。当然，现代化的过程正在日益削弱邻里之间的亲密情感，邻里之间的来往由于各种现代化的通信工具的使用而逐渐减少，亲密感也随之下降。

(三) 邻里的属性

1. 邻里的范围

《汉书》中对于邻里系统和里坊制度是这样描述的："五家为邻，五邻为里，四里为族，五族为党，五党为州，五州为乡。"可见，"邻"是比"里"这一单位更小的单位。

在以往的学术研究中，学者们对邻里的范围并没有统一的认定，有些学者将居住在前后左右相连的一片区域内的家庭视为邻里，也就是比村更小的单位；但是对于那些规模并不大的村，所有家庭之间的熟悉程度都比较高，所有整个村的所有家庭都属于邻里的范围。邻里的范围到底有多大？这不仅与居住格局有关，更与居民之间的互动和联系性质有密切关系。

2. 邻里属于地缘群体

按照群体形成的纽带，可以分为血缘群体、业缘群体和地缘群体，邻里是典型的地缘群体。邻里是由于居住的邻近、经过频繁互动而产生的群体。

3. 邻里是初级社会群体

从居民的关系性质来看，邻里又可以划归为"初级社会群体"。邻里之间交往频繁、互动直接、人际之间具有更全面的关系，具有更强的亲密情感，这些特征都符合初级社会群体的性质，与规模较大、互动没有那么频繁、人际之间具有较少亲密感的次级社会群体相区别。

当然，邻里虽然在性质上属于初级社会群体，但是在中国古代社会，家国一体的建构也使得邻里成为乡村社会管理的最小的一个单位。中国历史上的保甲制就是从家户开始，以邻里为单位实施的一项管理制度。保甲制源于北宋神宗熙宁三年王安石变法中的一项军事制度，即"什伍其民""变募兵而行保甲"。规定保甲之编组，以户为单位，设户长；十户为甲，设甲长；十甲为保，设保长。保、甲长多由当地豪绅地主担任。后朝多沿袭这种制度。20世纪30年代初，国民政府为了加强乡村的自卫力量，配合政府的军事"剿共"，又重新在基层社会编制保甲，作为统治和管理基层社会的政权组织。新县制实施后，国民政府将保甲融入地方自治，由此保甲由自卫演化成为自治组织。①

二　邻里在农村社会发挥的功能

1. 生产互助

传统的农业生产往往是以家庭为单位而进行的，但是单个家庭在生产中又会面临力不从心的一些活动，例如农田水利建设、道路建设等都需要多个家庭合作完成。而邻居由于空间位置的临近自然成了最需要也最容易协作的群体。另外，农业劳动的季节性很强，需要赶时令，播种、施肥和秋收等生产活动往往需要在很短的时间内完成，这时候单个家庭就需要汇聚更多的力量来集中完成单位面积的生产活动，所以在传统的农业生产劳动中就形成了邻里互相帮忙的现象。例如在插秧的季节，田间的常见景象就是邻居们一起上阵，轮番帮忙，今天大家都去为张家插秧，明天大家一起为李家插秧，这也就是传统的生产劳动中"换工"的现象。

2. 生活上的相互支持

邻里在生活上也发挥着相互支持的作用。住得近的几家或多个家庭，在物质上互通有无、相互给予、扶困救急，不仅建立了良好的情感沟通和强烈的认同感，而且发挥着社会保障和社区服务的作用。在传统的村庄

---

① 汪勇：《警官区制研究》，中国人民公安大学出版社2012年版，第157页。

里，尤其是村民家里举行婚丧嫁娶等重大仪式性活动时，邻居之间有着天然的义务提供人力、场所甚至物力的支持。这种支持也是建立在相互帮忙的基础上。在云南的一些少数民族村寨里，至今仍保留着"一家建房，全村出动"这样淳朴的民风，这正是"远亲不如近邻"这句俗语最生动的体现。

3. 社会化功能

社会化功能是指邻里提供一套价值观与规范体系，并以此教化邻里中的居民和儿童，使儿童学习所在地区的习俗、道德等规范。

4. 信息交流

邻里还为居民提供多方面的社会交往，是居民与外界社区交往的媒介。在这种交往中，信息得以交换，邻里之间信息交流的功能在媒体通信不发达的时代和地区尤为突出，因为人们获得信息的途径有限，口头交流也成为一个重要的信息传递方式，比如传统村庄里人们通过"串门"聚在一起聊天，一起围着看电视，资源的匮乏和生活方式的单一让人们更加依赖于这种集体活动来互通信息；另一种情况是出门工作或者求学归来的人会在村庄中扮演一个外部信息传递者的角色，交通不便的客观条件使人们尤为期待"归乡者"所带来的外界的信息。

5. 休闲娱乐

邻里之间的串门、唠嗑也是一种休闲娱乐方式，尤其是在缺少现代娱乐方式、信息比较闭塞的那些农村地区。

6. 社会控制功能

邻里的社会控制功能是指邻里通过有关活动与规范来约束居民的行为，调整居民之间的关系，从而维持村庄的社会秩序。农村社区的邻里之所以可以发挥社会控制的作用，主要是通过在邻里间形成一套社会控制环境，这其中最重要的途径就是邻里之间形成的舆论。比如对一些违反规范的人，邻居们会对其行为加以指责，甚至在生产生活中排斥和孤立他。一个人要能在社区环境中正常生活，获得社会支持，就必须遵守这些规范。

三 农村邻里关系的变迁

(一) 邻里的日渐衰落

随着现代社会的发展，社会流动性不断增强，在初级社会群体当中，邻里的衰落表现得最为明显。这种衰落主要体现在以下几个方面：

1. 邻里之间交往减少

在传统社会，邻里之间来往频繁，串门是在娱乐活动贫乏的年代里最常见的休闲娱乐方式，同时，邻里之间的闲聊也是获取信息和交流感情的重要方式。

但是随着社会的变迁，农村社区的邻里之间交往频率有所下降，邻里之间的亲密感也明显减少了。

2. 邻里之间人际关系日益功利化

在传统社会，邻里之间互通有无，人们互相分享，相互扶持，在有些村庄，"一家有事、全村帮忙"已经形成了一种优良习俗。人们往往本着"邻里邻居""乡里乡亲"的质朴思想，不怎么计较利益得失。最典型的就是不管哪家有婚丧、嫁娶、盖房等这些重大事情，其他邻居都会热心帮忙，不用开付"工钱"，只需提供帮忙期间的饮食即可。如果用到邻居家的场地或者器具，也是免费借用的。

而在如今的乡村社会，那些质朴的不计较的观念日渐淡化，免费帮忙的现象越来越少了，在一些还保留传统的村庄，人们也越来越倾向于用"换工"的形式来平衡邻里之间的劳动付出与回报，而在一些变迁较大的村庄，人们更愿意选择"买工"这种形式，对于邻里的劳动，按天计酬或按完成的劳动量来付费，有些还提供饮食，有些则连饮食也不再提供，而是直接用更清楚的买卖关系（金钱）来处理，不再为干活的邻居提供饮食，而是直接体现在付给的费用中。

邻里之间送礼行为中的金钱味儿越来越浓。近些年，一些农村地区出现为了收礼金而请客的情况，盖了房子要请客，生了孩子要请客，孩子上大学，甚至上高中都要请客，结婚、老人去世就更少不了请客，婚丧嫁娶宴请宾客本是传统，但是对被请的人来说却构成了一年生活中较大的开支压力，尤其是礼金逐年水涨船高，甚至邻里间还互相攀比。这种现象更是加重了人们的经济负担。

（二）邻里衰落的原因

1. 发达的现代大众传媒减少了邻里之间的交流

在信息匮乏的传统村庄里，邻里之间的闲聊既是休闲娱乐方式，也是信息交流方式，而在当今的农村社会，随着人们生活水平的提高和各种新兴电子产品的普及使用，人们有了更多的休闲娱乐方式和信息获取方式，其中最突出的就是电视和手机的普及。现代大众传媒破坏了邻里之间的联系纽带，人们将越来越多的时间花费在大众传媒的沟通上，邻里之间的交流自然就少了很多。

2. 人口流动改变了人们的观念

自20世纪80年代以来，越来越多的农村青壮年劳动力流向城市，许多乡村变成了只有老年人和未成年孩子留守的状况，外出务工的人基本上只有逢年过节的时候才短暂回到村庄与家人团聚，随后又匆忙离开村庄，奔赴城市打工。农村人口数量下降，村庄变得更冷清了，而留守的老人们往往忙于土地的耕耘，也没那么多时间和机会到邻居家闲聊。

3. 居住格局的变化减少了邻里的交往

近些年，越来越多的农村居民建了新房，新建的房子日益远离原来的村庄，而选择在离公路更近的地方，出现了"村庄空心化"的现象。在传统的村庄里，人们比邻而居，邻居之间的房子在空间距离上往往更近，有些地方的村庄，房子更是连排紧挨着的；而新建房屋大多选择独门独院的方式，很多家庭都在院落门口安装大大的铁门。这种居住方式增加了邻里之间的空间隔阂，跨步就能进入另一家门的情况日渐消失，到邻居家里串门也没那么随意了，这也是导致农村居民邻里交往减少的外在原因之一。

4. 现代社会的利益取向影响了人们的价值观

与传统社会相比，现代社会的理性化取向和世俗化取向更明显，人们的行为表现更突出了利益取向。这也影响到了农村居民的价值观，人们日益看重物质和金钱，而传统的重义轻利的价值观日益被人们淡忘。

【本章思考题】

1. 当前中国农村家庭的结构和功能发生了哪些变化？
2. 如何客观评价宗族在传统中国社会产生的影响？
3. 现代社会农村的邻里关系发生了哪些变化？导致农村邻里关系变化的原因是什么？

【案例】

在偏远乡村里"称王称霸"
——酉阳一农村宗族恶势力犯罪团伙覆灭①

聚众斗殴、欺压乡邻、扰乱生产秩序、故意毁坏财物……在酉阳土家族苗族自治县龚滩镇大理村,一个横行乡里数年之久的宗族恶势力团伙在扫黑除恶专项斗争中被打掉后,当地群众无不拍手称快。如今,当地矛盾纠纷和警情同比、环比均大幅下降,社会治安明显好转。不久前,该团伙9名成员被依法提起公诉。

经济纠纷升级为聚众斗殴

龚滩镇地处酉阳县西部,距县城79公里,是当地发展旅游业的重点乡镇,也是烤烟产业的重要产区。去年12月10日,一场聚众斗殴事件,打破了这个偏远古镇的宁静。酉阳警方接到当地群众报警称,龚滩镇大理村有数十人持械斗殴,数人受伤,多辆汽车被砸。

警方很快查明,这是因为当地村民齐某和冉某与一家石材厂的老板廖某发生经济纠纷,最后齐某和冉某组织宗族成员与工人斗殴,致1人轻伤、2人轻微伤。因为这起事件,这个农村宗族恶势力犯罪团伙也渐渐浮出水面。

据酉阳警方介绍,龚滩镇大理村属典型的偏远农村山区和少数民族聚居区,经济落后,交通不便。齐姓和冉姓是当地主要姓氏,该恶势力团伙的9名成员互为宗亲关系。专案组在侦办过程中走村入户,进一步核查发现齐某、冉某等人还涉嫌寻衅滋事、故意毁财、强迫交易等多种违法犯罪行为。该恶势力团伙在当地横行乡里、欺压百姓,组织严密,成员固定,具有一定的经济实力,成员之间经济往来频繁,是典型的涉嫌宗族恶势力犯罪团伙。

无理要求被拒殴打村支书

2010年,冉某为扩大影响,巩固其在当地的势力,参与竞选龚滩镇大理村村主任一职。为了顺利当选,冉某邀约宗亲人员齐某等人,采取贿选、抢选票、抢票箱等手段竞选。在其竞选失败后,冉某对当地基层组织心怀怨恨,与宗族人员勾结,在当地与基层政权组织对抗,挑战基层政权组织权威,干扰基层政权组织职能发挥。

---

① 资料来源:《重庆日报》2018年9月28日。

2015 年 6 月，冉某想将集体所有的烤烟房据为己有，于是写了一份该烤烟房系其私人财产的证明，找村支书加盖村委会公章。被拒绝后，冉某当众殴打村支书，谩骂村委会。2017 年 6 月 30 日，齐某得知村委会在开会，与冉某谋划后纠集一群人窜至会场，采取无理哄闹、辱骂、纠缠等方式扰乱会场秩序，造成会议中断 3 个小时。

2012 年，冉某与当地 40 余农户口头约定 3 年的土地承包经营合同种植烤烟，但书面合同却写成 30 年；农户发现后提出撤销合同，冉某于是纠集多人采取威胁、恐吓、殴打、破坏生产等方式拒不归还土地，大部分农户被逼迫就范。2015 年 3 月，冉某纠集多人对要求归还土地的农户进行殴打，铲除土地作物，致使农户颗粒无收。

2017 年 12 月，冉某为灌溉自己的烤烟地，伙同宗族成员挖断当地几个村民小组的饮用水渠，造成数百人户生产生活用水中断。

恶势力团伙覆灭治安好转

这个宗族恶势力犯罪团伙在当地劣迹斑斑，可以说是横行乡里，"称王称霸"，群众稍有不同意见，该团伙就凭借宗族势力恐吓、威胁、殴打。但为什么这么长的时间里，没有人向相关部门举报呢？警方在调查取证的过程中发现，当地群众长期受齐某、冉某等人欺压，对其恶行敢怒不敢言。当地村民、企业权益被该团伙侵犯后，因担心被打击报复，一般不找党委、政府解决，而是妥协，从而导致基层政权组织管理职能弱化。

2017 年 12 月 12 日，酉阳警方出动 40 余名精干警力将涉案的 18 名犯罪嫌疑人全部抓获归案。为了突破该案，专案组一方面通过相关职能部门开展宣传发动和涉黑涉恶线索摸排，发动群众积极检举该团伙涉黑涉恶违法犯罪事实；另一方面加大审讯力度，分化瓦解，逐渐掌握了以齐某、冉某为首的宗族恶势力无视基层政权组织权威、干扰基层政权组织职能发挥、煽动宗族人员滋事、多次组织械斗，强迫交易敛财、横行乡里欺压无辜的违法犯罪事实及大量犯罪证据。

该恶势力团伙覆灭后，当地矛盾纠纷和警情同比、环比均大幅下降，社会治安明显好转。2018 年 7 月 19 日，该团伙 9 名成员被依法提起公诉。

针对案件反映出的农村宗族势力黑恶犯罪、基层组织弱化等问题，酉阳县组织、民政等部门表示，将加强基层组织政权建设工作调研，研究加强基层政权组织特别是农村偏远地区基层组织建设的具体措施，不断加强和完善社会治理工作。

（《重庆日报》专项报道组报道）

第六章　农村的文化

第一节　文化和农村文化

一　文化的含义

人类学家泰勒是最早较完整地对文化下定义的人类学家，他认为文化就是知识、信仰、艺术、道德、法律、风俗以及人作为社会成员之一分子所获得的任何技巧与习惯。[①]

英国人类学家马林诺夫斯基发展了泰勒的定义，他认为文化是指传统的器物、货品、技术、思想、习惯及价值。马林诺夫斯基还把文化分为两大类：物质文化和精神文化。器物、货品属于物质文化，而思想、技术和习惯则属于精神文化。

二　农村文化的含义及其形成基础

农村文化是农村居民在改造自然的过程中创造的那些物质文化和精神文化的总和。按照这个定义，农村社会文化的考察是一个复杂的体系。但从农村社会文化的历史和现状来看，可以重点从生活方式、社会规范和传统信仰与宗教等方面来考察农村社会的文化。

从农村文化产生的经济基础来看，农村社会以农业为经济基础，这一基础决定了农业社会的文化具有农业经济所特有的一些文化特征，比如对自然环境的直接依赖，它带有更多的乡土特征。在传统的农村社会，人们对土地拥有深厚的情感，这是对土地价值的依赖。农业经济生产方式，尤其是种植业，生产周期长，强调延续性，需要人们守在一个地方，因此传

---

① 参见《中国大百科全书·社会学卷》，中国大百科全书出版社 1991 年版，第 409 页。

统的农村社会是不鼓励流动的，另外，农村居民的社会交往范围也相对较小，活动的圈子也体现出了受制于这种经济基础的特征。

从农村文化形成的社会结构背景来看，农村社会通常比较重视血缘关系和地缘关系，在社会秩序的维系方面依赖乡绅、地方传统等地方力量和机制。

如果和城市相比，或者从现代化的进程来看，农村文化的变迁和发展速度通常比城市要慢一些。一种新的文化在传播时通常会有一个梯度，先在城市里流行，再传到镇，然后再传到村。所以农村的这个文化，特别是在新的信息和文化获取方面通常比城市慢，有一定的滞后性。因此，农村居民接受新事物的速度通常比城市居民慢一些，观念相对来说也更保守一些。另外，由于农村社会的基础设施相对落后一些，因此信息传播速度和质量都更滞后，所以农村社会的环境就信息而言比城市更闭塞。

第二节　农村的生活方式

生活方式是在特定时代和特定环境下人类社会活动所体现出来的基本形式和行为特征。生活方式是人们为了满足自己物质和精神需求而开展的各类活动的基本方式，主要包括消费方式、休闲方式、社会交往方式等几个方面。

生活方式是在特定时代特定历史条件下形成的，与当时的生产方式密切相关，生产方式决定了生活方式。一定时期生产力的发展水平影响着当时的生活方式。社会的自然环境、政治制度、历史传统、人口等因素对生活方式都有影响，这些因素决定了特定时期人们的物质和精神文化需求，形成了特定的行为方式、习惯和价值观念。

一　改革开放前我国农村生活方式

改革开放前，我国农村社会是一个封闭性的社会，农村的生活方式处于传统阶段，主要特征表现在：

（一）生活水平和生活质量较低

农村居民消费水平和生活水平偏低，农村人口中有相当高比例的人口处在温饱线上下，农村居民收入来源单一、收入较低，整天忙于生计，加上科技、教育、医疗卫生和文化都比较滞后，农村居民没有合适的途径，也没有精力追求高质量的生活，因此在精神生活方面比较缺乏。

（二）生活方式同质化

改革开放前，农村居民的职业分化程度很低，社会分工基本上只是自然分工，专业化程度很低，同一个地方的居民往往在生存方式方面高度相似。另外，农村居民总体上文化程度较低，个性化的特征也不明显。因此，无论是消费水平、消费习惯，还是价值观念、行为方式等都具有高度的同质性。

（三）生活环境相对封闭

改革开放前，由于户籍制度的限制，农村居民很少有机会向外流动，加上信息建设滞后，受到外界因素影响也比较小，总体上农村生活环境处于相对封闭的状态。受到不同信息的刺激较小，农村居民在观念上相对也比较保守，求新意识比较淡薄。在这样一种相对封闭的生活环境中，农村生活方式缺乏更新变迁的动力，长期以来都没有大的变迁。

二　当前我国农村生活方式

（一）农村的消费生活

消费生活方式就是消耗各种消费资料和劳务服务的过程和行为，以满足人们生活和发展的各种要求所体现的形式和特征。农村居民的消费和生活具有多种形式，主要涵盖两个方面：第一，物质消费方式，也就是在满足衣食住行等各种物质消费生活方面体现的生活方式；第二，精神文化消费方式，也就是在满足人们的休闲、娱乐、习俗等精神文化消费需要方面体现的生活方式。农村居民的消费方式反映了农村生活方式的整体特征。

当前，我国农村居民的消费总体上正在由温饱型消费生活方式向小康型消费生活方式转变，消费观念更新、结构趋向合理化。自改革开放以来，随着农村经济社会的发展，农村居民的消费水平逐渐提升，人们日益追求更高质量的生活水平，也不再只是单一地追求物质生活消费，精神文化生活消费和服务消费正越来越多地占据农村居民消费的更大比重。另外，消费方式也越来越注重科学性、多元化和健康性，例如饮食方面，正从以前的营养缺乏型向健康饮食转变。消费习惯得到改善，消费结构越来越合理。特别是文化消费正在从观赏型向参与型转变，从供求型向选择型转变，从单一化转向多样化。教育消费日益受到重视，未来和下一代以及科学技术和文化知识方面的消费更突出。

（二）农村的休闲娱乐生活

随着社会生产力的发展，人们的空闲时间日益增加，休闲活动也变得更加重要。在传统的农业社会中，农村居民大多需要终日为生计奔波，休闲时间比较有限。随着社会科学技术和生产力水平的提高，越来越多的先进技术投入了农业生产，生产效率提高了，解放了部分劳力，农村居民的闲暇时间自然就更多了，休闲活动的空间逐渐拓展，活动内容更丰富了，活动形式多种多样。休闲活动在现代文明社会中具有社会功能以及文化层面的重要价值，让劳动者可以把工作和休闲结合起来，在工作中失去的精力得到恢复，寓教于乐，在休闲娱乐的同时使得劳动者的职业技能和适应社会的能力得以不断提高，社会交往的圈子不断扩大，眼界得到开阔，精神文化生活的需要得到满足，社会成员个性得到发展，获得更加融洽的家庭、社会人际关系以及良好的文化氛围，促进社会和谐稳定。

在休闲生活方式上，目前中国农村休闲生活方式由单一型向多元化转变，娱乐方式也变得多样化。农村居民的休闲时间和活动空间在现代科学技术的发展和大众传播媒体的推广下不断增加和扩大。农村居民的休闲活动内容得到不断丰富，活动形式多样化，活动方式文明化，例如家电、广播、手机等现代生活用品进入农村，农民的休闲娱乐方式日益丰富多彩，除了传统的聊天、听广播、看电视等，越来越多的农村居民用上了智能手机，通过网络获得了更丰富的娱乐体验。这一过程极大地改变了农民传统的生活方式，也使农村居民更多地接触到现代化的各种休闲娱乐方式。

（三）农村的社会交往

社会交往是社会个体或群体之间在物质和精神方面的各种相互交流过程。商品经济在传统的农业社会中不发达，农村经济具有很强的自给自足特征。大多农村居民常年生活在狭小的空间里进行多年不改变的传统劳动生活。农民基本在节假日外出访问亲朋好友，交际闭塞，无法及时接收外界消息，思想愈加不开放。在社会交往方式上，当前中国农村的社会交往方式正在由封闭型向开放型转变，活动空间不断扩展。社会交往在经济社会不断发展、对外开放体制转型的趋势下出现新的态势，大量农村人外出务工、学习、经商使得我国社会快速转型，人际关系更加复杂、多层次，也更加开放。从前以血缘和地缘关系为前提的社交圈逐渐削弱，农民社会交往的空间范围正在不断扩大和加深。邻居、亲戚等对象不再是农民的唯一社会交往对象，同事、同学等社会交往对象也成为当代农民社会交往的主要对象，农民的社会交往范围在不断扩大。农民社会交往方式在现代信息技术和大众媒体快速发展的背景下更加依赖电话、手机、邮箱、微信等即时通信工具以及广播、电视、报纸、网络这样的多元化媒介，社会交往活动不再依赖于人们面对面进行，农民的社会交往方式渐趋多样化。

（四）农村的家庭生活

家庭是社会的细胞，家庭生活是人们日常生活最重要的一部分。家庭生活满足了家庭成员在物质和情感方面的基本需求。

在家庭生活方式上，目前中国农村家庭生活方式从传统婚姻家庭转向现代婚姻家庭，从传统生育观转向现代生育观，重视家庭子女教育，注重人口质量的培养。传统的农村家庭生活中，农村居民具有浓厚的传统生育观念，"不孝有三，无后为大""传宗接代""多子多孙多福"等观念根深蒂固，因此，农村的早婚、多生、重男轻女现象比较严重。随着中国经济社会的发展，大量农村剩余劳动力流入城市，许多农民从事非农行业，同时由于广播电视等大众媒体发展的影响，目前中国农民的婚姻观念开始发生了由传统型到现代型的重大转变。"传宗接代"等传统婚姻观念已经逐渐不被人们所接受，人们越来越追求婚姻的质量和幸福。在农村社会中，婚姻是家庭的重要支柱，婚姻生活在家庭生活中占据着最重要的地位。近年来随着农民工的大量涌现，中国农村的离婚率显著上升。在城市化的影响下，中国农民的婚姻状况、婚姻观念都经历了较大冲击。随着农村经济的发展和社会环境的变迁，农村家庭的家庭生活和家庭人际关系也发生了重大转变，当前许多家庭的经济来源已经由过去的丈夫独自负担转变为夫妻双方共同负担，以"丈夫为主"的家庭经济关系逐渐被"夫妻共担"的家庭经济关系取代。随着农村妇女经济社会地位的不断提高，农村妇女在家庭中的地位越来越重要。随着经济社会发展和计划生育政策的实施，农民的生育观念发生了较大的变化，"少生优生""生男生女一个样"等新观念逐渐深入民心。农民更加关注子女的教育问题，对子女教育的投入更多，希望他们能够接受更好的教育。

【案例】

农村份子钱①

　　一些村民告诉记者，以前村儿里，只要有红白喜事办，街坊邻居、亲朋好友接到信儿的去随个钱、帮个忙，现在可不一样了，老人过生日、搬家温居、生孩子、孩子考大学、参军，都摆酒请客。就拿这生孩子来说，一个孩子就得随五回，首先生的时候得随一份，而后十二天、满月、百岁儿、周岁，场场都时兴办酒请客，也就意味着场场都得随钱。而且请客的范围越来越大，礼金越来越高，原来是亲戚、朋友、村里不错的邻居，现在八竿子打不着的关系家里办事儿都给你送信儿。一位村民告诉记者，五月二号那天，他把兄弟姐姐的闺女结婚还给他打了电话，说让他一家过去给捧个场，他觉得平时走动也不多，随500元吧，觉得太多了，心里不痛快；随200元吧，又觉得拿不出手，无奈，纵使心中不愿，但还是不能折在面子上，最后还是给了500元。

　　为了解到更加全面的状况，日前，记者在环城四区以随机的方式，各选择了两个村庄，同时在蓟县、宝坻、静海、武清、宁河各选择了一个村子，在村干部的协助下，按照年龄差别（30—60岁），以及职业不同在每个村子采访了10个人，环城四区受访总人数为80人，另外五个远郊区县受访总人数为50人。调查结果显示：目前，农村随礼呈现出名目多、金额大、频次高的特点。在环城四区，单次随礼最少为200元，占受访总人数的8%。随礼数额为500元的，占70%。在另外五个远郊区县，单次随礼最少为100元，占受访总人数的6%。随礼数额为200元的占60%，200元以上的占34%。

　　调查还显示，单次随钱多少取决于关系远近的占六成，在朋友间随大流，被动多随钱的也占了四成。可以说，当下，份子钱已经占了农村家庭相当一部分日常支出并且成为很沉重的负担。

　　在农村熟人社会的背景之下，家族、亲戚、朋友聚居在一起，随份子代表着一种心理上的认同和接纳。但是随着经济的发展，阶层的分化，随份子渐渐超出了其本来含义，以致攀比之风愈刮愈烈。由最初的互帮互助，到现在增添了过多的功利色彩，甚至份子钱里还夹杂着一些不良目的。

---

　　①　资料来源：《天津日报》2016年5月6日。

第三节　农村的民间信仰

一　民间信仰的含义

按照《辞海》中关于"民间信仰"词条的解释，民间信仰是民间流行的对某种精神观念、某种有形物体信奉敬仰的心理和行为，包括民间普遍的俗信以及一般的迷信。它不像宗教信仰有明确的传人、严格的教义、严密的组织等；也不像宗教信仰更多地强调自我修行，它的思想基础主要是万物有灵论，故信奉的对象较为庞杂，所体现的主要是唯心主义，但也含有唯物主义和科学的成分，特别是民间流行的天地日月等自然信仰。①

万物有灵以及拜物主义的内容为民间信仰提供了大量组成因子，为了在困难时期保证人们对于外界需求的满足，就让其结合风俗习惯与平常生活，其活动与仪式的目的大多较为世俗化，例如处于治病或者逃离霉运的希望使得民间信仰活动和迷信之间没有十分明确的界限。

二　农村民间信仰的主要内容

我国农村的民间信仰也可以被认为是俗神信仰。求神拜佛是其中一种具体体现，其背后通常有具体的目的，求的一般是升官发财、好姻缘、身体健康、出入平安等世俗功利的事。

民间信仰没有统一的教义和经典，自古相传的儒家理论提供了处世的道德标准。"忠孝节义"是口耳相传的道德准则，"举头三尺有神明"的俗谚，说明天道常存；"恶有恶报，善有善报"的报应观念，印证了民众广植福田以求福报的心理。

除了求神拜佛祈求平安之外，人们为了护卫家宅，往往在聚落、庙宇与屋宅常设避邪之厌胜物，如八卦、剑狮、令旗、石敢当、符咒等。在面临生命中重要仪礼或遇到困惑疑难的时候为了趋吉避凶，通常使用算命、面相、卜卦、堪舆、择日、测字等术数。

民间敬仰的神可能是文学人物如驱魔真君钟馗、齐天大圣孙悟空，也

① 夏征农、陈至立主编：《辞海》（第6版彩图本），上海辞书出版社2009年版，第1581页。

有可能是著名的道士、僧侣过世以后，依然被民众崇奉，尊为神佛，如王重阳、达摩、济公、吕纯阳、许旌阳、清水祖师等。受儒家文化的影响，一些历史上的真实人物往往也成为受人敬仰的神。这些受人敬仰的神有的是区域性的，如妈祖主要祭祀在沿海地区，李冰神化的四川法师（二郎神）主要流行在四川、重庆及周边地区，禹王庙主要分布在大禹居住的山西和他去世的浙江。其他英雄如恭申生亲王、春申君、范增、萧和、柳宗元、文天祥、杨继盛、铁铉等都被认为是城神之神；有的是在全国各地被广泛崇拜，比如财神赵公明和吴生官帝。

三　农村民间信仰的主要特点

（一）产生过程的自发性

民间信仰源自原始社会的自然崇拜和鬼魂崇拜。自古以来，民间信仰从产生到发展到消亡，一直处在自生自灭的状态，没有系统性，也没有获得官方的认可。

（二）信仰目的的功利性

功利性是民间信仰的最大特征。人们对某种超自然力量的信仰不是为了精神或灵魂的解放，也不是为了解决人生的终极关怀，而是出于实用和功利的目的，希望通过求神拜佛获得神灵的庇佑，以达到自己世俗的某种愿望和目的，比如平安、健康、发财、生子等。

（三）信仰对象和信仰方式的随意性

民间信仰所敬仰的神具有很大的随意性，往往民间需要什么信仰就塑造什么形象，在很大程度上取决于当时的社会需求和心理预期。在塑造神和崇拜神的过程中，也不一定遵守什么严格的规则。总之，只要有必要，任何人或任何事都可以被塑造成崇拜偶像。民间信仰的祭拜和祈祷方式也多种多样，具有很大的随意性。

（四）信仰对象的多元性和融合性

在普通信徒的眼中，多一个神就会有更多的保护，多一个神就会得到更多的祝福。民间信仰包括自然崇拜、图腾崇拜、祖先崇拜、鬼神崇拜、祖先崇拜、英雄圣人崇拜、医神崇拜、道教和佛教的众神崇拜、神灵崇拜等，充满了天、地、地狱，构成了一个非常复杂的神与鬼的系统。

另外，各种民间信仰共同存在，并不互相排斥。在大多数信徒的观念里，诸神之间并不亲近，只要是"有效"的，哪怕是烧香磕头。不同教派的神灵供奉在一个民间信仰活动场所，分享人们的香火是相当常见的。

（五）活动形式的民俗化

民间信仰常常与民间活动相结合，尤其是与民间节日活动相结合。在很多时候，民间信仰已经成为民俗活动的一部分，甚至分不清楚哪些属于信仰，哪些属于习俗。

（六）区域性

因为各地在自然环境、经济生活、社会历史等方面各不相同，在这些因素的综合影响下，民间信仰体现了明显的区域性特征。大到一个地区，小到一个县镇甚至一个自然村庄，民间信仰都具有明显的差异性。不同地形地貌的区域民间信仰也不相同，例如在沿海、平原、山区、草原的民间信仰就有明显差异。

四　农村民间信仰的主要功能

客观来看，民间信仰作为农村普遍存在的一种社会现象，对农村社会发挥着一些积极的功能，也伴随着一些消极的影响。

（一）农村民间信仰的积极功能

1. 教化和规范功能

民间信仰所尊崇的道德、伦理价值体系，对信众有很好的教化功能。另外，民间信仰通过其"神圣性"对信众的行为产生很强的约束和规制作用，在一定程度上引导着农村居民向善、尽孝、正义、追求和谐；民间信仰融合了社会中不同利益群体的价值观，形成了人人都能遵守的规范，这在一定程度上有利于社会的稳定。

2. 文化功能

农村社会的民间信仰本身就已经民俗化，其活动体系已经成为农村传统文化的一部分。其次，民间信仰通过其信仰活动继承和传递了优秀的传统文化和伦理道德，教导人们向善以及和谐相处，这些价值体系也成了传统文化的一部分。另外，民间信仰促进了其他文化现象的发展。例如，民间信仰与艺术的发展具有明显联系。民间信仰为民间绘画、舞蹈、曲艺等提供了启发和素材，既促成了艺术的发展，也丰富了农村居民的文化生活。

3. 心理调节功能

民间信仰在一定程度上满足了农民的精神需求，发挥着心理调节的作用。通过对神灵的尊崇和供奉，人们在民间信仰的活动中获得了心理安慰，消除了焦虑和恐惧，获得了一定的安全感。民间信仰也可以在一定程度上满足人们情感需求。在现代社会，人际关系日益功利化、理性化，人与人之间的情感色彩也日益退化，人们在物质上越来越丰富，但在情感上确越来越孤独，民间信仰为人们提供了精神慰藉，满足了爱与被爱的需求。

4. 经济功能

当民间信仰与乡村旅游、艺术产品的生产与交换等经济因素产生连接时，它在一定程度上可以直接或间接地促进农村经济发展。当前，农村旅游经济越来越注重挖掘传统文化的经济价值，要打造有特色的乡村，人们也会首先想到发掘传统文化。在一些乡村，民间信仰通过民俗活动更好地展现在了人们眼前，加强了人们对民间信仰的了解，也促进了乡村旅游的发展。另外，那些庙宇、寺院等本身也成为地方特色而被重视和发掘。

(二) 农村民间信仰的消极功能

虽然民间信仰客观上发挥着一些积极的功能，但有时也会产生消极的影响。

一是民间信仰可能会在一定程度上削弱主流社会价值观对农村居民的影响。民间信仰作为人们心灵中客观存在的异化现象的反映，使人们消极被动，等待神灵庇佑，削弱农村居民主动改变自己生存际遇的动力，降低了农村居民改造世界的主观能动性。

二是可能干扰基层政权建设。民间对神权的信仰一旦没有得到正确的引导，可能会被一些居心叵测的人利用，从而在信众心里贬低国家政权组织的权威性，在一定程度上干扰社会的公共权力。

三是一些民间信仰活动也伴随着一定的人力财力的浪费现象。比如，一些农村地区盲目建造寺庙、举办神灵的生日宴会、花大价钱塑造雕像等等，都会造成人力和财力的浪费。

四是充斥着封建迷信活动。民间信仰包含了一些迷信成分，降低了农村居民追求科学的意识。

【案例】

大理百族宗教文化①

——本主信仰

在白族人民的心目中，本主既是神又是人，与人同形同性。他们具有令人敬畏的超自然的威严性，也有令人可敬可爱的亲切感。本主有七情六欲，他们和凡人一样，可以谈情说爱，甚至男女可以私通，可以娶妻生儿育女。这说明白族的本主已接近人性，生活气味很浓。本主和常人一样具有不同的性格，有的温顺，有的暴躁，但在保护辖区人民的利益这一点上，他们都很尽职尽责，所以深受白族人民的喜爱。

每个本主都有特定的节日。本主节是白族人民群众对本主一年一度大祭祀的迎神活动。届时，村民们都在村中德高望重的老人带领下，用布置一新的轿子或木轮车，将本主一家从本主庙迎出，到本主辖区各村巡视一周，全村男女老少载歌载舞，前呼后拥、凤辇龙舆、唢呐高奏，鞭炮齐鸣，锣鼓喧天，沿路各家各户都在大门前设香案，备供品祭祀，俨然如皇帝出巡。平时，各家有大灾小难，或者生老病死，婚配嫁娶，出远门或者远行归来，甚至连升学、获取功名等等，都要到本主前敬祭，祈求本主保佑。

本主信仰源于原始社会，而形成本主崇拜则始于南诏，盛于大理国，到元明而至极。到今天，这种本主信仰在白族地区已流行一千多年，对白族群众有强烈的吸引力，从而成为民族的凝聚力。它表达的是民众所望现世生活的安宁与祥顺，人民的自身性命能得到庇护的愿望。

第四节　农村的文化建设

一　当前农村文化发展面临的冲击

在一定程度上，中国的传统文化是农民文化或乡村文化。随着农村社会的发展，城市化、现代化的过程冲击了传统的农村文化，农民及其所承载的文化体系面临着传统与现代之间、农村与城市之间的新问题。

---

① 资料来源：《大理日报》2010年8月25日。

（一）一些优秀的传统文化影响力逐渐衰落

农村文化作为一种群体和区域文化，是维持农村社会有序健康运行的重要条件，对于提高农民素质、促进农村社会的和谐、保持农村的社会稳定具有重要作用。农村是传统文化的主要载体，在漫长的农业社会中，传统文化维系和联结着农民群体，形成农民群体的世界观、价值观和生活观。传统文化已经塑造了中国农民的性格上的勤勉、善良、节俭，传达了国家观念和重情重义的传统美德。随着改革开放的发展和中国的现代化，一些优秀的传统文化影响力逐渐衰落。

1. 孝的伦理道德观念日益衰落

随着改革开放和经济的发展，农村社区正经历从传统乡土社会向后乡土社会转变的进程。现代性与传统性错综交织，本土文化与外来文化的冲突融合等构成了农村社区文化的基本特征。在这种状况下，孝道传统明显衰落，不赡养老人、虐待老人、精神上不给予老人抚慰等不孝行为显著增多。

从家庭环境来看，孝道文化的衰落首先表现为尊老、敬老、养老的观念淡化。在社会主义市场经济条件下，人们的思想观念发生了改变。年轻人与老人的代沟逐渐拉大，"代际差"在父母与子女之间形成了一道鸿沟，两代人的交流甚少。其次，传统家庭伦理道德淡化，长幼地位颠倒。人类社会发展到今天，由于市场经济的发展，中西文化的激荡，传统的家庭伦理道德淡化，产生"重幼轻老现象"。老年人在心理和生理两个方面都会受到严重影响。最后，不赡养老人、虐待老人，最终演变为侵犯老人的合法权益。近年来，年轻人为逃避赡养义务，多个子女约定轮流赡养老人的情况并不少见，且对待老人的态度常常十分恶劣，甚至还有因子女不管不顾导致老人悲惨死亡的案例见诸报端。

从学校环境来看，学校重智轻德，孝道教育常常缺乏。在各种压力之下，教师只讲解和考试有关的内容，家长只注重学生的学业成绩，忽视了学生的德育教育，孝道教育更是少之又少。

从社会环境来看，一方面，法律虽然有对不孝行为的处罚规定，但常常难以发挥作用，难以深入基层。另一方面，社会评价弱化，社区舆论的监督作用大大降低。农村中出现了不孝子，人们也常常无可奈何，使得不孝之风蔓延，孝风环境堪忧。[①]

对于孝道衰落的原因，第一，当前传统孝文化正面临着现代性的蚕食和市场经济条件下伦理价值的物欲化，由此而带来了传统孝道的缺失。在价值观上主要表现为尊老爱老的道德意识淡化、多元价值下孝道的道德约束力下降、以孝道为基础的宗族秩序的式微等；在实践上表现为遗弃老人、虐待老人或者家庭"冷暴力"，不为老人提供生活资料和精神安慰等不善待老人的现象。[②] 第二，对传统道德及孝文化的宣传和倡导滞后。学校及社会伦理道德教育的缺失造成了部分村民的道德滑坡。第三，对不孝行为的监控机制不健全。现在的农村社区似乎缺乏一系列行之有效的维系孝道的社会控制手段。在社会基层家庭中，法律难以发挥作用，传统道德的约束力在利益面前被逐渐侵蚀，而一个开放的农村社区又很难对其成员进行严格的监督。此外，老人向社会求助的渠道仍不清晰，社会保障和服务机制也不够到位。

2. 人际关系日益功利化

当前，我国农村人际关系与传统人际关系相比发生了巨大变化。农村传统人际关系是费孝通先生所说的"差序格局"关系，是植根于传统农村社会土壤之上的以血缘、亲缘和地缘关系为基本因素的人际交往模式。当前农村人际关系中血缘与亲缘仍然占有相当大的比重，但受商品经济、个人主义、拜金主义等影响也出现了物质化、有用化、平淡化等功利化的因素。具体表现为：

（1）人际交往物质化

随着改革开放的深入，社会主义市场经济的进一步发展，人与人之间的关系越来越物质化。广大农村虽然相对闭塞，但随着进城务工人员的增加，农村人际交往中物质利益因素所起的作用越来越重要，原有的人际交往中的亲情、道德等因素不能充分发挥其应有的作用，而金钱却成了人们处理人际关系的重要砝码。在这种情况下，自我利益原则取代了维系正常人际关系所必需的公平原则、平等原则。例如，农村中现在普遍存在的女

---

① 李英芬、杨喜英：《论孝道在农村养老中缺失的现状原因及对策》，《内蒙古民族大学学报》（社会科学版）2015 年第 6 期，第 79—82 页。

② 季卫斌：《缺失抑或转化：后乡土社会孝道的嬗变》，《江汉大学学报》（社会科学版）2016 年第 2 期。

方向男方索要高额彩礼的现象；夫妻间因为经济劳燕分飞的现象；兄弟间因为遗产分割对簿公堂的现象；朋友之间、邻里之间因为利益问题产生矛盾的现象等。农村中原有的一家有事邻里都来帮忙的现象越来越少，当需要帮忙时只能花钱雇人，成为纯粹的物质利益关系。[①]

（2）人际交往有用化

人际交往有用化是指在处理人际关系时以有用为原则，即是否与他人交往以是否能够给个人带来好处或利益为原则。农村中传统的人际关系是以血缘或地缘为基础的，人与人之间都或多或少的存在某种血缘关系或其他亲属关系，但当前在这种关系中却出现了其他的因素，其中有用化是一个重要因素，对于能够给自己带来好处的亲戚、邻里主动去交往、拉近关系，把情感交流当作放账，以期将来能够连本带利地收回来。

（3）人际交往平淡化

人际交往平淡化是指人与人的关系淡漠，人际交往中出现了亲情、爱情、友情淡薄的现象。当前，农村中大量人员进城务工，农村中多数是留守的老人和儿童，亲戚邻里之间的情感交流和心灵沟通越来越少，相互间也缺少了责任、理解、尊重和关心，人们正常的情感需求得不到满足，以情感为纽带的人际关系岌岌可危。

（二）文化多元化加剧

在20世纪80年代之前，农村社区的文化通常是传统、封闭而稳定的，有着高度的同质性，一个村子的人们通常对同一个事物的判断会高度一致，在日常衣着、饮食等方面也比较统一而单调。这种高度同质性的文化对居民生活及思想具有很强的规范和控制作用。

改革开放以来，随着农村经济社会结构的转型以及对外开放和信息交流程度的加深，农民的思想观念、行为方式等发生了深刻的变化。一方面，城市文化与农村文化、西方文化与本土文化、精英文化与大众文化、工业文化与农业文化、传统文化与现代文明等不断交织、融合，逐渐渗透、影响农民的生活方式；另一方面，农村文化本身也发生各种新的变化，不断改变着农村居民的思维方式和价值取向。就不同文化的交织与融

---

① 沈丽巍、庞海云：《新时代农村人际交往功利化问题分析》，《佳木斯大学社会科学学报》2019年第3期。

合来看，可分为以下两方面：

1. 传统文化和现代文化并存

传统文化与现代文化的共存，在一定程度上也可以理解为农村文化和都市文化的共存。传统文化是指居住于一定地域内的民族及其祖先所创造的、为世代所传承与发展的各种思想、精神、观念形态的总体表征。从历史渊源上来看，中国传统文化脱胎于农业社会，本质上属于农村文化。现代文化其时间指向为现代，特指大工业生产所产生的文化或与工业生产相适应的文化，与都市文化类同。

在我国农村，改革开放后现代文化逐渐涌入农村，传统文化逐渐断裂，这一方面为农村社会带来了清新气息；但另一方面，现代文化犹如一柄双刃剑，也带来了消极、负面的思想和价值观。[①] 例如，市场经济体系的建立，使农村居民的生活日益卷入市场，经济理性越来越多地影响农村居民的行为方式，这既推动了农村经济的发展，提高了农村居民的收入，但同时也滋生了拜金主义和功利主义，造成了道德的滑坡。

2. 本土文化和外来文化并存

随着农村的人口流动加剧和通信的便利化，农村社会逐渐打破原来的封闭状况，日益受到外来文化的影响，出现了本土文化与外来文化并存的状况，其中最突出的外来文化影响是城市文化和外国文化的影响。

农村文化是在乡村的土壤上产生的，更多地满足了农村居民的需求，反映了农民的生产和生活内容，城市文化则是城市生产的文化形态。在现代化过程中，城市文化的优越性更加显性，城市文化也不可避免地成为进步的象征。在快速的城市化进程中，农民通过城乡流动与城市的生产和生活发生接触，城乡流动性和大众传播媒介的传播使城市文化在不知不觉中进入农村，与农村文化并列存在。

随着农村人口流动加剧和信息传播更加便利，当前的农村社会也越来越多地了解了外国文化，体现出了本土文化和外国文化并存的现状。在一些农村地区，农村居民打工的甚至已经不再局限于国内，甚至通过劳务输

---

① 韩美群、田旺杰：《当代农村多元文化选择及创新路向探析》，《武汉科技大学学报》（社会科学版）2012 年第 3 期。

出到了国外去打工。农村年轻人与国外居民通婚也已经不是什么稀奇事。在这些过程中，来自异国的文化也逐渐被带入了农村社会，出现本土文化与外国文化并存的现状。

（三）农村文化建设相对滞后

相对于经济发展来说，农村文化建设的重要性还没有受到足够的重视。当前我国农村居民的收入仍然相对较低，物质需要仍然是大多数农村居民的头等大事，终日忙于生计还是农村居民生活的常态。正是因为这样，农村的文化建设普遍还没有受到足够的重视。

另外，农民在文化建设中的主体性也没有调动起来。改革开放以来，越来越多的农村剩余劳动力流入城市。这些流入城市的农村居民大多数是年轻力壮的劳动力，留在农村的人口以老年人、妇女和儿童为主，在农村现有的人口中，文化程度总体上较低，也缺乏文化创新的动力，因此这样的农村人口结构不利于文化建设的与时俱进。

农村文化建设的基础设施仍然比较落后。文化建设离不开文化基础设施，也离不开其他文化传播的手段。当前农村的文化基础设施普遍比较滞后，虽然在新农村的建设中越来越重视乡村文化基础设施的建设，比如积极推动乡村图书室、阅览室的建设，但即便建成了也大多成为摆设，能够真正发挥作用推动文化建设的仍然有限。另外，农村社会在信息的接受和传播方面也比城市滞后。虽然身处大众传播媒介高度发达的现代社会，但农村居民对这些信息传播的接触和使用仍然是有限的。例如，农村社会的一大主体力量——农村老年人，由于受到文化程度的限制，使用手机更多只是为了通话，能够利用智能手机接触网络信息的老年人寥寥无几。

二　农村文化建设的重点

（一）建立农村公共文化设施体系

农村文化的发展离不开健全的公共文化设施体系。公共文化设施体系是农村文化建设的物质基础。要推动农村文化建设，首先要完善公共文化设施体系的建设。结合当前农村社会的现状和乡村振兴的目标，应该加大力度构建县级以下基层公共文化设施体系，加强农村公共文化设施和公共文化活动场所，完善农村广播电视、互联网等信息服务体系。另外，要加强农村体育设施建设，将体育健身的场所同时建成公共活动场所，满足农村居民健身和休闲文化娱乐的需求。

（二）丰富农村公共文化产品内容

发展农村特色文化，支持非物质文化遗产的传承与建设。农村特色文化的建设可以让农村居民产生更强的社区文化认同，也有利于非物质文化遗产的保护。农村非物质文化遗产的建设需要更有效的财政支持，除此以外，还要积极吸纳民间资金，通过市场机制加大对非物质文化遗产的保护和开发。

通过"艺术下乡""图书下乡"等项目丰富农村居民文化生活。"艺术下乡"项目的实践表明，农村居民，尤其是农村老年人对这些下乡的艺术项目非常感兴趣，这也在一定程度上反映出农村居民比较单调的精神生活状况。尤其是农村老年人，接触新信息的能力和途径都很有限，所以精神文化生活比较单一。这就需要国家在这方面加大支持力度，为农村居民输送更多优质的艺术产品和图书资料。

（三）构建多主体共同参与农村文化建设的格局

加大国家财政支持力度，同时通过多种机制引导民间组织参与农村公共文化建设，形成合力，共同推动农村传统文化的保护和发展。可以通过公办民营的方式，也可以通过民办公助的方式，形成多主体共同参与农村文化建设的格局。公办民营的方式就是通过政府建立一个平台，吸收民间力量参与的方式；民办公助则是指由民间组织举办，但是政府给予财政补贴或者经济奖励的方式。

另外，可以通过公共财政的机制，培养农村文化精英队伍，使其成为农村文化的继承者和传播者。这样的农村文化精英，例如非物质文化遗产的传承人等，是以农民为主体的队伍，其扎根于农村，是完全本土化的文化传承力量和保护力量。还要鼓励和支持农民自己经营自己的文化。近些年，在一些地方的农村，出现了一些致力于农村文化事业的民间团体，例如农村文化大院、农民读书会、农村的各种民歌团、戏剧团体等。这些丰富多样的组织形式与民间团体，既满足了农村居民的业余文化生活需求，也推动了农村传统艺术的发展，塑造了农民的健康价值观，国家应该大力支持。

【本章思考题】

1. 农村传统生活方式的特征有哪些？

2. 目前中国农村生活方式发生了哪些变迁？

3. 中国农村民间信仰的特征？

4. 怎样评价农村民间信仰的功能？

5. 目前我国农村文化发展存在的主要问题？

6. 怎样推动农村文化建设？

第七章　农村的社会分层与社会流动

第一节　社会分层概述

一　社会分化与社会分层

（一）社会分化

此处所说的"社会分化"是在社会学的学科范围所指，某一事物从同质性逐渐向异质性转变的过程。在社会的结构体系中，某一单位从原来承担多种综合功能，经过分化，变成承担单一功能的多种单位。

社会分化的类型可以从不同的角度进行划分，从社会结构的角度进行分析有水平分化和垂直分化、基于自然因素的分化和基于社会因素的分化。根据分化的方向，社会分化可以分为水平分化和垂直分化。水平分化只是在职能方面的分化，并没有地位的差异；而垂直分化就是在社会结构的垂直方向上产生了差异，也就是在层次上产生了高低的不同。根据分化的基础，社会分化可以分为基于自然因素的分化和基于社会因素的分化。基于自然因素的分化就是那些基于生物性因素而产生的分化，例如由于年龄的自然差别分化成了青年、中年、老年，不同群体的社会角色不同，社会地位也不同；还有基于性别因素产生的分化，男性和女性的社会角色和社会境遇也不同。基于社会因素的分化主要是由于受教育程度不同、从事的职业不同等产生的分化。

社会分化带来的效果体现在两个方面：一方面，社会分化产生了某一单位功能的专门化过程，例如，随着社会的变迁，职业的类型越来越多，而且每种职业越来越专业化；另一方面，社会分化带来了社会各个部分地位的差异。原来社会地位差不多的单位，开始拉开差距，呈现出不同的地位，例如，随着社会的发展，传统的农民这一群体发生了分化，有的变为工人、商人，有的依然是农民，职业不同，收入也不同；原来经济状况相似的家庭出现了贫富差别等等。

（二）社会分层

社会分层是社会成员由于在经济、政治和社会等各方面的差异而导致他们在社会层次结构中处于不同位置这样一种现象。在社会层次结构中处于同一层位置的群体就被视为同一个阶层。"阶层"这个概念可以指称人们在任何方面产生的分层，也可以用在一个阶级内部指称不同的群体。

二 社会分层采用的方法和标准

（一）社会分层采用的方法

社会分层可以按照客观标准、主观判断和声望评价等三种方法进行。

1. 按照客观标准分层

按照客观标准分层，就是将人们在客观上的一些条件和标准进行排序，给予不同的分值，然后按照个人所得分值的大小来进行社会分层，得分高的就是阶层地位较高的，得分低的就是基层地位较低的。不同的社会成员由于从事了不同的职业、拥有不同的收入、获得不同的学历从而产生了地位的差别。职业、收入和文化程度都是客观标准。甚至还有一些分层将更多的客观标准引入社会分层，例如住房面积和价值、私家汽车的价值和数量等。当然，这些标准本身受到收入影响，也可以看成是与收入相关的指标。

2. 按照主观判断的方法分层

主观判断的方法主要是根据社会成员对自己社会地位的主观认识和判断来分层。从操作的层面看，通常由研究人员将不同的社会阶层分类，然后请研究对象自己判断自己属于哪个阶层。这种主观判断的方法可以与客观标准的分层形成比较，或者作为客观标准分层的补充。它注重人们对自己阶层的主观认识，考虑到了个人的阶层认同和归属意识。有时，人们对自己的阶层归属和地位判断会与客观标准不吻合，恰恰说明了主观评价的意义。按照客观标准划归为同一个阶层的社会成员在阶层的主观评价方面也会有差异。现实生活中许多因素会影响到人们对自己阶层归属的主观认识，例如生活范围、参照群体、大众媒介的接触、生活经历等因素都可能影响个人的主观判断。

3. 按照声望评价的方法分层

声望评价的分层方法就是请社区的一些社会成员，按照一定的标准对某些人员进行评价，从而确定这些人的社会阶层地位。还可以结合一些其他的客观标准来进行声望评价，例如对不同职业给予不同的评价从而产生职业声望的排序。声望评价注重的是其他人的评价。

除上述三种分层方法以外，从经验研究的角度出发，还可以用基尼系数法、恩格尔系数法、五等分法、不平等指数法等方法开展具体的社会分层。

(二) 社会分层的标准

马克思的阶级理论在划分阶级时比较看中经济基础，主要是看不同社会集团的生产资料占有情况，即是否占有生产资料以及占有生产资料的多少。德国的社会学家马克斯·韦伯提出了经济、政治和社会三位一体的社会分层理论。经济标准主要是看个人的财富拥有状况，它反映了个人的市场购买力；政治标准主要是看个人拥有的权力的大小；社会标准主要是看个人的社会声望的高低。

在实际的社会分层中，比较常用的一些分层标准包括以下几个方面：

1. 收入

收入是一个人所在国民收入分配中的经济所得。收入与特定的职业、文化程度、家庭环境等均有密切关系。我国自20世纪80年代以来，收入越来越成为社会分层中的最重要指标。收入决定了人们的市场购买力，在一定程度上决定了人们的消费意向和消费水平。

2. 职业

职业标准在现代社会的分层中具有重要价值。在现代社会，一个人从事的职业在很大程度上反映了他的收入水平，甚至也与文化程度密切相关。在现代社会，人们的劳动分工越来越细，越来越专业化，多数职业都需要掌握专门的知识和技能。职业与人们的文化程度高度相关。

3. 文化程度

文化程度主要是看个人在各类教育机构中所取得的文化水平的认定。在现代社会，主要是看个人所获得的学历层次。随着人类社会从农业社会进入工业社会，生产劳动日益专业化，受教育程度不同的人往往进入不同的职业，不同职业对最低学历往往有明确要求。现代社会，文化程度反映了一个人的人力资本投资水平，而人力资本投资水平影响着一个人的经济地位、文化修养和生活方式等。

4. 权力

权力是一个人在组织或群体中能够不以他人意志为转移影响和控制他人的机会和能力。在科层制结构中，个人的权力主要与个人在组织中的职位高低有关。当然，权力的大小还与社会的政治体制和社会环境有关。

第二节 中国农村的社会分层

一 古代中国的农村社会分层结构

在古代中国，从原始社会到奴隶社会再到封建社会，农业一直占据着重要地位。农民的生活水平处于较低的水平。建立在性别基础上的男耕女织的劳动分工，以及以家庭为单位的小农生产方式是主体。虽然从原始社会晚期，酿酒、冶炼、丝织和养殖等已经明显发展起来了，但是并没能形成与农业经济能够竞争的专业部门。

根据殷代留下的记录，当时的奴隶主要用于农业生产，这些奴隶中大多数有家庭。在日常生活中，即使是没有人身自由并且将大部分财产提供给公众的奴隶，也仍然在家庭中作为家庭的基本生产组织在公共场所工作。

进入封建社会后，农业经济进一步巩固和发展。同时，手工业者逐渐从官吏的奴隶演变为小作坊主、小业主和个体劳动者。小农生产方式在当时社会生产的各个领域都占据主导地位。这样经济基础实际上也获得了国家制度层面的维护。例如，几乎历史上每一个封建王朝在其建立之初，都不同程度地普遍实行所谓的"土地平等豁免"。为了恢复和发展小农经济，各个朝代在后期都不得不努力制止土地兼并。此外，我国封建社会的知识型政治家和取得社会效果的改革，都注重保护中小地主乃至广大农民个体的利益。

封建社会时期，社会的主要阶级结构就是农民和地主两大阶级。这两大阶级之间的矛盾体现了封建社会中统治阶级和被统治阶级之间的矛盾。当这种社会矛盾加剧，就会产生农民战争之类的公开对抗现象。不过，尽管农民战争将在一定程度上打击原始的封建统治集团，解放社会生产力，并在一段时间内为社会注入一些新的血液和活力，但中国封建社会的基本结构不会发生突变。代表大地主利益集团的地主或封建统治者都不是新的社会生产力的代表，而是小农和小规模私营经济生产方式的维护者。

中国古代社会结构及其基本特征，反映到社会成员的关系上，则集中表现为阶级关系、宗族关系和民族关系。中国的农民阶级分化复杂，而且能够向地主、士大夫和流民两极流动，这同欧洲、日本、印度等国家阶层分化比较固定，情形也颇为不同。这一特点同商业经济在中国难以正常发展的特点相结合，使中国农村很少能有富农及富农经济产生。[①]

二　中国农村社会阶级阶层结构的变迁

在 1930 年代和 1940 年代的中国农村，阶级与阶级之间的境遇存在天壤之别，形成了地主、富农、土豪和邪恶的绅士等特权阶级与广大的贫困农民对立的阶级结构。越来越多的农民无法维持生计。费孝通在对江苏省江村的村庄进行调查后总结道："中国农村的基本问题，简单地说，就是农民的收入降低到不足以维持最低生活水平所需的程度。中国农村真正的问题是农民的饥饿问题。"[②]

1949 年新中国成立，农村的阶级阶层结构发生了根本性转变。中国共产党在农村发起和组织的土地革命、减租减息、打击土豪劣绅等运动，得到了广大农民的拥护和支持。人民新政权的成立，打破了中国农村阶级制度与阶级结构中的对立与矛盾，实现了平等土地等生产资料的配置，消除了农村阶级关系之间的对立与冲突，彻底改变了旧中国社会的阶级阶层结构。官僚买办阶级和地主阶级这样的剥削阶级被消灭，工人阶级和农民阶级的经济社会地位得到极大的提高，成为国家的领导力量和社会基础。1949 年至 1952 年这个阶段的阶级结构主要是由工人阶级、农民阶级、资产阶级和小资产阶级四个基本阶级构成的。

---

① 参见沈大德、吴廷嘉《中国传统社会结构探析》，《社会科学研究》1992 年第 1 期。

② 费孝通：《江村农民生活及其变迁》，敦煌文艺出版社 2000 年版，第 210 页。

在 1953 年至 1956 年的社会主义改造时期，政府对资本主义工商业、手工业和农业进行了社会主义改造，社会的阶级阶层结构也随之发生了转变。地主阶级和富农阶级已经不复存在，农民转变为集体经济的劳动者。社会的阶级阶层结构"由原来的工人阶级、农民阶级、小资产阶级、资产阶级组成的阶级阶层结构演化为工人阶级、农民阶级和知识分子阶层组成的所谓'两个阶级，一个阶层'的阶级阶层结构"①。

1957 年至 1977 年是中国大规模进行工业化和现代建设的新时期，也是阶级斗争的特殊时期。在此期间，工人阶级、农民阶级和知识分子经历了不同的政治境遇，其中知识分子的政治地位波动较大，但农民阶级的政治地位并没有实质性的变化。

1978 年以来，伴随着改革开放，农民阶层进入了加剧分化的过程，由原来单一的一个阶层分化成了多种阶层，例如出现了农民企业家、个体劳动者，有的农民转变成了工人阶层，有的变成农忙时务农、农闲时打工的亦工亦农劳动者。

三　目前中国农村的社会分层

20 世纪 80 年代以来，随着国家经济体制的转变以及农村社会的发展，农村的阶级阶层结构已发生了更复杂和多元的分化。如果按照职业或身份来划分，目前我国农村居民的主要阶层大概可以分成如下几类：

1. 农业劳动者阶层

农业劳动者阶层是那些在农村承包集体耕地、山场、水面等从事种植和养殖劳动，以农业收入为全部或主要生活来源的人。农业劳动者阶层是我国农村地区的主要劳动力。

农业劳动者阶层内部也有一些分化，主要取决于家庭经济状况：

专业户或大型承包户。这一群体的农业劳动者属于农业劳动者阶层中最为富裕的群体。他们通常有较强的经营能力，通过承包大片耕地、山地或水面等，可以获得较多的收入。他们已经不再是传统意义上的自给自足的小农，其提供的农产品基本都是投入市场交易。这些专业户或大型承包

---

① 陆学艺：《中国社会阶级阶层结构变迁 60 年》，《北京工业大学学报》（社会科学版）2010 年第 3 期。

户在生产中除了家庭成员参加劳动以外，通常还会在播种、施肥、收获等劳动密集的季节雇用临时大量的劳动力。

相对富裕的农业劳动者。一些土地较多、劳动力较多，又有一定的文化技术和经营能力的家庭，通过更合理地安排生产，获得更多的产量，家庭收入相对较高，属于农村社会中相对富裕的农业劳动者。

贫困农户。贫困农户靠农业所获很有限，又缺少提高产量的技术、不愿冒险，或者身体有重大疾病等，或者由于年龄、文化程度或家庭其他因素的限制无法外出务工的获取其他收入。这些人就成了农业劳动者中的贫困阶层，他们是国家扶贫过程中重点关注的对象。

2. 农民工阶层

农民工阶层是那些常年或大部分时间在国有和集体企业，或受雇于私营企业或个体工商户，主要从事第二、三产业，但户籍仍然在农村的那些人。农民工这一概念经常与其他概念混用，如乡—城移民、新工人、农村进城务工人员等。自 20 世纪 80 年代以来，随着大量的农村剩余劳动力流入城市，农民工阶层变成了一个庞大的阶层。

农民工是离开土地耕种的新型工人。如果按照农民工是否离开家乡，可以把农民工分为两类：

一是离土又离乡的农民工。这些农民工离开家乡或去其他城市工作，从事工业生产、商业和服务业等行业的工作。他们不仅补充了某些地区城乡劳动力的短缺，也为流出地带来了更多的经济收入和外部信息，为农村的经济发展带来了新的活力。在城市中，他们不仅承担着绝大多数肮脏的工作，艰苦的工作以及有毒、有害、危险的工作类型，大多数农民工处于城市的边缘地位。当然，也有一部分农民工在工作过程中逐渐获得更多的技术和发展机会，成为农民工阶层中地位较高的人。例如，有些从事建筑和房屋装修工作的农民工，渐渐变成了包工头；有些农民工有了自己的店铺；有些农民工通过提高自己的素质获得了白领的工作。为了发展城市经济并吸引农村居民进入城市，一些城市政府采取了扶持性和鼓励性政策，主要是向农村居民提供城市户口或户籍，并给予其与城市居民相同的待遇。这种地方的灵活政策在农业劳动力分化和城市经济发展中发挥了很好的作用。

二是离土不离乡的农民工。这部分农民工主要集中在那些经济相对发达的农村地区。这些人在较大程度上脱离了农业劳动，但并没有远离家乡，而是在自己家乡或附近村庄的集体企业工作，在家里吃饭和生活，大多数人也承包土地，但他们的主要精力并不在农业上。这是一种农村剩余劳动力就地转移的模式。

3. 知识分子阶层

知识分子阶层是在农村地区从事教育、医疗、科技、文化艺术和其他知识型职业的知识分子。按照他们的身份，通常可以分为两种类型：一种是非农业户口，属于全民所有制或集体所有制单位的干部职工。另一种是农业户口、本身也是农民身份的人。例如乡村教师，乡村医生、农民技术员和乡村文化中心的文化艺术工作者等。

近年来，随着农村社会的发展以及城市化进程的推进，出现了农民知识分子流失的现象。在计划经济时期，农村的知识分子在工资、补贴或福利方面相对于农业劳动者有明显的优势，而随着国家各种惠农措施的实施，知识分子的这种相对优势变得不再那么明显，再加上农村的整体社会环境缺乏更好的吸引力，就出现了知识分子流失的问题。例如乡村教师、乡村医生等逐渐流向城市，农村面临知识分子不足的问题。

4. 个体劳动者和个体工商户阶层

农村的个体劳动者和个体工商户阶层指的是那些在农村有一定专业技艺和管理能力的经营者，他们不再从事农业劳动，主要精力放在非农业的小型加工、商业和服务业，例如木匠、瓦匠、裁缝等手工业者以及开店经营商业或服务业，在一些发展旅游业的村庄，还包括经营饭店、旅馆的人。个体劳动者一般分散在各个村庄。个体工商户大多集中在集镇和交通干线、车站、码头等适宜经商的地方。个体劳动者主要是自己工作，个体工商户除了自己参加工作以外还要进行劳动管理，有的还雇用徒弟和帮手，一般不超过 7 人。

5. 私营企业主阶层

农村的私营企业主阶层是那些在农村有一定实业，资产属于私人所有并且雇用 8 名以上人员的营利性经济组织的负责人。农村的私营企业主阶层在经济地位上属于农村社会最高的阶层，其收入远远高于其他阶层。他们大多是改革开放后先富起来的一批人，有丰厚的收入，有一定的资金积累，有经营才能，雇用他人劳动。根据国家工商行政管理总局的估计，全国有 10000 家私营企业。他们大多数在农村地区。目前，这类企业一般由家庭或联合家庭经营，如果每个企业由 2.5 个人经营，则共有 45 万个企业主。①

在农村商品经济中，特别是在非农业产业的发展中，私营经济已成为主要的经济组成部分，在农村社会的经济和社会发展中具有深远的影响。

6. 乡镇企业管理者阶层

乡镇企业管理者指的就是乡和村一级的集体企业的经营负责人，包括厂长、经理、主要部门领导、供销人员等。乡镇企业的管理者通常具有相对较高的文化程度，收入也比较高，另外他们属于在农村社会掌握较多组织资源的人，办事能力强，在村庄中往往成为村民眼中的有头有脸的人物。

7. 农村管理者阶层

农村管理者阶层主要是在乡镇和村一级的政治行政机构和村民自治组织里任职的基层干部，他们是农村经济、政治和社会生活的组织者和管理者。这个阶层在权力资源的占有方面比较突出，通常也具有较高的文化程度，对农村社会的社会秩序和社会发展具有决定性的作用。

农村管理者阶层内部还具有较大的差异。乡镇一级机关单位的干部，他们属于国家机构，是农村各项事务的领导者和决策者，也是上级党政机构制定的政策在农村地区得以贯彻和执行的关键，所以发挥着重要的中介作用，是国家与农村居民之间的沟通桥梁。而村民委员会的干部是村民自治组织的领导者和管理者，包括村党支部书记、村委会主任、副主任、会计等，他们是村里各项工作的管理者、执行者与负责人，通常也是领取固定津贴或补助的人员。在收入、文化程度和组织资源方面都比乡镇一级的管理者要低一些。但是他们是国家政策能够顺畅到达农村社会最基层的关键，在很大程度上决定了村民自治组织的自我教育、自我管理、自我服务的水平，影响着农村社会的秩序维系和经济社会发展。

根据有关调查，上述各个阶层在农村社会的比重，私营企业主、乡镇

---

① 参见陆学艺《"三农论"——当代中国农业、农村、农民研究》，社会科学文献出版社 2002 年版，第 392—399 页。

企业管理者和农村管理者，约占总人数的 9.7%；农村个体劳动者和个体工商户，占总人数的 26.9%；知识分子和农民工，占总人数的 25.3%；农业劳动者大约占总人数的 34.9%。①

【案例】

新生代农民工②

2 月 5 日，农历腊月廿五上午 10 时，兰州汽车东站。身着笔挺的西服、锃亮的皮鞋，30 岁的惠永福带着妻女，挤在熙熙攘攘的人群中，掩饰不住脸上的渴望和喜悦之情。再过六七个小时，他们就能回到宁县和盛镇惠家村老家了。

如果不是通过和他的攀谈，记者已经无法将这位说着一口流利普通话的年轻人，和印象中的农民工联系在一起了。

像惠永福这样的 "80 后"，甚至是 "90 后" 农民工，如今雨后春笋般活跃于各行各业，"新生代农民工" 是属于他们这些年轻人的集体名词。与其父辈不同的是，他们上完学就进城打工，相对而言，对农业、农村、土地并不那么熟悉，对农民的身份并不那么认同，他们融入城市的渴望更加强烈。

初中毕业后，惠永福打过两年工，当时只是拼体力，工资低、工作强度大。不堪重负的他，2002 年来到兰州，认认真真地学了几年的烹调手艺。后来，他在厨房后堂打了四五年的下手，又跑到北京的饭店当过一年大厨。2009 年，惠永福在红古区平安镇开了一家属于自己的手抓羊肉餐馆。"去年一年下来，挣了八九万元"，他说。

和第一代农民工大多靠没有多少技术含量的体力劳动在城里打拼不同，通过培训掌握技能，得到收入高的工作，做城里人，成为惠永福他们大多数新生代农民工的梦想。"儿时的 8 个伙伴，都是靠一技之长，现在和我一样，在城里买了房、落了脚。"

---

① 林坚、马彦丽：《我国农民的社会分层结构和特征———一个基于全国 1185 调查问卷的分析》，《湘潭大学学报》2006 年第 1 期。

② 资料来源：《甘肃日报》2013 年 2 月 17 日。

第三节　农村的社会流动

一　社会流动的含义和类型

（一）社会流动的含义

社会流动是指社会成员在社会结构空间中从一种社会地位到另一种社会地位的改变。

社会流动主要是指人们的社会地位发生的改变，但是这种地位的改变过程也常常与其他方面的改变相伴随，例如人口在地理区域方面的流动以及职业的改变等，当人们地理位置或者发生改变时，如果其社会地位也相应地发生了改变，那也可以称之为社会流动，例如农村居民到城市以后所发生的改变。

（二）社会流动的类型

1. 水平流动和垂直流动

根据流动方向的不同，社会流动可以划分为水平流动和垂直流动。

水平流动是指在水平方向发生的流动，没有发生阶层地位的改变。最典型的就是从一种职位向同属于一个阶层的另一个职位的流动，例如从生产部经理变成销售部经理。

垂直流动是指人在社会阶层结构中从一个地位向另一个地位的流动。这种流动体现了阶层地位的改变，是不同阶层之间的流动。垂直流动有从较低阶层地位向较高地位阶层的向上流动，例如一个人升职了发生的流动；也有从较高阶层地位流向较低阶层地位的向下流动，例如一个人因失业而发生的社会地位改变。

2. 一生流动和代际流动

流动的发生是相对的。根据社会流动的不同参照点，社会流动可以分为一生流动和代际流动。

一生流动是指一个人的社会地位相对之前的社会地位发生了改变的现象。这种改变可能是其阶层地位的提高也可能是其阶层地位的下降。

代际流动是一个人的社会地位相对于其父辈而言发生了改变。例如一个出身农民家庭的人，其父母是农民，而他自己通过接受高等教育变成了专业技术人员，其职业地位相对于父辈来说就发生了改变。代际流动有重要的研究价值，从中可以看出一个人的家庭对其社会地位产生的影响。

3. 结构性流动和自由流动

根据流动原因又可以将社会流动分为结构性流动和自由流动。

结构性流动是由于社会结构的转变而产生的社会流动。例如，由于科学技术和生产力的发展，经济结构的调整或者国家社会政策的实施而产生的流动。典型的现象如我国从计划经济体制向市场经济体制的转变，一些国有企业的职工下岗成为失业者。结构性流动通常会涉及数量较多的一些人，再比如某个行业的不景气导致行业内职工的社会地位下降，这也是由经济结构调整导致的。

自由流动是由个人的某些因素导致的流动，其流动背后的机制不是社会性的而是个体性的。例如人们通过上大学、当兵入伍、升职等流动到更高地位的阶层就是自由流动。自由流动的发生取决于社会的开放程度和平等程度，这决定了人们是否可以获得平等竞争的机会；另外，自由流动还与个人的后天努力直接相关。

二　社会流动的影响因素

影响社会流动的因素是多方面的，大致可以归为两类：社会结构性因素和个人因素。

（一）社会结构性因素

1. 社会开放程度

一个社会的开放程度决定了这个社会的平等和民主程度，在一个开放的社会，社会成员拥有公平竞争的环境，社会流动的机会就更多；而在一个封闭的社会，社会阶层结构固化，人们社会流动的机会就比较少。

2. 经济和社会发展程度

经济和社会发展的程度影响了社会中的各种职业分化和发展机会。通常情况是，在经济和社会发展程度较高的地方，人们流动的机会也越多；而在相对落后的地方，缺少机会，职业分化程度也较低，因此社会成员的流动也较少。

（二）个人因素

影响社会流动的个人因素可以归纳为先赋因素和自致因素。

1. 先赋因素

"先赋因素"指个人生而具有的自然条件，如性别、家庭出身等。先赋因素是个人无法改变的，但是这些因素在通过一定的社会结构影响着人们的流动机会，例如在相对封闭的社会，人们的社会地位和流动的机会就较多地受到先赋因素的影响。

2. 自致因素

"自致因素"则是后天获得的各种机会条件，如受教育水平、职业，还有个人的努力程度等等。在一个比较开放的社会，人们的受教育、职业地位等更多地受到个人自致因素的影响。自致因素较为优越的那些社会成员，就有更多流动到社会上层的机会。

先赋因素和自致因素并非毫不相干，在一个分层的社会里，获得教育、职业等条件有时也会受到先赋因素的影响，例如一个人的家庭地位也会对个人的受教育、就业等产生影响。

三　中国农村的社会流动简史

自中华人民共和国成立以后，中国社会结构发生了重大转变，社会主义改造完成以后，剥削阶级和压迫阶级被彻底消灭，社会的阶级阶层结构逐渐变成了两个阶级一个阶层的结构，即工人阶级和农民阶级两个阶级和知识分子阶层。工人阶级和农民阶级成了主导力量，农民的社会地位大大提高，这种情况是前所未有的。

随着我国城市化和现代化进程的加快，我国农村社会最显著的流动是农村劳动力向城市的大量流动。这种流动有制度上的原因，但并不仅限于此；这种流动更是国家经济体制的宏观调整和农民自身积极性的结合。这一流动的具体历程可以分为几个阶段：

（一）新中国成立至 1957 年

1949 年至 1957 年，农村人口流动处于相对自由的阶段。在这期间，国家没有出台相关法规政策来限制农村人口的流动。

（二）1958 年至 1984 年

在这一阶段，农村人口流动处于政策控制阶段。

改革开放以前，我国社会发展的重心主要是工业。相应地，在农村实施了人民公社制度、农产品统购统销制度、户籍制度和城市粮食配给制度，以便有计划地将农业剩余从农业部门转移到工业部门。随着户籍制度的建立和完善，严格限制了农村劳动力在城乡之间的自由流动，城乡之间的劳动力流动近乎停滞。

改革初期，家庭联产承包责任制极大地调动了农民的生产积极性，但随着农业生产的提高，农村剩余劳动力问题不断凸显。另一方面，城镇面临很大的就业安置压力。这与当时城市经济的发展有关，城市商品粮和副食品的供应能力不足，加上知青返城等因素，安置城市就业成了重心。为了防止过多的农村人口涌入城市，国家采取了一系列措施限制农村居民进入城市。除了加强户籍登记和管理，在招工方面严格控制农民工招工数量，清理了一部分企业和事业单位的农村劳动力，鼓励农村通过社队企业就地消化一些过剩的农村劳动力。

因此，这一时期农村居民的社会流动渠道非常狭窄，只有有限的机会可以流动到城市，例如上学和当兵。

（三）1984 年至今

1984 年至今，农村居民的流动日益频繁，虽然某个短时期内可能因为国家经济发展和政策变化的影响而出现短暂的波动，但总的趋势就是越来越多的农村剩余劳动力流入城市。

1984 年以后，原来那种限制农村人口的户籍制度有所松动。计划经济转变为市场经济，社会管理体制同样发生了改革，农村剩余劳动力有了合法流向城市的途径，加上城市化的快速发展，城市的就业机会更多，而且在城乡二元社会结构下农村居民相对收入较低，所以出现了大批农村剩余劳动力涌向城市的现象，这就是所谓的"农工潮"。

时至今日，农村剩余劳动力的流动仍然在向纵深发展，伴随着城市化和现代化进程的加剧，越来越多的农村居民进入城市，转化为城市居民似乎已经成为必然趋势。

四　农村社会流动现状

（一）农村社会流动的规模

改革开放以前，我国的农村劳动力主要还是集中在农业部门就业。1978 年，全国农业劳动力 2.85 亿人，占全社会劳动力的 70.9%，占农劳动力的 92.9%。①

改革开放初期外出务工的农村劳动力数量也不多，大约 200 万人。这些流动的务工人员既有小商贩，也有凭手艺吃饭到别人家里去做泥瓦匠、木工等工作的人。

随着改革的推进，在城市化加剧以及经济社会综合发展的背景下，越来也多的农村劳动力进入城市，流动规模快速扩大。到 20 世纪 80 年代末时，全国外出务工的劳动力人数已经超过 3000 万人。

自21 世纪初以来，农村劳动力的流动进一步加速。从 2001 年到 2004 年，农村劳动力的年均迁移量增加了 412 万人。2004 年，农村劳动力外出务工的人数首次超过 1 亿人，占农村劳动力总数的20.6%。② 2016 年，农民工总数达到 2.8 亿人，其中本地农民工 1.1 亿人，外出农民工 1.7 亿人。③

（二）农村社会流动的空间结构

改革开放以来的农村社会流动，从流动的空间结构来看可以归纳为农村内部的流动和城乡之间的流动两种。其中主要的流向还是城乡之间的流动。

1. 在农村内部的流动

在农村内部的流动既包括从种植业向其他农业的流动，也包括从农业向非农产业的流动。

家庭联产承包责任制的实行，极大地调动了农村居民的生产积极性，促进了农业的快速发展。在这一过程中，农产品供给和积累能力大大提升。伴随这一过程，一些地区的农村开始发展多种经营，打破了粮食生产的单一格局。这促进了种植业农民向畜牧业、渔业和林业等其他农业的流动。

发生在农村内部向非农产业的流动，主要是伴随着乡镇企业的发展而发生的。自改革开放以来，随着更宽松的政策环境，乡镇企业取得了很大的发展，为农村社会就地消化剩余劳动力提供了机会。在一些乡镇企业发

---

① 张冠梓、唐珂、熊训林等：《中国十八章 小康社会建设进程中的科学发展实景》，社会科学文献出版社 2012 年版。

② 参见宋洪远《中国农村改革三十年》，中国农业出版社 2008 年版，第476—482 页。

③ 参见国家统计局《2016 年农民工监测调查报告》，http：//www.stats.gov.cn，2017 年 4 月 28 日。

展较快的地区，大量农民进入乡镇企业，成为农忙时务工、农闲时进厂做工的兼农，还有一部分农民彻底不再务农，变成乡镇企业的工人。

2. 在城乡之间的流动

改革开放以来，农村人口的社会流动集中体现在城乡之间的流动。流动的主要方向就是从农村流入城市。这与户籍制度的松动、城市化的加快等密切相关。

从1978年到2003年，中国的城市人口从1.72亿人增加到5.24亿，城市化水平从17.9%上升到40.5%。如果算出全国的自然人口增长率，城市人口本身将在25年内增加8600万人，而农村人口将向城市人口转移2.65亿人。其中，1998年至2003年是最快的城市化时期，在短短的五年中，城市人口增加了1.08亿人，城市化水平每年提高了1.44个百分点，是1978年至1998年增长率的两倍。在2.65亿人从农村转移到城市地区的人口中，大约有1.6亿劳动力。[①] 在流向城市的这些农村劳动者中，大多数是流入东部地区的城市，尤其是规模较大的城市。

（三）农村社会流动的特点

1. 社会流动急剧增加

由于改革的不断深入和城市化的快速发展，农村剩余劳动力的社会流动以前所未有的态势急剧增加，尤其以跨地区、跨行业的水平流动为主要趋势。此外，随着我国从传统农业社会向现代工业社会的转型，转型社会的基本结构不断地产生着新的位置，产生了新的流动空间。主要表现为中高层次的职业位置数量大幅增加，底层职业的从业人数（主要是农业劳动者）下降，整个社会职业的位序因此得以向上提升。在这样的社会背景下，农村劳动力通过接受教育、参加职业培训、出外经商等各种途径而脱离农村、农业，从而获得比父辈较高的社会地位，代际间的向上流动日益增加。

2. 社会流动日趋理性化和多元化

农村劳动力是中国现代化建设不可或缺的力量，是推动农村发展、农村转型的主力军，特别是新生代的农村劳动力，无论是从自身素质还是从外部环境来说，都有着比父辈更好的条件和机遇。

---

① 参见宋洪远《中国农村改革三十年》，第476—482页。

从流动的行为选择来看，越来越多的农村劳动力进入城市，从盲目跟从或者生活所迫变成主动选择，年轻一代的农村务工人员开始更多地结合自己的兴趣和专长来选择职业、就业地区及行业类型。另外，随着国家在农村社会发展中制定的各种利好政策，例如农业税的取消、新农村的建设、种粮补贴的发放等政策的制定和实施，加上城市就业竞争的加剧，一部分农村务工人员又从城市回到农村，这也是个人经过综合权衡后的理性选择。

进入 21 世纪以来，农村劳动力的流动动机越来越呈现多元化。从早期主要是为了提高经济收入的流动动机向多元化的流动动机发展。例如一些农村的劳动力向城市的流动，除了经济因素使然，也是源自于城市的生活方式、公共服务等。

3. 从个体流动到举家迁移

从个体流动到举家迁移。早期农村劳动力向城市的流动大多数是个体性的，带有很强的"候鸟"型特征。这些早期到城市打拼的农村劳动力，有一部分首先在城市扎下了根，他们逐渐将自己的孩子和老人接往城市居住，实现了全家人的流动。这一过程既是早期流动的进一步发展结果，同时也体现出了这部分流动人口更好的适应能力。他们更多地看到了城市公共服务的优势，再加上长期离家可能产生的留守儿童问题、老年父母无人照料问题等，一旦他们有了一定的条件，就会倾向于举家向城市迁移。

五　农村社会流动的影响因素及存在的问题

(一) 社会分层结构的变化

随着现代化建设的进程加快，中国的社会分层结构日益呈现开放型社会分层结构特征，这导致了农村劳动力社会流动的两种趋势。一方面，在现代社会中，由于社会领域之间的相对独立性，当一个人缺乏某种资源时，仍然可以通过获取其他资源来弥补。因此，尽管农村青年人相对于城市青年来说，大多原生家庭的条件相对较差，但他们可以通过诸如上大学和参军之类的流动渠道进入社会地位更高的阶层。此外，随着城市各类组织的发展和专业技术职务的增加，农村居民有了更多的向上流动的机会。

另一方面，仍然还有一些结构性因素在一定程度上成为农村居民社会流动的障碍。改革开放以来，中国社会迅速分化，贫富差距也逐渐拉大。

不同家庭子女的家庭资源禀赋差异不断加大，由此产生的阶层固化现象也日益凸显。这在一定程度上可能会使那些农村年轻人更多地流向相近的阶层，阶层间远距离流动的机会相对少了，社会流动的代际传承在不断提高。这在一定程度上会使农村年轻人的社会流动受到限制。

（二）社会制度和社会政策的影响

社会制度和社会政策是社会运行中最重要的环境要素，必然会对社会流动产生影响。纵观中国农村社会的流动，具有非常明显的政策导向性。在影响农村居民社会流动的这些社会制度中，最典型的就是户籍制度、国家的城乡发展战略以及就业制度和人事制度等。这些制度和相应的社会政策界定了社会流动的边界，影响并限制了人们的意愿和社会流动方式。改革开放以来，中国的各项社会制度和政策不断完善和发展，为农村社会流动提供了制度保障，促进了农村社会流动的快速增长。另外，中国社会还没有完成其社会转型，仍然存在一些不利于社会理性和公平流动的政策和制度。例如在计划经济时期，城乡分开的户籍制度极大地限制了农村人口的发展机会，长期的城乡二元社会结构导致城乡居民在受教育机会等方面产生了极大差异，使农村居民在社会流动方面受到了一定的影响。当然，进入21世纪以来，随着我国精准扶贫在农村的实行、免费义务教育的推行、城乡一体化的推进等一系列变革，农村居民在教育、医疗和就业等方面的不利地位正在发生根本性的转变。

（三）农村居民价值观念的变迁

农村居民的价值观念是影响他们社会流动的内在因素。这种价值观念主要包括社会流动观念和职业观念。关于社会流动的价值观体现为人们对空间迁移和社会地位变化的基本态度。职业观念主要涉及人们对各种社会职业的评价。根据这种评价，社会职业可以根据声望进行排名。职业威望的高低决定了每个职业的吸引力，从而影响人们对社会流动性的渴望和动力。随着农村社会转型的深入和农业人口教育水平的提高，新一代农村青年的文化价值观发生了深刻的变化。他们在生活方式、意识形态、行为选择和经历方面更加开放和独立，具有灵活性。与父母的安土重迁和他们不愿放弃主要人际关系的观念不同的是，当代农村青年有一个广泛的视野，这增加了他们接收外部信息的能力，他们对自我实现的欲望尤其强烈，更加主动地参与社会流动。另外，由于市场经济的建立和信息化、网络化的兴起，农村青年对社会流动性的态度往往具有实践性、随机性和流变性。他们更关注当前的、局部的和直接的问题。因此，利益需求在社会流动的价值取向上表现出明显的趋同，尚未形成合理的社会流动模式。

（四）城乡经济的发展和工业化程度的提高

改革开放以来，中国经济取得了长足发展，这是农村社会流动的重要原因。经济发展不断为社会创造新的就业机会，并为向上流动创造了更多机会。在这种开放的经济发展模式下，农村居民才有更多机会凭借自己的能力和后天的努力获得农业以外的其他职业机会，也才能有机会实现社会流动。

城乡经济的发展和工业化程度的提高，不仅为农村居民带来了更多的社会流动机会，同时在一定程度上调剂着农村居民社会流动的格局。随着社会工业化程度的提高，对技术要求不高的低工资低地位工作正在逐渐减少，这些作业更容易被机器取代。同时，增加了更多的中级和上级工作。受到城市工业和服务业的高扩张和高工资水平的吸引，以土地为依托的农民不断被城市工业和服务业所吸引。随着外来务工青年的流动，不仅打破了城乡劳动力市场的界限，而且在全国范围内形成了周期性的社会流动。[1]

【本章思考题】

1. 简述中国农村的传统社会结构特征。
2. 中国农村的改革和社会结构的分化之间有什么关系？
3. 中国农村社会分层的基本现状是什么？
4. 新中国成立以来农村社会流动的历程说明了什么？
5. 影响农村居民社会流动的因素有哪些？

---

[1] 参见胡兆义《社会转型期中国农村青年的社会流动分析》，《实事求是》2012 年第 4 期。

第八章　农村的社会问题

第一节　农村的贫困问题

一　贫困问题概述

（一）贫困的含义

贫困既首先涉及经济方面，同时也与政治、社会、文化、心理等方面有关。不同学科视角往往从不同的角度理解贫困。在不同的历史时期和不同的地区，贫困也有不同的含义。

世界银行在其年度报告《1981年世界发展报告》中阐述："贫穷是由于个人，家庭或团体没有足够的资源来获得饮食、生活条件、舒适和获得其社会普遍认可的某些活动的机会。"1990年，世界银行在《世界贫困报告》中将贫困定义为"缺乏实现最低生活水平的能力"。

贫困不仅意味着经济收入不足以满足人们基本生活的需要，也意味着生活方式、社会交往和文化上的边缘地位。1989年，欧洲共同体对贫困的定义是："贫困应该被理解为个人、家庭和群体的资源——包括物质、文化和社会——是如此有限，以至于他们被排斥在他们所居住的国家可以接受的最低水平的生活方式以外。"印度裔经济学家阿玛蒂亚·森在《作为能力剥夺的贫困》一书中指出："必须将贫困视为对基本能力的一种剥夺，而不仅仅是低收入。"英国学者奥本海姆在他的《贫穷的真相》一书中将贫困定义为："贫困指的是物质、社会和情感上的匮乏。这意味着在食品、保暖和衣着上的支出少于平均水平。贫困夺去了人们建设未来即自己生存机会的工具。它秘密地剥夺了人们享受安全生活、体面教育、安全住房和长期退休生活的机会。"英国学者汤森德认为，贫困意味着个人、家庭和团体缺乏获得各种食物、参加社会活动的资源，以及最低生活水平并且社交条件恶劣。①

概括起来，贫困是一个涉及多维度的概念，贫困首先是物质的缺乏，致使个人、家庭或群体的生活水平处于社会可接受的最低限度以下；另外，贫困还意味着特定的生活方式、社会交往和文化方面的边缘化甚至社会排斥。贫困的人往往被排斥在特定的社会交往范围，交往范围比较有限，无法获得和周围一般人群相比体面的生活以及与贫困相关的特定的社会心理。

（二）贫困的类型

因为贫困是一个涉及多种维度的复杂概念，按照不同的角度、根据不同的标准可以把贫困分为不同的类型。

1. 狭义的贫困和广义的贫困

根据贫困的内涵，可以分为狭义的贫困和广义的贫困。狭义的贫困就是指在一定的生产条件和社会环境中，人们由于缺乏最基本的物质条件而无法满足其生存需要的情况。通俗来讲，狭义的贫困就是穷，就是缺乏维持生理需要的最低生活标准；广义的贫困不仅意味着无法满足最基本的生存需要，还包括社会、文化和心理等方面的边缘化和滞后，例如在文化和教育方面、生活环境条件、医疗和卫生条件等方面相对滞后，社会交往边缘化等。

2. 绝对贫困和相对贫困

按照贫困的程度可以分为绝对贫困和相对贫困。绝对贫困就是无法维持最低生存需要的情况；相对贫困是虽然满足了基本生存需要，但是相比周围个人或家庭的一般生活水平而言仍然较低，达不到周围人群和家庭的一般生活水平。

3. 个体性贫困和结构性贫困

根据贫困发生的原因和波及的规模，可以分为个体性贫困和结构性贫困。个体性贫困是由于个人能力、受教育程度、健康、发展动力等方面的不足而发生在个人、个别家庭中的贫困。而结构性贫困是由于社会普遍性的一些原因导致某一类人普遍处于贫困状态。例如可能由于生存条件恶劣而产生的区域性贫困，由于社会结构的不合理而产生的制度性贫困等都属

---

① 转引自侯一麐《精准扶贫精准脱贫百村调研》，社会科学文献出版社2018年版。

于结构性贫困。

（三）贫困的测量标准

贫困的测量是为了更精确地确定贫困人群，以便更有针对性地给予帮助和支持，更好地应对贫困问题。而要测量贫困，首先最重要的就是确定贫困的标准。从操作的层面来看，就是划定一条贫困线，处于这条线所确定的标准以下，即属于贫困人群。

国际社会常用的确定贫困线的方法有收入法、恩格尔系数法、生活需要法（市场菜篮法）三种。

1. 收入法

收入法是按照一个国家或地区居民的平均收入来确定贫困线，一般是国家或地区居民的平均收入的50%—60%作为贫困线，如果一个人或家庭的收入低于该地区个人或家庭平均收入的50%—60%则视为贫困。

2. 恩格尔系数法

恩格尔系数是用来衡量家庭经济状况的一个指标，指的是一个家庭开支中食物支出所占比重。用恩格尔系数计算出的消费支出作为贫困线，也就是最低生活标准。国际粮食和农业组织认为，如果恩格尔系数超过60%，就意味着贫困。美国规定，只要家庭支出的三分之一用于购买食品，那么这个家庭就是贫困家庭，需要社会给予救助。所以，美国的"贫困线"就是食品支出的三倍，这同时也就是最低生活标准。目前，大多数国家以食品支出的比例作为衡量家庭财富和实施社会救济的基础①。

3. 生活需要法（市场菜篮法）

市场菜篮法是根据人们的基本生活需要来确定贫困线。一般的做法是，先根据社会上一般人或家庭维持其最低生活水平的需要，列出一份所需商品和服务的清单，包括商品和服务的类型以及数量，然后根据市场价格计算这些商品和服务需要支付的金额，这个金额的数量就是贫困线的标准；达不到这一标准的，就视为贫困。

---

① 参见青连斌《贫困的概念与类型》，《学习时报》2006年6月5日。

二 中国农村的贫困治理

自新中国成立以来，中国农村的贫困治理取得了举世瞩目的成就。一些学者们将中国农村的贫困治理历程按照治理的思路进行了阶段的划分。参照学者赵定东和方琼的观点，可以将其划分为五个阶段[①]：

（一）"社会救济"阶段（1949 年至 1977 年）

新中国成立初期，我国农村社会面临着巨大的贫困压力。由于此前长期的社会政局动荡、战争以及旧中国社会剥削阶级的压榨，农村居民普遍挣扎在生存的边缘。当时我国政府对农村贫困问题的处理，侧重于从社会救济角度对贫困居民进行救助。1954 年新中国第一部宪法明确国家通过社会保险、社会救济等确保劳动者获得物质帮助的权利。后来的合作社章程和有关人民公社的文件中也做出了相应的规定。这一时期农村社会也实施了五保政策和合作医疗制度。这些都体现了通过社会保障体系扶助农村贫困人群的思路。

在 1978 年之前整个计划经济时期，由于城乡二元社会结构的存在，贫困问题突出体现在农村，农村社会的贫困问题体现出了结构性贫困的特征。计划经济时期，国家的发展重心在城市，这主要是因为优先发展工业的政策倾向所致，另外，由于单位制的管理结构，国家按计划调配资源，城乡公共物品供给反差较大。加上严格的户籍管理制度，农村剩余劳动力没有机会流动到城市。种种因素形成了长期的城乡分割和二元社会结构。按照当时的贫困标准，农村贫困人口为 2.5 亿人，贫困发生率为 30.7%；按照 2010 年的贫困标准，1978 年我国农村贫困人口则为 7.7 亿人，贫困发生率为 97.5%。[②]

（二）"制度改革推动扶贫"阶段（1978 年至 1985 年）

由于计划经济时期农村社会的贫困问题比较突出，而且呈现区域性贫困和结构性贫困的特征。自改革开放以后，国家开始通过一系列的制度性改革，推动农村社会的发展，从而从根本上改善农村社会贫困问题的结构

---

① 赵定东、方琼：《新中国成立以来农村反贫困政策的层次结构与历史变迁》，《华中农业大学学报》（社会科学版）2019 年第 3 期。

② 国家统计局住户调查办公室：《中国农村贫困监测报告（2017）》，中国统计出版社 2017 年版，第 22—35、346—353 页。

性背景。

1978 年开始的改革开放在中国经济建设和扶贫工作中发挥了举足轻重的作用。其中对农村贫困治理影响最直接最突出的改革就是家庭联产承包责任制的实施。这一改革的举措极大地激发了农民的积极性和创造性，提高了农业生产力，使农产品产量增加，农民收入快速提高。农村经济的增长有效地降低了农村贫困人口的数量。

除此以外，鉴于某些地区在经济发展方面面临较难的现实，国家开始提出一些扶贫开发的措施。例如 1983 年提出的"三西"农业专项建设，主要针对贫困突出的三个地区。

（三）"扶贫规范化、专门化"阶段（1986 年至 1993 年）

由于地区间发展不平衡，一些农村地区的贫困问题仍然比较突出。国家开始设立专门的部门，制定专门的制度应对农村贫困问题。1986 年，中央政府成立了专门的扶贫领导小组，即国务院贫困地区经济发展领导小组，组织开展了以发展为导向的扶贫工作。自此，我国农村的贫困治理进入了规范化和专门化的阶段。

这一阶段，国家实施了大规模有组织的扶贫开发，围绕着农村的技术发展、提高教育水平和环境改善等方面开展扶贫工作，改变农村社会的落后状况。1986 年，国家科委提出通过科学技术的提高改变贫困地区的经济发展模式；1989 年，以救助农村贫困地区失学儿童的"希望工程"由团中央和中国青少年基金会发起成立，极大地改善了贫困农村地区的教育状况。除此以外，开始探索农村养老保险，继续通过社会保障制度改善农村贫困老年人的生活。

至 1993 年年底，农村贫困人口数量由 1986 年的 1.3 亿人下降为 8000 万人，贫困发生率由 15.50% 下降到 8.72%。[1]

（四）"开发式扶贫"阶段（1994 年至 2012 年）

1994 年，国家制定了"七年优先扶贫规划（1994—2000 年）"，明确提出"集中人力、物力、财力，动员社会各界力量，用 7 年左右的时间，基本上解决全国 8000 万农村贫困人口的温饱问题"，并出台了一系列优惠

---

[1]　郭鹏、余小方、程飞：《中国农村贫困的特征以及反贫困对策》，《西北农林科技大学学报》（社会科学版）2006 年第 1 期。

政策，提出了通过有偿租金，使用权出让，加快土地使用权出让等具体措施和办法。这是我国历史上第一个有明确目标、对象和时限的国家扶贫规划方案。在这种背景下，以发展为导向的扶贫工作选择了县作为促进重点的阶段，在这一阶段中，经济增长在促进贫困中的作用减弱，政府在以发展为导向的扶贫中的作用充分发挥。在1994年至2000年的7年间，中国农村的贫困人口从8000万人下降到3000万人，贫困发生率也由8.72%下降到3.00%，中国农村贫困人口的温饱问题基本得以解决。①

2001年到2010年，中国经济实现了快速增长，国内生产总值从第六位上升到世界第二位。2001年，中央颁布了《中国农村扶贫开发纲要（2001—2010年）》，坚持综合开发，全面发展，并且将那些集中连片贫困地区和老少边穷地区作为扶贫开发的重点。随着国家经济的发展以及工业结构的升级，逐步消除城乡二元社会结构的不良影响开始提上日程，农村、农业和农民问题逐渐受到重视，国家开始实施一系列工业反馈农业、城市反哺农村的做法，其中最突出的就是取消了农业税的政策，这极大地减轻了农民的负担，也大大缩小了城乡差距。除此以外，国家还实施了农业补贴政策，退耕还林等生态补偿政策等，大大改善了农村社会的发展条件，提高了农村居民的整体收入。在社会保障方面，新型农村合作医疗、最低生活保障制度和养老保险制度的实施也更好地保障了农村居民的生活。在扶贫的主体方面，这一时期不仅政府继续发挥主导作用，社会力量也日益在扶贫开发中扮演重要角色，形成了扶贫开发的良好局面。

2011年，《中国农村扶贫开发纲要（2011—2020年）》颁布实施，中国的扶贫开发进一步由以解决温饱为主要任务转变到新的阶段：巩固温饱成果，加快消除贫困，改善生态环境，增强发展能力，缩小发展差距。结合国家经济社会的发展目标，贫困治理更多地与整体社会的发展相结合。平衡不同地区的城乡发展，确保和改善人民的福祉，缩小发展差距，确保所有人共享改革和发展的成果，成为一项重要措施。《中国农村扶贫开发纲要（2011—2020年）》不仅提供了更多的财政支持，而且着重规划了专项扶贫、产业扶贫和社会扶贫规划。政府力量和市场共同致力于服务贫困

---

① 赵慧珠：《走出中国农村反贫困政策的困境》，《文史哲》2007年第4期。

地区，并为减轻贫困和发展创造战略机遇期。[①]

（五）"精准扶贫"和"脱贫攻坚"阶段（2013年至今）

经过长期的扶贫工作，我国农村的贫困人口数量已经大大降低。不过，局部地区的贫困现象仍然还是比较突出，贫困人口主要分布在中西部地区，突出集中于深石区、山区、高寒地区、生态脆弱地区、易灾地区。这些地区自然条件恶劣，基础设施薄弱，工业发展落后，农民收入增加困难，贫困往往伴随着代际传递。剩下的贫困地区和贫困人口的脱贫成为扶贫攻坚对象。另外，前期扶贫工作中大水漫灌的方式其局限性的凸显，采用更有针对性的扶贫措施被提上了日程。

2013年11月，习总书记首次提出"精准扶贫"的重要理念，指明了农村扶贫工作的方向，这标志着我国农村的贫困治理进入了新时期，即"精准扶贫"和"脱贫攻坚"阶段。2014年1月，国务院发布《关于创新机制扎实推进农村扶贫开发工作的意见》，提出了"精准扶贫"的工作机制，包括干部驻村帮扶机制、扶贫工作考核机制、资金管理机制和社会参与机制。在精准扶贫工作中，精准识别贫困人群的方法是为贫困家庭建档立卡。推进"五个一批"工程，"发展生产脱贫一批、异地搬迁脱贫一批、生态补偿脱贫一批、发展教育脱贫一批、社会保障兜底一批。"

2020年是脱贫攻坚的决胜年。相对于之前的农村扶贫工作，新时期我国农村社会的扶贫工作思路更加多样化，各种扶贫思路多管齐下，教育扶贫、产业扶贫、健康扶贫、金融扶贫、就业扶贫、异地搬迁扶贫……无论是扶贫路径还是工作思路、社会参与都是广泛而深刻的，体现了"党委领导、政府负责、社会协同、公民参与"的贫困综合治理思路。

按现行农村贫困标准计算，2018年年末，中国农村贫困人口数量1660万人，较2012年年末的9899万人减少了8239万人，贫困发生率由10.2%降至1.7%；较1978年年末的7.7亿人，累计减贫7.5亿人。到2020年年底，将再完成1000万人以上的减贫任务，330个左右的县将脱贫摘帽；预计95%左右的贫困人口将脱贫，90%以上的贫困县摘帽。[②]

---

① 参见联合国开发计划署、中国财政科学研究院《中国扶贫可持续筹资报告》，2016年11月4日，http://www.cn.undp.org/content/china。

② 《2020年中国如何确保脱贫攻坚任务如期全面完成?》，中国新闻网，2019年12月13日。

2020 年中国农村实现整体脱贫，被众多海内外学者概括为"为世界各国解决贫困问题提供了中国经验、中国智慧和中国方案"。

第二节　农村留守家庭问题

农村留守家庭问题是伴随着我国城市化进程出现的问题。自改革开放以来，我国农业生产力进一步提高，伴随着城市化的快速发展以及户籍制度的松动，越来越多的农村青壮年劳动力外出务工，他们绝大多数离开了原来的居住地进入城市工作和生活，而他们的子女、妻子和年老的父母大多数仍留在家乡，产生了许多留守家庭，留守家庭的成员主要是留守儿童、留守妇女和留守老人。

一　农村留守家庭概况

1. 留守儿童

这里所说的"农村留守儿童"指的是其父母从农村地区流动到其他地区超过 3 个月且未与父母同住，仍居住在其有户籍所在地的农村地区的 14 岁以下（包括 14 岁）的未成年人。

2. 留守妇女

"留守妇女"指 60 岁以下（不包括 60 岁）的农村妇女，其丈夫从农村进入城市务工，并且连续六个月没有与丈夫共同生活且留在户籍所在地生活。

3. 留守老人

"留守老人"指 60 岁以上（包括 60 岁）的居住在农村户籍所在地的老年人，其子女连续三个月外出务工。

4. 留守家庭

这里所说的"留守家庭"是对那些因为家庭中的主要劳动力外出（主要是进入城镇）务工，而将他们的孩子、父母或者配偶留在农村生活，与他们长期分离的家庭。通常这些外出务工的人与他们的子女、配偶或父母一年之中见面的次数十分有限，因而他们的子女、父母或是配偶大部分时间处于不完整家庭中。由于留守亲属（或其他家庭成员）的差异，农村留守家庭可能会形成不同的类型。

表 8 - 1　　根据留守人群划分留守家庭类型①

	留守儿童	留守老人	留守妇女
留守妇女	单亲型留守家庭	两代型留守家庭	妯娌型留守家庭
留守老人	隔代型留守家庭	空巢型留守家庭	三代型留守家庭
留守儿童	孤儿型留守家庭		

上表显示了 7 种留守家庭类型：

（1）三代型留守家庭

这是一种常见的扩大式家庭。一般来说，压力会小一些。

（2）单亲型留守家庭

这种家庭是由母亲和儿子（女）两代人组成，很少有人有两代的父亲和儿子（女性）。这种家庭很常见，因为爸爸（妈妈）总是不在家，这对孩子的心理影响更大。

（3）隔代型留守家庭

这种家庭由祖父母（外祖父母）或祖父母（外祖父母）和孙子（女儿）组成。这种情况在留守家庭中很常见，因为孩子的父母都出去工作，孩子长期与祖父母生活在一起，由于代际差异，祖父母很难承担父母这一辈的角色，因而在对孩子的照料和教育中容易出现各种问题，这对孩子产生了巨大影响。

（4）空巢型留守家庭

通常是由老年人，即农民工的父母或父母之一组成。这也是一种常见的家庭，因为老人的儿子和媳妇都出去工作，这对老年人的影响更大。

（5）孤儿型留守家庭

这种家庭往往是由儿童，即农民工的子女组成。原因是孩子的父母都出去工作，但家里没有老人。孩子通常是托付给亲戚和朋友的，这对孩子的影响更大。

（6）两代型留守家庭

由公婆或公婆一方和一名儿媳组成的家庭，这种家庭并不常见。这种结构只有在特殊情况下才会出现，比如媳妇怀孕了，或者公婆严重残疾或

---

① 国家卫生和计划生育委员会：《中国家庭发展报告 2014》，中国人口出版社 2014 年版。

无法自理，这对留守妇女的影响更大。

（7）妯娌型留守家庭

妯娌型留守家庭就是兄弟们一起出去工作，而他们的妻子则都留在家里。由于当前农村家庭结构中已经很少有兄弟婚后仍然不分家而生活在一起的联合家庭，所以这种情况也比较少。

2015年，民政部和国家卫生计生委的统计数据显示，留守家庭已成为中国农村家庭格局的重要形式。农村地区留守的儿童已超过6000万人，有4700万妇女和5000万老人，农村留守儿童占农村儿童总数的35.1%，留守妇女占农村已婚妇女的6.1%，留守老人占农村老人的23.3%[①]。

二　农村留守家庭现状

（一）农村留守儿童现状

2012年全国妇联儿童工作部、中国人民大学人口与发展研究中心共同组成课题组，国家统计局提供数据支持，开展了全国农村留守儿童、城乡流动儿童状况研究，调查结果显示了目前中国留守儿童的基本现状特征。

1. 农村留守儿童数量庞大

根据《中国2010年第六次人口普查资料》样本数据推算，全国有农村留守儿童6102.55万人，占农村儿童37.7%，占全国儿童21.88%。与2005年全国1%抽样调查估算数据相比，五年间全国农村留守儿童增加约242万人。

2. 学龄前儿童在农村留守儿童中所占比重快速增长

据统计，2010年学龄前农村留守儿童（0—5岁）达2342万人，在农村留守儿童中占38.37%，比2005年的学龄前农村留守儿童增加了757万，增幅达47.73%。义务教育阶段留守儿童规模为2948万人，其中小学（6—11岁）和初中（12—14岁）学龄阶段儿童在农村留守儿童中分别占比32.01%和16.30%，规模分别为1953万人和995万人。与2005年相比，小学和初中学龄阶段留守儿童分别减少了89万人和226万人，

---

① 国家卫生和计划生育委员会：《中国家庭发展报告》（2015年），http：//www. nhfpc. gov. cn，2015年5月13日。

共减少315万人，降幅为9.65%。大龄留守儿童（15—17岁）占农村留守儿童的比例为13.32%，规模达813万人，比2005年减少了199万人，降幅为19.68%。[1] 可以看出，从2005年至2010年，义务教育阶段的留守儿童和大龄留守儿童规模逐渐缩小，而学龄前留守儿童规模则快速增长。

3. 农村留守儿童具有明显的区域特征

农村留守儿童高度集中在中西部地区包括四川、河南、安徽、广东、湖南等劳务输出大省，不过广东、江苏等东部发达省份比例也很高。据统计，四川、河南的农村留守儿童规模大，占全国农村留守儿童比例最高，分别达到11.34%和10.73%。其次，安徽、广东、湖南的农村留守儿童规模占全国百分比也很高，分别为7.26%、7.18%和7.13%。以上五个省份留守儿童在全国留守儿童总量中占到43.64%。最后，从农村儿童中留守儿童所占比例来看，重庆、四川、安徽、江苏、江西和湖南的比例已超过50%，湖北、广西、广东、贵州的比例超过40%。

4. 留守儿童的居住特征

从居住特征看，多数留守儿童与祖父母居住在一起，还有少部分留守儿童单独居住。调查表明，46.74%农村留守儿童的父母双方都外出务工，在这些孩子中，32.67%的人与祖父母一起居住，这种居住情况占比最高；有10.7%的留守儿童与其他人一起居住。另外，还有3.37%的留守儿童单独居住，这部分孩子尤其需要特别关注，虽然所占比例不大，但是根据农村留守儿童的基数计算，单独居住的留守儿童数量也有205.7万人。[2]

5. 留守儿童的受教育情况

由于免费义务教育的普及，农村留守学龄儿童义务教育总体状况良好，根据全国妇联的调查，6—11岁和12—14岁的农村留守儿童在校比例分别为96.49%和96.07%，说明绝大部部分农村留守儿童正在学校接

---

① 全国妇联课题组：《我国农村留守儿童、城乡流动儿童状况研究报告》，2013年5月10日。

② 全国妇联课题组：《我国农村留守儿童、城乡流动儿童状况研究报告》，2013年5月10日。

受义务教育。不过，部分中西部地区的农村留守儿童受教育状况相对较差。①

一些研究表明，留守家庭的结构类型对留守儿童的受教育情况影响明显，由于外出务工的家庭成员不同，留守儿童的监护人对留守儿童是否按规定接受义务教育产生了不同的影响。母亲外出的留守儿童未按规定接受义务教育的比例相对较高。调查数据发现，母亲外出，单独与父亲一起居住的留守儿童未按规定接受义务教育的比例最高，达 5.12%；父亲外出，单独与母亲，或与母亲和祖父母一起居住的，未按规定接受义务教育的比例均较低，分别为 3.13% 和 3.11%。②

（二）农村留守妇女现状

根据 2012 年全国妇联进行的《农村留守妇女生存发展状况调研报告》显示：

1. 农村留守妇女劳动强度大、身体健康状况不容乐观

由于家中成年男性的长期外出，妇女成了家庭生产生活中的顶梁柱。以前男性承担的一些责任转落到留守妇女的肩上，使得妇女在原有社会责任的基础上新增了一些责任。她们上有老下有小，在家中需要照顾老人和小孩，还要担负起家中农活，在家庭生产生活中占有重要地位，是家中主要的青壮年劳动力和顶梁柱。长期高强度的农业劳动和家庭责任的增大，使得留守妇女的体力透支，身体健康状况也不容乐观。

2. 大部分农村留守妇女文化水平偏低

农村留守妇女的文化程度普遍偏低。调查数据显示，农村留守妇女中文化程度在初中以下的大约占比八成，文化程度为高中或中专的不到两成。其中，初中以下文化的大部分只上过小学，少部分小学都未毕业。普遍偏低的文化程度影响着农村留守妇女的思想观念和认知水平，所以她们对新观念的接受速度普遍较慢，使用新技术的能力也较差，在处理婆媳关系、邻里关系以及子女教育问题上都有很大的局限。另外，由于文化程度较低，又受传统男尊女卑的思想影响，她们的社会参与观念和参与能力都

---

① 全国妇联课题组：《我国农村留守儿童、城乡流动儿童状况研究报告》，2013 年 5 月 10 日。

② 高志强、朱翠英、卢妹香：《农村留守儿童关爱服务体系建设——基于湖南省的实证研究》，湖南科学技术出版社 2013 年版。

比较差。她们普遍认为参与公共事务是男人们的事，有的即使认识到了自己的民主权利，也仅仅停留在参与选举层面上；有的即使因为政策优势当上了候选人，也是抱着选上选不上无所谓的态度。

3. 大部分农村留守妇女在家庭中的经济地位有所提高

在男性劳动力外出务工的家庭，家庭收入主要有两部分来源，一部分来源是丈夫外出务工所得收入；另一部分来源就是农业劳动收入。在家庭总收入中，虽然丈夫外出务工能增加一部分收入，但农村妇女在家的务农收入也在家庭收入中占有相当的比例。在经济支配方面，由于丈夫常年在外，大部分家庭收入由夫妻双方共同支配或留守妇女支配，留守妇女在家庭经济中的地位有所提高。

4. 农村留守妇女生活单调

由于农村青壮年大量流出导致农村社会生活缺少丰富的环境，加上农村留守妇女农业劳动负担重，忙于生计和家务劳动，她们大多数基本上没有什么娱乐活动，交往圈子狭窄。因此，农村留守妇女的闲暇娱乐生活都很单调。

（三）农村留守老人现状

1. 经济收入不稳定

尽管留守老人的子女们可以通过外出务工的收入给予他们一定的物质赡养，一些农村地区的留守老人仍然在从事农业劳动，在有限的土地上获取收入。而对于那些居住在城市近郊的老年人，他们或许也想通过劳动实现自给自足或部分农村自给自足的人，因为近郊的地区人多地少，土地被大量征用，土地减少，甚至没有土地，即使有劳动能力的老人也无法参加农业生产。这部分老年人主要靠征地拆迁和养老保险获得支持。有些留守老人除了要参加农业劳动，还要照顾自己的孙辈，经济负担更重。

2. 健康状况普遍不佳

老年人随着年龄增长，身体机能逐渐退化，患病风险也会提高。虽然这是普遍现象，但是对于农村留守老人来说更加突出。由于成年子女外出务工，多数情况只在节假日回家与老年人团聚，多数农村留守老人不得不承担繁重的农业劳动和家务劳动，有的留守老人甚至还要帮忙照顾孙辈。相对于城市社会来说，当前我国农村的医疗卫生资源仍然较为滞后。农村留守老人的健康状况普遍较差，多数老年人面临各种慢性疾病的困扰。

3. 精神慰藉匮乏

在留守家庭中，由于成年子女常年外出，只在节假日才回农村团聚，因此多数农村留守老年人在日常生活中缺乏沟通交流的对象，缺少下一代人的陪伴。而且留守老年人行动不便，与外界的接触也日益减少，他们由于年龄的增长，对新兴的传播媒介使用也很困难。农村留守老人唯一的娱乐可能就是找各种地方与同为留守老人的邻居聊聊天；视力和听力尚可的留守老人还能看看电视。总而言之，多数农村留守老人日常生活比较孤独，精神慰藉普遍比较匮乏。

三　农村留守家庭问题

随着越来越多的农村青壮年流出农村，留守家庭日益成为农村社会的普遍现象。不同的留守家庭由于结构的差异以及外出务工的家庭成员不同，留守家庭面临的需求和问题也各不相同，需要具体分析。

1. 留守儿童面临的问题

留守儿童面临的突出问题是社会化的不利环境，留守家庭的环境对留守儿童尤其是低龄留守儿童的社会化相当不利。多数留守儿童长期与父母分离，平时主要通过电话联系，难以形成亲密的亲子关系，缺少亲情的呵护，其心理需求无法得到满足。对于那些与祖辈生活在一起的留守儿童，在教育方面通常状态不佳，对学习的期望也比较低，缺乏追求学业成就的动力。在隔代监护的留守家庭中，由于祖辈和父辈相比毕竟在教育理念和知识方面相对滞后，加上忙于生计，祖辈们更多只是关心孩子的生活照料，对孩子的心理和学习情况缺乏足够的重视或者能力所限无法给予足够的指导和支持。久而久之，留守儿童的学业方面难以取得突出的成绩。

2. 留守妇女面临的问题

目前，中国农村留守妇女主要面临几个主要问题：一是劳动负担沉重。农村外流的人口有超过70%的是男性，这就导致留守的妇女既要承担繁重的农业生产和家庭事务，还要承担生儿育女和照顾老人的双重负担。劳动强度高，严重损害健康。二是对子女的教育不当。由于留守妇女往往面临过重的工作负担和生活中的无助感，这种身心压力，再加上她们大多文化素质不高，必然会影响她们对留守儿童的生活关爱和教育方式。许多留守妇女在教育孩子方面经常缺乏耐心，普遍存在打骂孩子的情况。

三是缺乏安全感，精神压力大，面临较大的侵害风险。留守妇女通常只能独立面对和处理一些紧急情况，如小孩和老人生病等，时常感到压力很大，缺乏安全感。另外留守妇女作为弱势群体，更容易遭受人身侵害和财产损失。四是婚姻家庭危机。留守妇女多为中青年女性，长期与配偶的分离容易导致孤独寂寞和精神困扰。他们还可能要长期忍受性抑郁，容易发生婚外情和婚外性行为，有些人甚至做出犯罪行为。在农村离婚人群中，因为配偶一方外出工作导致离婚的比例高达50%。①

3. 留守老人面临的问题

农村留守老人面临的问题主要表现在三个方面：第一个问题是留守老人的劳动力负担较重。由于成年子女长期外出务工，农村留守老人承担了几乎全部农业劳动，一些留守老人同时还需要照顾孙辈的生活和学习，劳动力负担比较重。如今的农村社会，常常可见70岁以上老人仍然在田间地头忙碌的身影。第二个问题是缺乏照顾，这也是农村留守老人面临的最突出的问题。传统的养儿防老在农村社会已经大大衰落，成年子女常年外出，而且农村社会的社区老年服务普遍还处于十分匮乏的阶段，大多数农村留守老人日常生活全靠自理，一些留守老人即便生病时也无法得到及时的照顾，情况十分堪忧。第三个问题是留守老人的精神文化生活十分单调。在针对农村留守老人的物质照顾都十分缺乏的社会现象，其精神文化生活更没有受到足够的重视。留守老人们与外界接触机会很少，加上繁重的农业劳动，同时受到文化程度的限制等，农村留守老人的精神文化生活十分单调。

四　留守家庭问题产生的社会影响

留守家庭问题本身及其产生的连带效应，对农村社会以至整个社会都会产生显性或隐形的深刻影响。

1. 影响农业经济发展

农业生产的相对收益仍然不足于留住农村青壮年劳动力，种地的不划算推动着越来越多的年轻人流向城市寻找机会。农村青壮年劳动力大量流向城市，农业生产几乎全部交给了留守在家的老年人或者妇女，而他们在

---

① 参见唐钧《农村"留守家庭"与基本公共服务均等化》，《长白学刊》2008年第2期。

生产过程中也是没有能力提高生产率，导致农业生产效率只能停留在较低的水平，有的地区出现了土地大量闲置的问题。农业生产影响农村经济的发展，直接影响到国家的粮食安全。

2. 造成农村社会沉重的养老负担

由于农村青壮年大量流入城市，导致农村社会的老龄化程度急剧提高，农村老年人在农村人口中所占比重持续超过城市老年人在城市人口中的比重，这种现象被学界称为老龄化的"城乡倒置"现象。我国未来的养老问题将会突出体现在农村社会，农村留守老人面临经济、心理和生活照顾的多重困难，而农村目前几乎没有形成应对老龄化的老年服务体系，这将是未来农村以至整个国家应对老龄化的重点。

3. 留守儿童成长中的监护缺失可能伴随越轨行为的滋生

留守儿童从小缺乏有效监管，在教育上难以取得好成绩，在社会规范遵守和良好习惯方面缺乏有效的引导，父辈的情感缺失，使他们更容易成为问题青少年。早期监护的无效在进入青春期后会表现出更明显的影响，在此阶段，青少年很容易失控，失范行为也会有所增加。如果不重视学校教育和社会教育等公共服务的提供，他们中相当一部分人可能会辍学，而相当一部分人会继续上学但实际上一无所获。由于缺乏基本的工作技能而过早地离开学校进入社会，很容易导致越轨行为甚至是犯罪行为的增加。

五　农村留守家庭产生原因

(一) 宏观层面原因

1. 经济发展与经济结构因素

按照推拉理论理解，农村劳动力转移是在农村的推力和城镇的拉力综合作用之下形成的。城镇工业技术进步是农村劳动力转移的根本动因，城市和乡村之间的收入差距是导致大量农村剩余劳动力由农村流向城市的直接因素。具体来看，城乡收入差距在劳动力由农村向城市转移中发挥正向作用，城市收入越高，吸引劳动力的拉力越大，农村人收入越低，劳动力向外流动的意愿越强烈。除了地区与城乡收入差距外，农民收入增长缓慢、经济结构单一，而城市有更多的工作机会，这也是农村劳动力向城市流动的重要原因。中华人民共和国成立后我国实施的是重工业优先发展战略，在此基础上形成了城乡二元社会结构，城乡收入差距逐步拉大，城乡之间在公共服务方面也非常的不平衡，相对来说，城市的公共服务要比农村社会完善的多。总之，经济发展与经济结构因素是影响劳动力迁移的重要因素，它们促进了农村人口向城市迁移，但受到相关制度与政策的影响，农村人口迁移更多以个人迁移为主，由于家庭难以迁移，家庭成员不得不处于离散状态。

2. 制度与政策因素

自 1958 年开始，我国实施了严格的户籍制度，限制农村劳动力随意流向城市。在这种情况下，户籍制度成为影响农村劳动力向城市流动的最重要的制度阻碍，户籍制度在农村劳动力转移的推力和拉力之间产生了中介性影响。改革开放以后，户籍制度开始松动，然而，长期的城乡二元户籍制度仍然是制约农村务工人员融入城市的最根本的制度障碍。城乡分割的户籍政策与管理政策使农村人口在城市无法享受社会和教育服务，影响了劳动力向城市迁移，与户籍制度相关的社会保障体系、子女的教育、医疗卫生体系以及城市的高房价是造成农村家庭难以在城市扎根的原因。所以，大多数由农村流入城市的劳动力难以实现家庭性、永久性的迁移，只是把进城务工当成临时获取收入的权宜之计。

(二) 微观层面原因

1. 个体因素

除了制度性因素以外，农村进入城市的劳动力其个体特征也是分析农村留守家庭问题必须考虑的。在以往关于人口流动的研究中普遍表明，流动人口在性别、年龄、文化程度、婚姻状况等方面都具有一定的特征，这些因素也是影响个体社会流动的因素。一般来说，文化程度较高的人迁移的可能性也越大，尤其是对劳动力从农村的农业流动到非农产业的作用显著。因为受教育程度是决定迁移预期收益的重要因素，受教育程度较高的劳动者更容易在城市中找到工作。在性别方面，女性迁移的概率要低于男性，而结婚会降低迁移的概率，特别是女性的迁移概率。女性流动更容易受到家庭的羁绊，因此婚姻以及性别因素会降低女性的迁移概率，更容易形成"男工女留"的家庭分工。从年龄来看，一般年轻人迁移的愿望更强烈，也更有条件迁移。除此以外，农村剩余劳动力的社会资本存量也影响着农民的迁移行为，外出经验对于劳动力迁移有正向影响，有助于帮助迁移者更容易找到工作。农民家庭劳动力迁移受到相对剥夺效应的影响，当农民家庭相对于村庄的相对收入越低，产生的相对剥夺感越强，家庭成员外出务工倾向越高。此外，村庄、家庭的社会关系网络对于劳动力流动也有显著的影响。劳动力的个体特征影响着迁移概率、迁移状态、迁移模式等，影响着劳动力的迁移决策，进而引致农村家庭劳动力的分散化与性别差异化流动。

2. 家庭因素

家庭是个人生活与就业决策的基本单元，家庭是农民工乡城迁移的重要影响因素，以家庭作为迁移决策的分析单位解释留守家庭问题也具有重要的价值。家庭策略是解释农村家庭劳动力分散式迁移不可或缺的视角，其中家庭成员的文化程度、家中耕地的面积、家庭中劳动力的数量和收入情况是影响家庭迁移策略的重要变量。在中国农村地区，家庭成员是否外出务工是家庭基于收益与风险评估后对家庭劳动力配置最优化的结果。在综合的家庭决策之后，家庭中一部分成员外出务工（通常是成年男性），而另一部分留在农村，这其实可以看成是农村家庭的一种生计策略，这一生计策略是建立在性别分工和代际分工基础上做出来的决策。这一决策虽然可以在一定程度上增加家庭经济收入，同时又兼顾农业劳动，但却造成家庭劳动力一部分在当地参与经济活动；另一部分转移到其他劳动力市场工作的格局。我国农村产生大量留守妇女正是以性别分工为基础的生计策略的具体体现；而在代际分工的生计策略下，农村出现大量留守老人带着留守儿童的情况。目前农村劳动力大多采取非家庭化迁移模式，家庭主要劳动力先迁移至城市，辅助劳动力则留守原地，维系两地家庭成员的纽带主要是互访、收入共享等，农村家庭虽然在城乡两个部门获得合适的投资与发展机会，但不得不牺牲家庭团聚的天伦之乐，家庭不得不处于离散状态。①

六　农村留守家庭问题的解决对策

解决农村留守家庭问题需要双管齐下，在对农村留守儿童、留守妇女和留守老人开展社会支持的同时，也积极推动留守家庭的家庭化迁移，提

---

① 参见聂飞《农村留守家庭研究综述》，《华南农业大学学报》（社会科学版）2017年第4期。

高务工人员的城市融入水平。

（一）强化农村留守儿童的社会服务

对于农村社会的留守儿童，尤其是低龄留守儿童的教育，学校和家庭要给予足够的重视，鼓励民间组织对农村留守儿童提供社会支持，以减少父辈照顾缺失带来的问题。在学校和社区建立青少年专业社会工作者岗，形成有机的工作网络和有效的工作机制。在社会政策方面，可以建立专门的机制，为困难的留守儿童提供生活补助。

对于闲散的农村留守儿童，可以为他们组织适当和有用的职业教育或培训，将其纳入正常的社会机制中，并与社会工作的服务共同努力，对他们实施有效的社会管理和社会控制。

（二）加强农村留守妇女的社会支持

加强农村留守妇女的社会支持，需要各种组织通力合作，除了地方政府、工会和妇女组织以外，应该积极引入社会工作组织，对农村留守妇女提供专业的社会支持。为每一个留守家庭建立档案，建立留守妇女身心健康档案，为留守妇女提供心理调适咨询、关爱老人咨询、教育子女咨询等家庭咨询。通过大力发展农村先进农业生产技术，建立农业机械、植保乃至田间管理专业公司等方式，适当减轻留守妇女的劳动强度。

（三）完善农村留守老人的社会支持体系

受传统观念的影响，家庭是农村留守老人最重要的养老和支持主体。然而，随着成年子女的外出，农村家庭的养老功能日益萎缩，留守老人需要社会给予更多的社会支持，需要社会各种力量共同发力，建立一套包括正式支持和非正式支持在内的社会支持系统。正式支持是指政府通过立法、社会政策等的制定，为留守老人提供的支持。其中比较重要的是逐渐提高养老保险的覆盖范围和保障水平，制定和完善针对农村留守老人的医疗保障、社会救助、社会福利以及其他相关政策，以确保对农村养老的政策和财政支持。按照"个人缴费、集体补助、政府补贴"的原则，实行中央财政，地方财政和个人三方或多方分摊机制，筹集养老服务资金。扩大新型农村合作医疗制度的覆盖面，设置对留守老人和其他特殊群体的医疗费用报销的照顾政策，适当报销门诊费用。重组医疗卫生资源，加强农村社区医疗卫生体系，健全医养结合的老年服务体系。

为留守老人提供的非正式支持是指社会组织、团体和个人为留守老人提供的各种帮助和支持。充分发挥留守老人身边的亲戚、邻居等非人群的作用，为留守老人的日常生活提供帮助；倡导和扶持村庄老年人之间建立自助组织，使他们能够开展互助自助服务；积极推动农村社区居家养老中心的建设，为留守老人提供多种服务；开展老年需求评估、老年生活知识普及、老年心理咨询等专业养老服务。建立和完善农村留守老人的非正式支持体系，不仅符合老年人的心理需求和生活习惯，也有利于节约国家在老年服务方面的财政支出，有利于在农村社会培养居民之间的互助精神。[1]

（四）促进留守家庭的家庭化迁移

通过家庭化迁移进城，让留守群体与进城务工人员团聚，是解决农村家庭离散的重要途径之一。目前流动人口家庭化的趋势较为明显，流动家庭已经成为我国家庭的常规模式。据相关统计，我国举家外出的进城务工人员数量呈逐年上升趋势，2008年2859万人，2009年2966万人，2010年3071万人，2011年3279万人，2012年3375万人，2013年3525万人，2014年3578万人，进城务工人员家庭化迁移呈逐年上升趋势。[2] 立足"以家为本"，才能真正推进城市和谐发展，只有进城务工人员及其家庭成员都享受到城市文明，才是真正的城市化，因此国家要在政策层面为进城务工人员安家立业创造环境与条件，对进城务工人员及其家庭进行社会扶持与帮助。促进进城务工人员家庭迁移进城必须进行"三位一体"的改革——户籍制度、土地制度以及公共服务制度改革必须实现"三位一体"，而公共服务均等化则是家庭迁移的关键。政府必须改变与流动人口相关的居住、社会保障、就业、教育等政策，为流动人口从个体化迁移向家庭化迁移创造条件。通过合理的制度与政策保障体系的建设，以家庭为单元推动农村务工人员融入城市，是解决留守家庭问题的重要路径。

（五）提高流动人员的城市融入水平

越来越多的农村剩余劳动力流向城市，这是一个城市化的必然趋势。但当前我国农村流动人口流入城市以后多数仍然只是权宜之计，他们在享

---

① 参见银平均《欠发达地区农村留守老人社会支持机制建构的思考》，《广东工业大学》（社会科学版）2012年第3期。

② 参见聂飞《破解农村留守家庭问题》，《中国社会科学报》2016年12月7日。

受城市公共服务方面仍然面临比较大的障碍，在社会保障方面仍然面临难以与城市有效链接的困难。流动人口难以再融入城市，必然会导致留守家庭的存在。所以从城市化的趋势来看，城市必须采用更积极的方式，接纳他们，让他们能在城市安居乐业，最终能在城市扎根。这样留守家庭的数量就可以逐渐减少。

提高进城务工人员的城市融入水平，首先需要城市管理在制度方面的改善，减少对农村务工人员的排斥。例如让流动人口的子女在城市里真正能够享受与城市学生同等的受教育机会和教育条件。促进公共服务的均等化供给，使流动人口能享受与城市居民同等的公共服务。例如在医疗保险的异地报销方面完善相关制度，使农村流动人口在城市更便利地报销医疗费用。除此以外，农村进城务工人员自身的积极融入也很重要。因为城市融入是一个涉及多方面维度的概念，除了制度方面的排斥会影响农村进城务工人员的融入外，务工人员的心理、受教育程度、行为特征等也是重要因素。通常，那些积极提高自身素质、调适心理、更积极融入城市生活的务工人员会比较顺畅地在城市扎根。当然，经济因素是务工人员融入城市的一个最重要基础，那些在城市里面能够获得较好收入的务工人员，通过购买城市住房，可以更好地实现城市融入。然而，务工人员的经济状况本身也受到多种因素的影响，需要更多的社会扶持。

第三节　农村的空心化

一　农村空心化的含义

学术界对"农村空心化"的概念界定有多个不同的角度，概括起来大致可以分为几类：

（一）从聚落形态和空间布局出发定义空心化

从农村的聚落形态和空间布局出发定义农村的空心化，将农村的空心化界定为住宅的空心化。随着农村居民的收入水平上升，很多地方出现了建房大潮，村民们通常选择那些更方便出行的地方例如村庄外围靠近公路的地方建盖新房，老的房屋通常位于原来村庄的中心位置。在农村居民建了新的房子后，大多数保留了老房子，并没有拆除，这样就导致老房子聚集的村庄中心区域出现房屋大量空置、常年失修甚至倒塌、土地浪费等这类现象。除了建新留旧的问题，还有一些农村居民是已经迁移至城市居住，导致原来村庄里的住宅长期无人居住、成为空宅。以上两种情况都是围绕着住宅的空间布局和聚落形态而定义的空心化。

（二）从人口的角度出发定义空心化

从人口的角度出发定义空心化，是将农村的空心化定义为由于大量农村人口流入城市，导致农村人口数量下降，一些村庄从热闹的村庄变成人烟稀少的村庄，有的村庄甚至变成了无人村，只有房屋不见人。除此以外，由于流出农村的人口大部分是青壮年，也导致农村人口结构中老年人和儿童所占比例较高这样的现象。

（三）从人力资本的角度出发定义空心化

从人力资本的角度出发定义空心化，认为农村的空心化实际上是人才的空心化。由于大量农村青壮年流出农村，留在农村的人要么是儿童或者老年人，要么是由于身体或能力等原因而无法外出的人。这样就导致了农村优质劳动力的缺乏。一些学者的研究发现，农村流动出去的人口基本上都是在当地拥有较高文化程度、年轻力壮、敢想敢闯的一些人，他们是流出地的精英。所以从这个角度来说，农村人口的外流实际上就导致农村的人才流失。

（四）从文化的角度出发定义空心化

从文化的角度出发定义空心化，认为农村的空心化是农村文化的贫乏、缺乏活力和创新动力。这同样与农村人口的流出有关。由于大量农村青壮年流出农村，农村居民的一些传统文化无人传承、一些文化活动难以举办，留下的农村居民多数是老人和儿童等需要照顾的群体，他们在精神文化生活方面非常缺乏。

（五）从金融的角度出发定义空心化

从金融的角度出发定义空心化，将农村的空心化定义为产生农村的融资困难、金融环境和金融服务不足这样的现象。在城市化的急剧推进中，农村对金融投资的吸引力逐渐下降，金融资本更多地往城市汇集，而农村社会在融资方面面临各种困难，缺乏有利的金融环境，金融服务不足。这也在很大程度上会影响农村经济和社会的发展。

总而言之，可以看出，农村的空心化包含了农村的住宅、人口、人力资本、文化和金融等多个维度的空心化，涉及人口、经济、空间形态和文化等多方面。但不管是哪个角度的理解，都是在描述城市化进程中农村出现萎缩，在城乡体系中日益边缘化这样的一种趋势。不过，必须要明确的一点是，从空间、人口、经济和文化等角度概括的空心化与其他方面农村社会的变迁是密切相关的，与农村其他社会问题交织在一起，而且这几个方面本身也是相互关联的。

二　农村空心化的形成机制

（一）宏观社会环境的影响

农村青壮年大量流出农村进入城市，首先是在社会的特定宏观环境中形成的。一是国家的户籍管理制度。改革开放以前，尽管农村居民有流动的意愿，但是由于严格的城乡户籍管理制度，限制住了农村居民的流动。一旦户籍制度松动，很快就形成了流动大潮。二是城乡二元社会结构和城乡差距的存在。由于我国的城乡二元社会结构的形成，城乡居民在生活水平、社会保障等方面都有天壤之别，城市相对的优势自然成为吸引农村居民向城市流动的力量。三是城乡发展政策的影响。当国家对三农问题还没有形成足够的认识，也没有采取有力的措施支持农村发展的时候，人们流动到城市的愿望比较强烈，当国家实施一系列扶持农村发展的惠农政策以后，农村人口的外流就变得更复杂更多元化，盲目性大大降低。国家的宏观社会政策直接作用于农村人口外流的意愿，由此产生了农村空心化的不同表现。

（二）村庄的无序化建设

科学的规划理念在现代城市建设中已经成为基本要求了，但是农村社会的建设和发展在理念方面通常更滞后一些。缺乏有序的引导和科学长远的规划，这是导致村民无序建房的一个重要原因。这种问题主要与村庄聚落和空间形态方面的空心化有关。在一些村庄，大量家庭建新房时优先选择离公路较近的地方，以至于村庄的聚落形态从团聚形状变成了沿路分布的条带状，从长远来说不利于今后道路的拓宽，也不利于乡村的美化。除此以外，由于缺乏总体的规划，村庄的新建住宅秩序混乱、随意分布现象比较突出；对于老房子的利用也缺乏合理的安排，导致老旧房子聚集区域的空心化。

（三）农村家庭或个体的理性选择

从人口迁移导致的空心化来说，农村空心化也是农村家庭或个人的理性选择结果。人口迁移的推拉理论可以很好地解释这一现象。按照这一理论的解释，农村居民迁离村庄流入城市是迁出地推力和迁入地的拉力共同作用的结果。作为迁出地的农村，一系列力量在推动着人们流出村庄寻找发展机会，这就是推力。这些推力包括相对较低的收入、增收途径较少、教育、医疗、交通等公共服务不完善、重体力并且单调的劳动方式等。另一方面的力量来自于迁入地——城市的拉力，这些拉力包括更多的就业机会、相对较高的收入、更完善的公共服务、更丰富的休闲娱乐，等等。农村居民在综合比较这两种力量的基础上，就会做出流动还是不流动的选择，这个过程是一个理性选择的过程。

三　农村空心化的特点

（一）农村空心化地区差异较大

农村空心化现象在不同地区有较大差异，一些地区空心化现象比较突出，也有一些地区空心化问题比较少。宋伟等学者通过研究发现，宅基地高空心化率主要集中在华北和东北地区的一些省份，西北和西南等省份的空心化率较低。[1]杨忍等学者发现，农村空心化地域主要集中在北方边境和东部沿海发达县，另外在两湖平原、中部传统农区，农村空心化也较为突出；南疆地区、青藏高原、西南山区等地区空心化率相对较低。[2] 似乎可以看出，农村空心化与地区的发展状况密切相关。

（二）农村空心化是一个动态变迁的过程

农村的空心化并不是静止的现象，它经历了一个从出现、成长、稳定到衰退或者转型的过程。农村的空心化过程，伴随着人口流动、经济发展甚至国家政策的一些变化，可能会在不同时期体现为不一样的特点。虽然农村人口流动从总体上的趋势是不变的，但是由于城市务工人员的就业机会本身受到经济发展、就业竞争等方面的影响，从而导致人员的流动可能

---

① 宋伟、陈百明、张英：《中国村庄宅基地空心化评价及其影响因素》，《地理研究》2013年第1期。

② 杨忍、刘彦随、陈秧分：《中国农村空心化综合测度与分区》，《地理研究》2012第9期。

会出现暂时的波动。另外，在人口流出的同时也可能伴随少部分回流人员，例如那些被国家支持农业发展的政策吸引，而在城市里没有合适的工作的人，或者那些年龄较大已不方便在城市就业的流动人员，都有可能回流到农村。另外，国家对农村、农业和农民问题的重视，通过产业扶贫、社会主义新农村建设、乡村振兴等战略的实施积极促进农村社会的发展，这些在很大程度上可能会改变某些地区农村空心化的现状，从而使这些地区的农村空心化发生变化。

四　农村空心化的治理

（一）通过乡村振兴改变农村相对落后的面貌

农村空心化最根本的原因是农村社会在城市化进程中日益边缘化的地位所致，农村的整体环境相对于城市的优势不明显，所以才会导致大量青壮年流向城市。所以，解决农村空心化问题的根本还是农村的发展。

当前我国提出的乡村振兴正是农村社会发展的指导方向，按照国家提出的乡村振兴目标，乡村振兴包含了农村生态环境、经济、政治、文化和社会管理等多方面的振兴目标，即"产业兴旺、生态宜居、乡风文明、治理有效、生活富裕"。当乡村振兴真正实现时，农村必然会成为农村居民安居乐业的地方，农村也会因其更贴近自然的环境吸引更多的人居住，空心化的问题必然会得到根本性的改善。

（二）推进城乡一体化建设

在农村——都市连续统的体系里，农村代表了现代化程度更低的一端，而城市则处于现代化程度更高的一端。城市在经济发展、公共服务、生活方式等方面的优势成为吸引农村人口外流的力量。我国在计划经济时期所形成的城乡二元社会结构进一步加大了我国城乡之间的差距，导致农村的居民生活水平、教育、医疗卫生等社会事业远远滞后于城市。更是加剧了农村青壮年的流动，从而引起了农村的空心化。所以，缩小城乡差距，积极推进城乡一体化建设也是解决农村空心化的一项重要基础。

城乡一体化是城市化发展的一个新阶段，是随着生产力的发展而促进城乡居民生产方式、生活方式和居住方式变化的过程，是城乡人口、技术、资本、资源等要素相互融合、互为资源、互为市场、互相服务，逐步达到城乡之间在经济、社会、文化、生态上协调发展的目标。城乡一体化是一个长期的过程，但是通过积极的政策措施等可以在一定程度上加快城乡一体化进程，快速缩小城乡差距，逐步实现城乡融合的理想。

（三）对农村居住用地的综合整治与科学布局

关于村庄住宅格局所产生的空心化问题，除了与农村人口大量流出有关，还与缺乏有效的居住用地管控机制有关。因此，村庄的空心化治理还应完善农村居住用地的管控机制，进行农村居住用地的综合整治。按照生态宜居的标准，对宅基地进行合理的规划、使用审批和布局管理，使村庄的居住区域与生产区域形成相得益彰、相互辉映的关系；对过于分散又无秩序的建房行为进行有效约束和引导。同时，在农村居住用地的科学布局和综合整治中，要与农村的环境卫生、村庄特色、历史文化以及道路、饮水等公共设施的规划和布局结合起来进行，形成干净、整洁、布局合理又有自己特色的美丽村庄。

（四）推动农村文化重建

大量青壮年劳动力流出农村，不仅导致农村住房的空心化，也导致了文化的空心化。留守村庄的老年人们通常没有能力也缺乏动力进行文化重建，但是他们又面临着精神的空虚和文化服务的空白化，对文化服务的需求仍然存在。农村的生活方式和匮乏的文化环境对年轻人来说正在失去吸引力，城市丰富多彩的生活方式和文化环境成了吸引年轻人的有力力量。所以说，农村文化建设的滞后成了年轻人流向城市的一个推力，这样很容易形成恶性循环。因此，应对农村的空心化问题不仅要从乡村振兴、居住格局完善等角度入手改善农村的环境，还需要重建农村文化，发掘传统文化资源使其发扬光大，支持乡村文化产业发展，丰富农村文化产品的供给，使乡村真正变成令人怀念、使人向往的地方。

【本章思考题】

1. 中国农村贫困问题的特征和成因是什么？
2. 如何评价中国农村贫困问题的治理？
3. 农村留守家庭的主要类型有哪些？
4. 请分析农村留守家庭面临的问题及对中国社会的影响。
5. 请分析农村留守家庭问题产生的原因及解决对策。

【案例】

农村留守儿童①

26 岁的李雪刚上小学时，父母就外出打工，她向《中国青年报》"中青在线"记者描述了自己的留守经历。三年级前，她跟爷爷一起生活。爷爷太老了，顾不上她，"以前不知道洗发水，都是用洗衣粉洗头""小时候吃鼻涕，别人笑我，但是没人教""看到河边桑葚就想去摘，很危险，但是跟爷爷在一起时他也从来不拦"。

父母看不下去，把李雪接进城生活了一年多，五年级时又送回乡下姥姥家。姥姥、姥爷身体稍好些，于是两个老人就带着九个孩子生活。"姥姥姥爷并不怎么欢迎我，因为要去吃他们的住他们的""在姥爷家物质上是满足的，但是心理上很孤单。那时候懂点事了，小孩太多了，有了对比就有了落差"，李雪说。

到了中学，李雪的孤独越发深重，她开始写日记，在日记里自己跟自己说话。说话也解脱不了，就用小刀在手臂上扎，"感到心里有股火，这样才解气"。她告诉记者，"那时，我觉得没有人关心我，没有人爱我"。

"父母，尤其是母亲的陪伴，是其他任何人无法替代的"。张旭东说，"可惜大多数农村父母并不明白这个道理"。2015 年，张旭东所在的中国青少年研究中心发布了《全国农村留守儿童群体研究报告》，调查数据显示，相比非留守儿童，留守儿童的意外伤害几率更高，心理问题相对更多。

【案例】

农村留守妇女互助计划②

随着我国城市化进程的加快，农村传统的家庭生活发生了很大变化。青壮年男劳动力外出打工，留守妇女独自挑起了本应由夫妻双方共同承担的孝敬老人、抚养小孩等家庭重担，家中所有粗活、重活、忙活、累活几乎都压在她们肩上，常年忍受着身体和心理的双重负担。留守妇女已经由传统家庭中的"半边天"，一变成为现在家庭中的"顶梁柱"。

---

① 资料来源：《中国青年报》2016 年 11 月 23 日 09 版。
② 资料来源：米公益，http://www.ricedonate.com/exchange/1833.html。

　　她是一位 37 岁的农村留守妇女，家有 5 口人，丈夫常年外出打工，公公婆婆常年有病，家中还有一个正在上小学的孩子，家里的重担全落在了她的身上。由于丈夫不在家，留守妇女普遍缺少安全感。她们既担心老人、小孩和自己的人身、财产安全受到侵害，也担心疾病、灾祸等突发事件的发生。然而，不论多么恶劣的环境，都没有让她放弃她的家庭，每天忙忙碌碌，用她瘦弱的肩膀，撑起了一个家的希望。

　　释放压力，调节心情。是留守妇女缺少的内容，每天忙碌的生活，忍受着身体和心理的双重负担。长春市益创汇社会工作服务中心发起的"守爱不守碍"农村留守妇女自助互助计划项目。组织开展"健康讲堂""增能手工坊""法律讲堂""亲职教育""减压课堂"等主题的活动。组织"家能计划""增能增趣"社工小组，开展小组活动，开展心理咨询等个案服务。搭建留守妇女自助互助服务体系，增强农村留守妇女的社会支持网络

　　通过这一系列活动，改善留守妇女留守家中出现的问题，提高留守妇女的自身能力，思想意识、道德观念以及对邻里关系和家庭关系的处理能力。同时，注重留守妇女自身的发展，实现自身价值，让留守妇女快乐生活。

第九章　农村的社会组织与社会治理

第一节　农村的社会组织

一　中国农村基层社会组织的历史变迁

这里所说的"农村基层社会组织",是指在县以下行政范围内的基层社会组织。中国农村的基层社会组织,在历史上几经变迁。按照时间进程大致可以分几个时期来回顾其演进历程。

（一）民国前农村的基层社会组织

自秦以来,我国农村社会一直延续着一套地方组织体系,只是不同时期、不同地域范围内基层社会组织的名称和功能有一定差异。

秦朝时期实行乡亭制,其领袖为乡三老,往往是一些年龄比较大的,一般是50岁以上的,受人民爱戴、做事公正,具有较高的道德品质、一定文化水平的人来担任。北宋时期是乡约,约正由全约人来选举,一般推举那些做事比较公正的人。到了南宋时期有社仓和社学,社仓是古代社会仓储制度的一部分,由于古代社会自然灾害频发,人们又缺乏先进的技术,为了应对自然灾害而形成了这样一种制度。即在丰收之年把一定的粮食储存积攒起来,以备灾荒之时用于社会救济和粮食市场调剂使用。社学是在农村建立的教学机构,致力于教育事业,聘请有文化、品德高尚的人担任教师,为当地儿童提供受教育的地方和制度。到了元代,这套乡、里的地方组织被称为"都图","图"的原义是指征收赋税的田亩图,"都"是总田亩图。到了明朝时期,农村的基层社会组织是"里"或"社",里社承担了一些重要职能,包括税赋征收、调解乡村民间的各种纠纷、维持地方治安、和睦邻里关系、促进良好社会风化等等。清朝时期延续了明朝的里社制度,只是在功能上大大弱化了。

总而言之，纵观民国以前中国农村社区的基层组织的发展可以看出，农村一直延续着一套地方组织机制。在这套地方机制中，乡绅、乡保、族长、村老等地方权威人士对农村基层社会的运行发挥了重要作用，同时也起到了中介作用，连接着国家和地方社会系统。

（二）民国时期农村基层社会组织

民国时期由于政局动荡，中央和地方颁布的法令规则交相混杂，导致农村基层社会组织在各个时期并不统一。中华民国初年，北方各省在县以下设立城、镇、乡，南方各省则在县以下设立市和乡。

到南京政府时期，县以下设立了四级行政组织，县下按照户口和地形划成若干区，设立区长1人，管理区务；区下设村和里，100户以上的乡村编为村，不满100户的几个村可以联合编成村，村里管理村务的组织为村公所，100户以上的街道编为里，管理组织为里公所；村和里以下设编成闾，设闾长1人；闾内又编成邻，设邻长1人。为了应对中国共产党带领的工农红军和农村革命根据地带来的冲击，国民党政府在"剿匪"区域实施了区署制度和保甲制度。即在县以下设区属一级行政机构，配备区长1人，区员1—3人，还有巡官、助理员、区丁等职务；保甲制以户为单位，设户长，10户为一甲，设甲长，10甲为一保，每一个保设立一个保长。一个乡或镇编成了5保以上的，又设联保。[①] 中华民国后期，区乡保甲制的设置更加系统完备。

（三）新中国成立以后农村的基层社会组织

新中国成立以后，农村的基层社会组织大致经历了几个时期的变迁。

1949年至1958年，农村的基层社会组织主要是乡人民政府，设乡长、副乡长和委员若干职务；乡政权机关是乡人民代表大会，设主席1人、副主席若干人。在乡人民代表大会闭会期间，乡人民政府即行使政权的机关。

1958年至1982年，取消了乡政府的设置，实行政社合一的人民公社制度。一般一个乡设立一个人民公社，约2000户一个公社。人民公社设立公社管理委员会，下设管理区或者生产大队，生产大队下面又设生产

---

① 张厚安、白益华主编：《中国农村基层建制的历史演变》，四川人民出版社1992年版，第108页。

队。生产队是组织劳动的基本单位。

1982 年 12 月 4 日，五届人大第五次会议通过了《中华人民共和国宪法》。按照宪法规定，县、市辖区、乡、民族乡、镇设立人民代表大会和人民政府。由此开始，全国农村建立乡政府的工作陆续展开，人民公社改建为乡、镇人民政府，另外取消了原来的生产大队、生产队，建立了村民委员会。

二　当前农村基层社会组织的类型

当前农村的基层社会组织，大概可以分为两类：正式组织和非正式组织。正式组织是那些具有明文的规章制度、有按照法定职务构成的权威领导体系的那些组织；非正式组织是指那些没有明文的规章制度，也没有法定职务构成的领导体系，大多依据人们意愿、兴趣等自发结成的群体。

（一）正式组织

正式组织可以按照其功能领域划分为政治组织、经济组织、事业组织、社团组织等几类。

政治组织包括乡/镇人民代表大会、乡/镇人民政府、村民委员会、党的基层组织；经济组织可以按照其组建性质划分为户际联合体、村办企业、村际联合体等；事业组织主要是在农村承担科教文卫事业功能的组织，包括文体组织、教育组织、医疗卫生组织、福利组织等；农村的社团组织包括共青团、妇代会、民兵连等社团组织在农村的机构。

正式组织在农村社会发挥着重要的功能，例如政治组织，既是上级党和行政机构在农村社会的代理人，也是带领农村居民规划和开展经济生产活动的主体。同时也是促进农村传统文化传承和变革的主体。另外，对于调节农村居民利益、维系农村社会的稳定也发挥着直接的作用。

（二）非正式组织

农村的非正式组织类型多样，有按年龄形成的同辈群体组织，如各地的老人会、傣族地区年轻人形成的伙子头、姑娘头；也有按兴趣爱好组成的文艺类组织；按地域组成的群体如同乡会；还有一些专注于地方传统文化传承的各种组织，如大理白族村民的洞经会等。

非正式组织在农村社会形成了正式组织的补充力量，同样在多方面发挥着重要作用，包括生产互助与经营合作、丰富农村居民精神文化生活、倡导良好的社会风气、资源整合与公共福利、传统文化传承等方面的作用。

第二节　农村社会有效治理的重要性

一　治理与农村社会治理

"治理"一词是从 20 世纪 90 年代以来兴起的概念和理论。全球治理委员会于 1995 年发表了一份题为"我们的全球伙伴关系"的研究报告，对治理做出了如下界定："治理是各种公共的或私人的个人和机构管理其共同事务的诸多方式的总和。它是使相互冲突的或不同的利益得以调和并且采取联合行动的持续的过程。这既包括有权迫使人们服从的正式制度和规则，也包括各种人们同意或以为符合其利益的非正式的制度安排。它有四个特征：治理既涉及公共部门，也包括私人部门；治理不是一整套规则，也不是一种活动，一个过程；治理过程的基础不是控制，而是协调；治理不是一种正式的制度，而是持续的互动。"①

在农村社会的背景下，治理的主体除了正式的权力机构—基层政府部门外，还包括村委会这一自治组织机构、民间组织以及村民个体。这四个不同层次的治理主体之间是相互制约、相互影响、相互作用的，强调以相互协商、相互合作、共同参与的形式共同解决农村社会公共事务，构建和谐有序的农村社会。从各主体发挥作用的方向来看，农村社会的治理不仅是指正式权力机构—基层政府部门通过公共权利以自上而下的线性方式管辖农村社会，还包括乡镇政府、村级自治组织、民间社会组织与村民综合运用社会公共权利协同治理农村社会。在学术界关于乡村治理的讨论中，大多数把重点放在了村级自治组织的功能发挥，更加强调村民的公共参与。可以说，农村社会是否得到有效治理，在很大程度上取决于各治理主体的功能发挥。

二　当前我国农村社会治理面临的形势

自 20 世纪 80 年代改革开放以来，我国农村社会结构发生了深刻的全

―――――――――――

① 参见全球治理委员会《我们的全球伙伴关系》，牛津大学出版社 1995 年版，第 23 页。

方位的变迁。今天，这种变迁仍然在继续，传统社会结构逐渐被打破，新的社会结构正在生成，处于社会转型的关键时期。这些变化深刻影响了农村社会的社会结构、农村居民的生活方式和价值观念，带来了利益的多元化，这些都对今天的农村社会治理提出了新的要求。

（一）社会结构的深刻变化

近年来，随着城镇化的快速推进，越来越多的农村青壮年人口进入城市工作和生活。农村人口持续减少，人口年龄结构老龄化日益突出，这些直接影响到了农业经济的劳动力供给，给农村经济的发展造成了一定的压力；在这种情况下，传统的农业生产方式必然要改革。而诸如土地流转、种粮大户的崛起、合作经营模式等在一定程度上已经是对当前农业生产方式面临冲击的一种回应。

除了使农业生产方式面临冲击，村庄的"空心化"，也导致农村公共生活难以有效组织，长期的城乡二元社会结构所造成的农村公共事业落后问题在一定时间内仍然还是客观事实。加上人口外流产生的冲击，农村社会在医疗卫生、教育和社会保障等方面仍然比较滞后。所有这些都说明，农村公共事务需要一种更有效的管理方式。

随着农村环境、人口和经济结构的变迁，农村社会阶层结构进一步分化，阶层结构日益多元化和复杂化。伴随产生的问题就是不同农村居民在收入差距方面逐渐拉大，阶层之间生活方式差异逐渐凸显，从而造成了农村利益结构的分化。伴随着这种分化，农村社会利益关系和利益诉求更加纷繁复杂，使得农村社会治理面临着异常复杂的局面。

（二）传统社会规范的日益衰落

借用费孝通的观点，中国农村社会是一种"乡土社会"。与这种乡土性质配套的是中国基层传统社会里的一套独特的地方体系，这套地方体系是与传统的农业生产方式相关的一种体系，它支配着社会生活的方方面面。这种"乡土性"可以归纳为如下特征：从外在形式上看，包括对于土地的依赖性、低流动性或者叫安土重迁、聚村而居、熟人社会等；从内在方面上看，传统乡土社会有一套独特的内在秩序，包括礼治秩序、长老统治、对绅权和族权等民间权威的强调、追求无讼、伦理本位等。

当前的中国农村社会，无论是在外在形式上还是在内在逻辑上，都已经发生了翻天覆地的变化，土地的耕作已经不再是农民生计的唯一依赖，传统的安土重迁观念发生了彻底的转变，这种观念的变迁从一些偏僻的农村地区人们抛荒进城的现象就可以直观体现出来；在当今的农村社会，熟人社会逐渐陌生化、传统的"礼治"基本失去作用、宗族家族等传统力量对个人的制约微乎其微。

随着农村社会结构的深刻变迁，传统社会的那套社会规范影响式微，孝道衰落、传统权威的影响力逐渐下降，而新的社会规范尚未形成，一旦没有有效的、正确的引导，就很容易产生个人行为的混乱和社会秩序的失序现象。

（三）个人权利意识的崛起与价值观念的多元化

在传统社会，虽然农村居民文化程度普遍较低，但是"集体利益至上""义务本位""舍小家顾大家"等集体主义价值观仍然通过口口相传和社区舆论等方式深刻影响着村民的行为，追名逐利、舍义取利的行为受到人们的唾弃和孤立，也会直接影响个人在村庄的正常生产生活。

自改革开放以来，市场经济体系的建立和人口的频繁流动，农村居民的思想观念逐渐发生转变，注重个体权益、追逐个人利益的思想急剧上升，集体利益至上的价值观受到了强烈冲击，注重实惠、现实利益的价值观逐渐占据上风。这种变化既是农村社会现代化过程中个体化日益得到强化的结果，也是农村生活中的个体选择结果。这种价值观念转变带来的影响可以从两个方面来看：从积极的方面看，农村居民的权利意识上升了，更加关注自己的合法权益，也是不再愚昧、顺从的表现；从消极的方面看，过分重视个人权益，容易忽视公共道德和公共责任，导致人们私欲膨胀。

（四）社会矛盾的多发性与复杂性

在农村社会快速变迁的过程中，农村居民之间利益分化日益凸显，各种利益纠纷也有所增加，农村社会矛盾呈现复杂化态势，给农村社会治理提出了更高的要求。

1. 社会矛盾的多发性

随着农村社会结构的变迁，经济因素日益成为农村社会中的首要因素，而政治和文化因素往往退居其后，社会矛盾集中体现在各种形式的利益纠纷中。在一些快速发展的农村社会，例如位于城市郊区的农村社会，各种因征地、拆迁、集体资产管理、分红和福利分配等方面产生的利益纠纷，无不深刻而敏感地牵动着村民的心，稍微处理不慎便会酿成更严重的后果。

2. 社会矛盾的复杂性

当前农村社会的社会矛盾不止发生在单一的主体之间，还可能发生在多个利益主体之间。越是经济发展水平较高的农村地区，社会矛盾往往越复杂。除了邻里之间、家庭内部成员之间、本地居民与外地居民之间、居民与管理机构之间都可能牵涉一些利益关系。

在农民收入普遍较低的情况下，利益分化不明显，因利益分配而产生的社会矛盾自然不是那么突出，而当前随着我国农村居民收入持续提高，国家在农村持续推进的精准扶贫、产业发展支持、各种惠农措施和补贴的提供，在大大改善了农民生活水平的同时，也必然伴随着利益分化和由此可能产生的社会矛盾。例如，在精准扶贫中，确定哪些家庭是建档立卡户，就需要随时处理由此带来的其他家庭的不满；在产业扶持中，那些没能获得补贴的单位也有可能产生不满情绪。上访、讨说法、要名额、聚众抗议等各种现象、各种合理和不合理的要求掺杂在一起，无不体现了当前农村社会矛盾的复杂性。

三　农村社会有效治理的意义

农村社会得到有效治理是乡村振兴的重要内容和要求，其治理成效直接关系广大农村居民的日常生活和命运，关系城乡之间的统筹协调发展，关系和谐社会的构建。

(一)　是保障广大农村居民合法利益的必然要求

农村社会治理以农村社会为治理范围，广大农村居民既是参与社会治理的主体之一，也是农村社会有效治理的直接受益者。农村社会的有效治理，意味着妥善处理各类农村公共事务，改善广大农村居民群体生活，这既是广大农村居民合法利益的保障，也是构建农村和谐社会的基础。农村社会治理水平直接关系着整个社会的治理水平，影响着广大农村居民的合法利益得到有效保障。当前，我国广大农村社会整体上正处于社会结构急剧转型时期，各类社会矛盾、社会冲突时有发生，这就需要一套完整的社会治理机制，以协调不同利益群体之间的关系，科学妥善处理各类基层社会矛盾，以满足广大农村居民群众的利益诉求。而农村社会治理以乡镇政府、农村居民组织以及农村居民相互协调、相互谈判为治理模式，以公共利益最大化为基本目标，能够代表广大农村居民群众的利益。因此，可以说，农村社会治理是保障广大农村居民群众合法利益的必然要求。加强农村社会治理，需要进一步转变农村社会治理方式，提升政府服务意识和水平，从而为农村居民群众提供一个更舒适、更和谐、更有序的生活环境。

（二）是实现城乡统筹协调发展的必然要求

随着农村经济的发展以及农村社会的转型，我国坚持"新型城镇化"与"新型农村社区建设"两条路，在农村社会治理方式已经不适应新的农村经济社会发展需求的当下，创新与现阶段农村经济社会发展要求相适应的农村社会治理模式已经成为乡村振兴与推进新型城镇化的必然要求。在此过程当中，难免涉及农村土地产权问题、乡村集体利益分配问题以及农民市民化问题等，这些都是当前社会新形势下农村社会治理的重要内容。这些新的管理内容的出现，意味着传统的农村社会管理模式已经不能适应当前农村经济社会发展的要求；意味着农村社会治理的任务更加繁重了。再者，我国致力于提升国家治理水平和实现社会治理现代化，然而从城乡的社会治理水平来看，农村治理水平依然落后于城市社会治理水平。因此，为了缩小社会治理水平差距，提升我国整体的社会治理水平，必须将加强农村社会治理作为重要任务之一。

（三）是及时化解农村社会矛盾的需要

随着农村社会的发展以及新型城镇化的推进，农村工作过程中日益凸显出新问题和新矛盾，如农村土地征用与流转中产生的问题、农村基本公共服务发展滞后问题、农村劳动力流失问题、留守儿童问题、留守老人问题、农村文化建设发展滞后问题等等。这些问题的存在表明，农村不和谐因素影响着农村社会的和谐稳定。如果这些社会矛盾得不到及时有效的化解，将可能逐渐积累和发展成为一个大的社会矛盾，进而影响整个社会的和谐与稳定。因此，迫切需要进一步提高农村社会治理水平，及时化解基层社会矛盾。农村社会治理，包含着治理和服务两层内涵，但无论是从治理还是从服务来说，其主要任务都是协调农村社会的利益关系，及时回应广大农村居民群众的利益诉求，保障广大农村居民群众的合理利益，有效化解农村社会的社会矛盾，维护农村社会的公平正义与社会稳定。

（四）是适应农村社会结构转型的必然要求

随着工业化、城市化和农业现代化的推进，农村社会进入社会转型加速时期，伴随着社会结构的转型，农村社会的政治环境、经济结构、文化环境以及家庭结构、人口结构和社会阶层结构等方面都发生了深刻的变化。这一系列的转型使得原有的农村社会秩序被逐渐打破，亟须建立一种新的农村社会秩序。例如，农村居民结构的日益分化，拉大了各农村居民阶层之间在地位、收入等诸多方面的差距，增加了各农村居民阶层之间的利益矛盾。这些现实问题的出现对农村社会治理提出了新要求和新挑战。同时，伴随着农村社会结构转型以及市场经济的快速发展，农村居民在价值观念方面也逐渐由单一化向多元化转型，并在一定程度上产生了道德滑坡、自私自利、唯利是图等负面影响，使得部分农村地区出现了一系列的社会问题。只有不断探索农村社会治理方法、提高农村社会治理水平，才能及时解决这些伴随着社会结构转型而产生的社会问题，也才能确保农村社会转型的顺利进行，促进农村社会的协调有序发展。

第三节　当前农村社会有效治理的重点

农村社会的有效治理，需要从组织、制度、机制和技术等多个方面一起入手，才能确实提高治理水平，构建有效的治理网络。以下仅从当前比较重要的几点展开论述。

一　理顺农村的基层权力关系

（一）理顺基层政权组织与村民自治组织的关系

从治理主体来看，农村社会治理需要多种主体共同参与，不过，其中最核心的内容包括党和政府的治理和村民自主治理两大方面。一方面，党作为农村社会治理的领导力量，发挥总舵手的作用，对农村社会治理的全局性、方向性内容进行整体性把控。政府在农村社会治理中是主导力量，负责农村公共资源的配置、具体政策的制定和实施，对农村社会公共事务行使行政管理职能。另一方面，农村社会治理涉及诸多利益群体，诸多社会层面问题，再加上农村社会本身的多样性和复杂性，如农村社会地域广阔、人口分布分散等。政府在农村社会治理中的功能发挥受到一定程度的制约，政府不可能单独凭借自身力量全面调控和治理农村社会。所以，在具体的农村公共事务中，村民自主治理具有重要的价值。政府通过政策方针进行宏观层面的调控工作，农村自治组织通过自主治理进行微观层面的具体协商、处理。通过自治组织的培育发展，农村社会逐渐形成自主治理的社会治理体系，共同管理农村社会的各类公共事务。同时，农村社会治理的自主化也体现在村民大量的社会参与上。正是由于村民的积极自主参与，农村公共事务才能够得到及时有效的处理。村民自主治理，在多大程度上自治，基层政权组织应该干预到什么程度，受到政府的影响是多大，这些都是特别重要的问题。在计划经济时期，村民委员会虽然在法律上是村民自治组织，但是由于各种复杂的原因，它仍然更多地受政府部门的影响，不能很好地履行自己的自治职能。理顺好基础政权组织与村民自治组织的关系，在村民选举时，村民能够按照自己的意愿来选举村干部，村干部在行使职权时，也能按照村民的意愿来处理村民事务，为村民服务。

（二）处理好村庄内不同精英之间的关系

在农村社会的发展中涌现了一批致富能手、农民企业家和农村知识分子，这些人可能并不掌握村庄的政治权力，但是他们是农村社会的精英人物，他们对村庄的公共事务具有重要影响，同时还是村庄经济和文化发展的带头人。所以，基层组织要引导他们的发展方向，适当地支持他们的工作。将某些村民做不了的项目给他们做，充分发挥好他们的资源与能力，让他们能够利用自己的优势起到带头作用。一些研究表明，那些体制外的精英，一旦他们与村庄内的其他居民及权力部门处于和谐的关系，他们就会很积极地参与和关心村庄的公共事务，他们是属于内敛型的精英；而一旦他们与村庄的其他居民以及权力部门处于相互排斥的关系，则会将注意力集中于村庄外部，更多地与村庄外部建立积极联系，这样的精英属于外向型精英。因此，在农村社会治理中，必须要正确处理体制内精英与体制外精英、精英与村民的关系，构建良性互动关系。

（三）引导和支持民间组织在村庄事务中发挥积极作用

按照我国民政部门的界定，民间组织是对社会团体、民办非企业单位和基金会的总称。在农村社会，当前最应该重视的是农业协会类组织和民办非企业单位，以及其他致力于农村社会公益的服务性组织。

农业协会在当前农村社会治理中是一股不可忽视的力量。长期以来，农村居民的组织化程度低是制约农村经济发展的一个重要因素。分散的农业经营模式，使单独的农户被排除在了市场之外，在市场价格波动、市场竞争、权益维护方面都处于弱势地位，难以在市场交换中获取较好的收益。随着农产品的商品化进程，在一些农村地区出现了各种各样的农业协会，有各种形式的农业合作社，也有专注于金融支持的协会、技术类的农业协会。农业协会可以将分散的农产品统一管理与销售，能控制好各个环节，还可以在种子提供、种植过程管理、销售等环节提供技术支持，提高农民的生产技术；另外，农村协会也可以更好地维护农民的权益，在生产生活中防止欺骗和利益受损的情况出现。没有组织化的这种平台，农民们被假种子、假化肥欺骗时，往往势单力薄，又缺乏维权的合法途径，大多时候就只好忍气吞声，但农业协会为农民维权提供了组织平台，这比单个农户的维权要有序和有效得多。

除此以外，还要积极引导和发展各类关注农村社会公益的服务性组织。随着农村社会的发展，农村居民对公共服务的需求越来越突出，例如养老方面的需求。随着农村大量青壮年进入城市，农村人口中老年人口的比重越来越高，其老龄化速度和水平甚至超过了城市居民的老龄化。而在农村社会，长期以来几乎是依赖家庭养老，导致社会化养老严重不足。时至今日，在农村社会开展服务的公益组织少之又少，这完全无法满足未来农村社会的养老需求。因此，农村社会治理中需要建立一套机制，积极扶持和引进各类公益组织到农村开展专业服务，例如，可以通过地方政府购买服务的方式引进。除了养老服务以外，近些年农村社会日益加剧的留守儿童、留守妇女等同样需要更多的专业服务。

二　发掘农村社会内在潜力及资源

（一）开发利用农村社会的传统资源

农村社会在长期的发展过程中积累了丰富的传统文化，这些文化虽然可能有一部分已无法适应农村社会的当前形势，但是还有一些传统文化具有重要的价值。例如在一些少数民族村寨中，至今保留着浓厚的尊老敬老氛围；在某些村庄，居民们仍然遵从着传统的一些规范，例如不偷盗、不欺骗、讲诚信、守护生态环境等行为规范，有些村庄甚至将这些规范写进了村规民约，用于规范村民的行为。对待这些传统文化，需要取其精华、去其糟粕，创造性地加以改造并运用到现代农村社会治理中去。

另外，还有一些非正式群体或组织也是农村社会治理中的重要力量。在村民的生产生活中，以血缘关系为纽带而组成的非正式群体、以地缘关系为纽带的邻里都是社会支持的主要来源，具有非常明显的互助性，是农村居民碰到困难时最容易获得支持的所在，这种支持包括物质上的互惠和给予，也包括精神上的支持。

（二）激发农村社会内在动力

农村居民自身也是社会治理的主体，农村社会治理的最终目的还是更有效地满足农村居民的需求，为农村居民生产生活创造更好的环境。农村居民的内在需求才是治理的源泉。治理的思路正是要打破自上而下的思路，构建一种自下而上的机制，才能更好地回应农村居民的需求和意愿。

同时，要激发农村居民的内在动力，体现其在农村社会发展中的主体性。鼓励农村居民积极参与到村庄公共事务的治理中来，除了个体的参与方式外，最重要的还是借助于自治组织的载体，更有效地参与村庄治理。村委会作为"自我管理、自我教育、自我服务"的基层群众性自治组织，是农村居民最直接的参与渠道，他们可以通过参与选举与被选举、参与村庄事务的管理、参与公共服务的提供等真正实现自我管理、自我教育和自我服务。

三　强化法律制度与信息技术在农村社会治理中的作用

（一）强化法律制度在农村社会治理中的作用

党的十八大以来，全面推进依法治国作为党治国理政的基本方略被提到了前所未有的高度，提高运用法治思维和法治方式深化改革、推动发展、化解矛盾、维护稳定的能力成为对各级政府的基本要求。地方政府在依法治国的方针下，必然需要将法律制度作为农村社会治理的基本依据。依靠法律制度开展基层社会治理工作，正日益成为新的趋势。

结合当前中国农村社会的现状，随着农村社会的转型，传统的乡村社会结构逐渐解体，曾经维系着农村社会的那套长老统治、礼俗秩序逐渐瓦解，现代农村社会已经很难再维系那种"无讼"的状态，迫切需要按照新的方式重建地方社会秩序，维护农村社会的稳定。法律制度作为具有高度权威性、普遍性、现代性的社会规范，必将取代传统的社会规范，成为人们行为的导向、社会关系的调节纽带。当然，当前农村社会居民的法律意识普遍还比较薄弱，法律知识还需要继续强化和普及，这都是今后农村社会治理中需要加强的地方。

（二）推动信息技术在农村社会治理中的运用

有效的治理离不开技术手段，尤其是在科学技术日新月异的今天。信息技术不仅丰富了农村居民的精神生活，还可以为农村居民的生产劳动提供帮助，例如通过互联网获得及时的技术支持；农户还可以通过网络将自己的产品销往更广阔的区域，拓宽销售渠道，互联网可以在农户与消费者之间架起桥梁，减少了中间环节，农户将会获益更多；互联网为农村居民带来更多的资讯，与外部世界的沟通也会促进农村居民价值观念的现代性转变。

如今在城市社区的治理中，大数据、信息技术、网络技术等已经成为不可缺少的一部分，并且这些技术在社会治理中具有非常明显的优势。然而，由于农村居民的文化程度相对较低，在很大程度上限制了他们对网络技术的使用。虽然许多农村地区早已接通网络，但是农村居民网上的活动更多的是游戏和娱乐，其他方面的功能还远远滞后于城市社区。在城市依托新技术、新媒体增加生产力的情况下，农村还在沿用传统的工作方式与技术，在信息技术运用上所产生的数字鸿沟造成城乡二元结构更加突出。

提高农村社会治理的信息技术水平，除了要加强信息基础设施建设以外，还要充分发挥市场机制的作用，促进网络技术在农村社会治理中的运用。例如电商的兴起与政府力量的介入产生了一系列良好的运作模式，如农村电子商务服务站建设、农村电子商务区域服务中心建设、乡村综合体验中心建设、农村电子商务公共服务平台建设、农产品质量安全溯源管理系统建设、农产品信息发布系统建设等。

四　推进城乡一体化公共服务体系构建

我国农村地区的公共服务水平普遍滞后于城市，这是长期的城乡二元社会结构所导致的。在计划经济时期，由于优先发展工业的倾向以及在城市里实行了以高就业、高福利、高补贴为特征的单位制管理体制，导致城乡之间的公共服务差距越拉越大，农村社会在教育、医疗卫生、社会保障和文化事业发展方面长期滞后。随着新时期国家实施的新农村建设、乡村振兴战略和精准扶贫工作的推行，农民的负担进一步减轻、收入稳步增长。但是由于长期积累的城乡差距，加上城市化的加剧，农村公共服务在短时间内还难以有质的提升。而公共服务事关农村居民的切身利益，直接或间接地影响着农村社会的经济社会发展，公共服务的供给方式和供给水平是农村社会治理成效的直接体现之一。

因此，农村社会的治理必须将公共服务体系的构建作为重点内容来抓。大力提升农村地区的公共服务水平，促进城乡一体化公共服务体系建设。

教育方面，合理规划农村义务教育学校在不同区域的布局，加强对农村学校的教育设施建设和师资队伍建设，促进优质教育向农村地区的倾斜，提高农村学校教育水平。实施农村义务教育学生营养改善计划，逐步实现高中阶段教育普及攻坚计划，加强农村儿童健康改善和早期教育、学前教育。

医疗卫生方面，要加强乡镇卫生院和村卫生室的建设，通过专项培训提高乡村医生的医疗水平，推动城乡居民基本医疗保险制度，进一步完善新型农村合作医疗。

社会保障方面，要进一步扩大城乡居民养老保险在农村居民中的覆盖率，完善最低生活保障制度，统筹城乡社会救助体系。

文化事业方面，进一步推进农村基层综合性文化服务中心建设，弘扬优秀传统文化，使其与现代农村环境更适应；挖掘传统文化资源，促进特色乡村建设；加强乡村图书室建设，丰富农村居民的精神文化生活。

【本章思考题】

1. 简述农村社会治理的内涵。
2. 简述中华人民共和国成立以来农村社会治理的意义。
3. 简述中华人民共和国成立以来中国历史上农村社会治理的特点。
4. 简述中华人民共和国成立以来中国农村社会治理的特点。
5. 简述当前中国农村社会治理面临的问题和形势。

【案例】

浙江桐乡"三治合一" ①

2013 年，浙江省桐乡率先推出"法治为要、德治为基、自治为本"的"三治"建设，掀起了一场以"三治合一"为手段，以"大事一起干，好坏大家判，事事有人管"为目标的治道变革。

这一探索旨在建立"严格执法、公正司法、全民守法"的法治建设体系；"以评立德、以文养德、以规促德"的德治建设体系；"自我管理、自我服务、自我监督"的自治建设体系。从而健全"党委领导、政府负责、社会协同、公众参与、法治保障"的社会治理新格局。

高桥镇是桐乡"三治"模式的发源地，2013 年，高桥在镇级层面建立运行"百姓参政团"，让百姓在重大问题上拥有知情权、参与权、建议权，形成"大事一起干"的良性机制；村级层面建立运行"道德评判团"，强化道德约束力，以民间舆论作用于法律层面之外的道德引领，形成"好坏大家判"的民间氛围；整合村里的"网格化管理、组团式服务"等各支队伍，组建全方位的"百事服务团"，形成"事事有人管"的互助局面。让老百姓参与公共决策，自己的事自己说了算，自己参与干，干得怎么样自己参与评判。

乌镇作为桐乡旅游业的一张金名片，运用"三治"先进理念，成立"乌镇人家"协会。如今，游客到乌镇，只要看到挂有"乌镇人家"四个字的家庭旅馆，即可安心入住。

"三治"体现了邻里守望、民众自决、社会自治的愿景。2017 年，加强农村基层基础工作，健全自治、法治、德治相结合的乡村治理体系，被写入党的十九大报告。近年来，经过不断探索和实践，桐乡"三治"建设组成了一个有机的整体，相辅相成、相互依托，为桐乡经济社会发展保驾护航。

---

① 资料来源：浙江新闻，https：//zj. zjol. com. cn/news/866670. htmlt = 15233037137 12&ismobilephone = 2，2018 年 2 月 6 日。

第十章 农村的公共服务

公共服务是基于特定的社会共识，为了实现公共利益，满足居民生存、生产、生活和发展的需求而由政府或其他组织提供的相关服务。公共服务范围十分广泛，但通常包括：国防、外交、基础教育、公共卫生、社会保障、基础设施、公共安全、基础科技、一般公共服务等 11 个方面。[①]农村公共服务是相对于城市公共服务而言的，是为满足农村地区农民生产、生活和社会发展的基本需求，保护农村个人最基本的生存权和发展权，政府根据国家经济社会发展阶段和总体水平所提供的公共产品和服务。农村公共服务应包括农村公共教育、农村公共医疗卫生、农村公共文化、农村社会保障、农村基础设施等方面。[②] 经过长期改革和建设，中国农村教育、医疗卫生、文化、基础设施等公共服务得到了快速发展，但农村的公共服务发展水平总体上仍然显著低于城市，农村的公共服务不到位，发展滞后的问题仍十分突出。

第一节 农村的教育

一 我国农村教育的范围和特点

（一）农村教育的范围

农村教育就是农村社会的教育体系及其实践过程。由于农村的概念有不同的外延，因而农村的教育在范围上也有广义和狭义之分：广义的农村

[①] 陈昌盛等：《中国公共服务：体制变迁与地区综合评估》，中国社会科学出版社 2007 年版，第 32 页。

[②] 于霞等：《中共十六大以来中国农村公共服务的提升与基本经验》，《云南社会科学》2012 年第 5 期。

教育是指所有县和县以下的教育；狭义的农村教育仅仅是指以农业为主要产业的县以及县以下的教育。

在我国人口的统计中，通常将县城的人口统计为城市人口，县城所在地从城乡归属来看也通常划归为城镇，县城以下的农村才是传统意义上的农村。在国家的财政拨款中，农村教育的转移支付款也不得用于县城内的学校。根据这样的统计口径和财政安排，准确地说，县城以下的教育才能被称为"农村教育"。

（二）农村教育的主要特征

1. 分布较为分散

农业劳动离不开广阔的土地，因此在单位面积上能够承载的人口数量相对有限，农村社会的人口通常也就较为分散。这就产生了农村教育在空间分布上的广袤性以及学校布局较为分散的特点。

2. 发展相对滞后

由于城乡体系的差异，大量优质的教育资源集中在城市。尤其对我国社会而言，长期的二元社会结构导致农村的教育面临师资力量不足、教育水平较低和教育设施不完善等各方面的问题。因此，相对城市而言，农村教育无论是在教育设施、师资力量，还是在教育水平等方面都相对滞后。另外，农村教育在教育体系中通常还处于较低的层次，主要以普及基础教育和文化知识的启蒙为主。

3. 区域间的不平衡

我国的农村地域范围广大，东中西部以及不同省份的农村在发展程度上差异非常大，在相对发达的农村地区，已经和城市几乎没有差异，但在相对落后的农村地区，经济和社会发展程度都还处在较低的阶段。除此以外，不同地区的农村，在社会、经济、地理、人文等方面的情况也都比较复杂。在巨大的地区差异之下，农村的教育也就呈现了较大的差异，教育资源和教育水平在农村不同的区域间很不平衡。

4. 教育文化的多元性和多民族性

我国的农村社会具有丰富多彩的地方文化和民族特征。各个地区具有不同的地方文化环境，例如在习俗、生活方式等方面具有很强的地域色彩，整体上呈现了多姿多彩的文化环境。另外，我国的农村地区也是多民族聚居最突出的地区，而不同民族在语言、习俗、信仰、生活方式等方面也有较大差异。在这样的环境下，教育的文化环境也具有了多元性和多民族性特征。这就需要在教育中体现和尊重不同的文化体系，兼顾到不同的地域色彩和民族特征。例如，双语教学的需求就是源于教育文化的多元性和多民族性而实施的教学方式。

二 改革开放以来农村教育发展的历程

改革开放以来，我国农村教育的发展大致可分三个阶段，每个阶段教育的建设思路、教育管理体制和教育财政等都有差别。

（一）改革开放至1993年

从改革开放到1993年《中国教育改革与发展纲要》出台，主要是探索农村教育与经济建设的适应问题。这一阶段的特点是以调整教育管理体制为核心，调动全民积极性来发展农村教育。1983年中共中央国务院通过了《关于加强和改革农村学校教育若干问题的通知》，1985年中共中央又通过了《关于教育体制改革的决定》。这一时期教育体制的基本方针是教育要为社会主义建设服务，这也决定了农村教育的思路就是为农村发展服务。另外，教育管理体制的基本原则是基础教育由地方负责、分级办学、分级管理，具体来讲，在农村的教育实施了县办高中、乡办初中、村办小学的思路。在这一教育管理体制下，农村开始征收教育附加费以改善农村基础教育的设施和办学条件，广泛开展了"人民教育人民办，办好教育为人民"的农村学校建设热潮。同时，农村教育开展了服务农村经济建设的探索，各类农村教育综合改革典型材料纷纷呈现。1988年国务院正式批复国家教委提出的"燎原计划"，并把116个县级单位作为农村教育改革的试点，农村教育服务农村经济建设的探索达到高潮。

（二）1993年至2003年

从1993年《中国教育改革与发展纲要》出台到2003年全国农村教育工作会议召开，主要探索义务教育在农村的普及问题。《中国教育改革和发展纲要》指导了20世纪90年代教育的改革和发展，明确提出了"到20世纪末，要基本普及九年义务教育，基本扫除青壮年文盲"（简称"双基"）的教育发展目标。这一目标就成为当时教育发展的指南，也成为各级政府投资教育的直接动力。确立了农村中等及中等以下教育，"县、乡、村三级办学，县乡两级管理的体制"。1999年，全国小学学龄儿童入学率达到 99.1%；小学五年巩固率为 92.5%；小学毕业生升学率达到 94.4%。①

（三）2003 年以后

2003 年全国农村教育工作会议召开，这是中华人民共和国成立以来第一次全国农村教育工作会议，会议提出了新时期农村教育发展的方向，强调了农村教育是未来教育工作的重中之重，在教育经费的配置上要向农村教育倾斜。这一时期的思路更多地体现了国家在教育公平方面的考量，随着对教育公平问题研究的深入，城乡教育一体化成为当前农村教育研究的热点。这一阶段的重要特点是国家主动担负起普及教育的责任，以转移支付的方式大力促进农村教育的发展。2006 年开始，国家在农村开始实施义务教育的"两免一补"政策，即免除义务教育阶段学生的学杂费和教科书费，补助寄宿生生活费。这一政策从西部农村地区开始，直至 2007 年在全国实行。

除此以外，这一时期也是基础教育新课改革的时期，更加强调素质教育的理念。素质教育本来是 20 世纪 90 年代中期基础教育领域应对应试教育提出的新教育理念，本意是强调教育应能够为每位学生的发展奠定基础。而落实素质教育的具体举措是 21 世纪初的新课程改革，这一时期也是基础教育新课程改革的时期。随之而来的是，基础教育课程综合化、模块化、探究式思想深入人心，对农村教育的影响深远。但随着中国城市化进程加快，城乡一体化成为社会发展的主流要求，而农村教育的薄弱也成为制约因素。②

三　农村教育发展的问题

改革开放以来，我国农村教育事业发展取得显著的成就。但是，农村教育的发展仍面临一些比较突出的问题，尚不能很好地适应农村日益增长的教育需求和国家发展对人力资源的需求。

（一）农村义务教育在县域范围仍然很不均衡

2012 年《国务院关于深入推进义务教育均衡发展的意见》（以下简称

---

① 参见杜爱华《我国农村教育发展问题研究》，《理论学刊》2011 年第 4 期。

② 参见杜爱华《我国农村教育发展问题研究》，《理论学刊》2011 年第 4 期。

《意见》）提出推进义务教育均衡发展的时间表与任务书，即到 2015 年，全国义务教育巩固率达到 93%，实现基本均衡的县（市、区）比例达到 65%；到 2020 年，全国义务教育巩固率达到 95%，实现基本均衡的县（市、区）比例达到 95%。为贯彻《意见》精神，各地积极推进义务教育均衡发展实践。然而，义务教育在县域范围内仍然很不平衡。各个地区在义务教育阶段的办学经费、教育设施、师资力量等方面仍然存在比较大的差异，学校之间的差异也比较大。由此会进一步产生不平衡的问题，例如在城镇化过程中，出现了这样的现象，即大量学龄儿童涌入县镇上学，引发县镇"巨班大校"现象，加剧了乡村学校的小规模化，乡村学校招生规模日益萎缩。这本身也映射出了农村义务教育在县域范围内的城乡不平衡发展。

（二）农村基础教育质量仍然有待进一步提升

农村教育当前的突出问题是农村基础教育质量问题，特别是农村小规模学校加上寄宿制学校发展所引发的教育质量问题。随着越来越多的农村人口流入城市，尤其是家庭式流动的情况日益增加，农村学校的招生规模急剧萎缩，出现了越来越多的小规模学校。小班教学、多科（全科）教学、复式教学广泛存在，虽然一方面，农村小班化教学可以更加个体化地关注学生，教师多科教学增加了教师与学生连续接触的机会与课程整合的可能性；但另一方面，这种教育模式又往往被认为缺乏"人气"，人们把更多精力盯在教师专业对口上。这些情况导致挖掘农村教育教学优势、体现农村教育教学特点的相关学术研究和实践经验严重不足，影响了农村教育质量的提升。此外，在城市化的背景下，农村寄宿制学校学生人数增加，但教育政策和资源配置严重不足，学生的宿舍条件、生活质量以及生活教师的配备数量等方面跟不上提高教育质量的要求，面临较大的挑战。

（三）留守儿童和随迁子女的教育问题比较突出

由于大量农村青壮年劳动力流入城市谋生而将他们的子女留在农村，造成了农村留守儿童数量的急剧上升。而留守儿童由于长期缺乏父辈的陪伴，在教育上面临着突出的问题，学习成绩不理想、心理困惑难以消除、对教育的期待降低甚至过早辍学等问题都是近年来随时见诸报端的问题。农村人口大量流入城市对于整个农村的教育环境所产生的冲击也是比较大的。在此过程中，乡村的学龄人口日益减少、校舍利用率低，在一定程度上造成了农村公用经费投入不足的问题，进而引发了教育资源供给的结构性矛盾和困境。

与此同时，进城务工人员的随迁子女在教育方面同样面临诸多困境。虽然父辈进入城市获得了相对于流出地更好的收入和发展机会，但多种复杂的因素导致务工人员在城市里始终只是边缘人群。在这样的情况下，随迁子女在城市里面并不能真正享有和城市孩子同等的受教育条件。虽然国家教育部门出台了很多消除随迁子女入学方面障碍的制度，但是由于家庭经济条件普遍相对较差、父辈文化程度也较低，各种复杂的因素导致随迁子女的教育面临诸多障碍。尤其是在今天这种竞争日益激烈的教育大环境下，随迁子女在教育上的弱势地位更加突出。

四　农村教育的未来发展

（一）未来农村教育发展的基本理念

1. 坚持公平优先

教育公平是社会公平的前提和基础。因此，农村的教育发展必须坚持公平优先的原则。我国自 2006 年开始，首先在农村推行"两免一补"政策，开启了义务教育免费供给的历史，这是公平优先最重要的体现，也是最重要的政策。在国家公共财政来提供义务教育的制度背景下，至少没有孩子再因为交不起学费而辍学，这是教育公平体现每一个儿童都有同等受教育机会的重要措施。不过纵观当前农村义务教育的实施过程，相对于城市而言，仍然存在巨大差距，这在很大程度上影响了公平发展的原则。当前义务教育阶段的城乡差异综合体现在教学设施、经费投入、师资力量、教学水平等多方面。因此，国家仍然需要进一步将农村教育作为重点来抓，提升农村教育的质量，加大财政投入，均衡配置师资力量，通过现有师资的培训提高教学水平，同时通过更加合理的人才政策，鼓励和吸引更多高素质人才投入农村教育中去。

2. 关注"后 20%"的农村儿童

联合国教科文组织发布的《2010 年全民教育全球监测报告：普及到边缘化群体》，明确提出"边缘化群体"是社会"最底层的 20%"，是特定社会受教育年限最低的那些人。报告提出要通过监测，"提高边缘化群体的能见度"，为了实现全民教育的承诺，要据此制定有针对性的政策和措施，缩小其他社会群体和边缘化群体之间的差距。当前我国农村教育也要特别关注那些"后20%"的弱势群体。因为在农村的家庭中通常有条件流动的都流动到城市了，有条件搬迁的都搬迁到了更方便孩子上学的地方了，所以留下来的那些少数的家庭及其子女当属最为弱势和边缘的人群。农村基础教育的出发点和基本理念，是确保每一个农村儿童都有学上和上好学，这是教育权利和教育机会的要求。所以，对那些"后20%"的农村儿童，尤其那些偏远和贫困的山区、牧区的儿童应当给予特殊的照顾，真正做到不让一个孩子失学、办好每一所学校。

3. 尽可能让基础教育阶段的孩子就近入学

就近入学的一个基本缘由就是要确保儿童生活在家庭环境中，并由其父母照顾和监管。基础教育阶段的孩子年龄还比较小，需要受到家庭更多的监管和照顾，如果学校离家太远，这种监管和照顾就会不足，导致孩子在心理、行为、人际交往和生活方面的一些困境。例如，一些地方由于学生人数太少而实施了撤点并校的做法，这样就导致那些学校离家太远的孩子只能住校学习，但是住校学生在生活、心理和人际交往等各方面都还存在较大的困难，出现了问题又不能及时得到父母的关心和指导，问题重重。除了住校学习的孩子，那些每天要走很远的路上学的孩子同样面临很多困难，起早贪黑是他们上学的常态，面临各种安全的问题，由于睡眠不足和疲劳导致学习状态不佳，问题也比较突出。因此，必须在整合式的教育资源配置和孩子们方便上学之间找到一个恰当的平衡点，这样才能更好地保障农村基础教育阶段孩子的受教育权利和受教育机会。

（二）农村学校小规模化趋势

农村人口的持续减少是未来的趋势，因此，小规模化和"小班小校"有可能成为未来农村教育不得不面对的事实。小规模学校和小班化教育也符合农村学校当下的实际情况。小班小校是世界各国现代教育的基本特征，是实现高质量教育的基本追求。从全球范围来看，作为农村地域广泛存在的一种特殊教育形式，无论是城市化水平较高的国家、已完成工业化的国家，还是二元经济并存的发展中国家，小规模学校都一直在农村教育发展中发挥着重要作用。在农村小规模学校，集中了后20%—40%的贫

困群体，如果不能保证他们就近入学，很多人就会失学。农村教育的发展
要探索一些适应小规模学校的方式。

客观来说，小规模学校也有一定的优势，它不仅方便学生就近入校
学习，而且因为实行小班教学，师生比例较高，老师与学生的互动更加
频繁，关系更加密切，也有利于因材施教，对学生进行个性化的培养。
不过，分散的小规模学校意味着国家在财政投入方面更大。所以，在学
生人数下降和政府增加教育投资的情况下，这是可能实现的。特别是在
经济领域发达地区，这些目标应在区域教育规划中建立。当前，农村学
校教育发展的关键在于如何振兴与重建目前恢复保留的村小或教学点。
一是要逐步改善办学条件和办学标准，保障基本需求。二是采取有效措
施提高村小和教学点的教育质量，探讨适合小规模学校的教学模式。制
约村小或教学点发展的关键因素是教师，需要通过特殊政策，补充、稳
定农村小规模学校的教师队伍，加强教师培训和专业教研，改善教育质
量。

（三）发展与农村未来需要相适合的教育

教育的供给本身是一种公共服务的供给，但教育也要为社会服务，
这样才有长足的发展。农村社会的教育也应该更多地与农村社会的发展
相结合。接受教育，尤其是获得较高学历正越来越多地成为农村青少年
提供向上流动、进入城市的途径。当前，农村教育在满足"有学上"
的基本需求之后，正在转变为追求"上好学"，追求有质量的教育。农
村教育在普遍的学历追求氛围下，在一定程度上成为城市教育的追随
者，并没有为农业、农村的管理和发展做出更大的贡献。未来的农村教
育，必须要与农村社会的建设与发展相结合，能够为乡村振兴提供动
力。《教育规划纲要》提出"为每个学生提供适合的教育"。因此，特
别需要认识什么是农村所需要的教育，怎样评价农村教育的质量，在教
育理念、教育体制、人才培养模式、教育内容的设计等方面进行创新，
树立新的质量观。

1. 农村教育应该适应农村社会发展的需要

在普及九年义务教育、高等教育大众化的时代，越来越多的农村学生
可以通过高考进入城市社会，是促进社会平等和使农村学生向上流动的重
要途径。然而，如果农村教育变成了往城市输入人才的途径，那就是农村

教育的悲哀。乡村振兴要真正实现，离不开对人才的培养和推动。农村的教育不应该成为城市教育的补充或者追随者，而应该适应农村社会的发展需要。因此，农村教育应该重新回到育人的教育宗旨上来，通过综合素质教育和公民教育，促进学生的公民道德、人格发展和能力培养；通过这种教育开发农村青少年的智识，为农村青少年的成长和长远发展奠定基础。因此，必须改变农村教育的应试教育倾向，满足学生的不同需求，丰富初中和高中阶段的课程体系，既能满足那些未来可能走出农村的孩子的成长需求，也能满足那些未来将扎根于农村、服务农村、为农村社会发展贡献力量的孩子的需求。

2. 农村教育应该以乡土为根

农村教育在教育过程中应根据农村特点，将普适性知识与地方性知识和乡土文化有机结合起来，培植他们热爱家乡的乡土之根，既要培养学生的农村情怀、家乡情怀，又要培育学生的国际视野。农村基础教育要逐渐从应试教育转向素质教育，积极推动新课改的实施成效。农村教育应为"三农"服务，农村学校要坚持为农村、农业、农民服务的办学方向，而不只是升学教育。未来的农村教育，应该是坚持"教、科、劳一体"，坚持"教学做合一"，理论和实践、动手和动脑相结合，力所能及地、因地制宜地满足农村学生切实需求。

3. 建设多层次教育体系

农村教育需要回归生活教育、公民教育，培养现代农民，重建教育与社会、教育与生活之间的关系，使学校成为农村社会发展的新引擎。将农村的学校教育与乡村振兴的需求结合起来，以学校教育为引擎，带动整个农村环境的改善，促进农村政治、经济和文化的全方位发展。在教育对象方面，未来农村学校的教育不仅面向农村的儿童青少年，也应该面向不同的农村居民，满足不同居民的需求。在教育的形式方面，除了全日制的学历教育，还可以举办职业教育、成人教育等。在教育的内容方面，应该尽可能开设丰富多样的课程体系，既可以是扫盲班，也可以是法治教育、科学技术培训、卫生健康教育、传统文化传承等各种内容。

第二节　农村的医疗卫生

医疗卫生是一个国家保障和提高居民健康水平、提供疾病治疗和健康服务的人员、系统、规则、组织及其过程的体系。农村医疗卫生是农村社会最重要的公共服务之一。

一　农村医疗卫生发展历程

我国农村的现有医疗卫生体系是自中华人民共和国成立以来逐渐建立和完善起来的，这一体系主要包括农村的医疗卫生服务体系和医疗保障制度体系。中华人民共和国成立以来，中国农村卫生体系建立和发展主要经历了四个时期：形成时期、医疗卫生体系建设发展时期、社会主义市场经济转化中探索调整时期和新机制建设发展时期。

（一）1949年至20世纪60年代中期，农村医疗卫生体系的形成时期

中华人民共和国成立初期，我国农村的医疗卫生基础相当薄弱，几近空白，当时社会的经济发展水平低，传染性疾病没能得到很好的控制，长期的社会动荡也导致人们生活水平严重低下，健康状况堪忧，各种因素威胁着农村居民的健康。在这一现实下，我国政府十分重视，1950年和1952年全国卫生会议确定了"面向工农兵、预防为主、团结中西医、卫生工作与群众运动相结合"的卫生工作方针。政府通过组建农村医疗机构、培训医护人员、城市医务人员上山下乡巡回诊疗等一系列措施，初步形成了我国农村三级医疗卫生体系，即县（区）医疗卫生机构、公社卫生院、大队卫生所（室）的三级医疗卫生体系。

（二）20世纪60年代后期至70年代末，农村医疗卫生体系建设发展时期

这一时期是农村医疗卫生体系的建设和发展时期。党中央十分重视农村的医疗卫生工作，毛泽东同志提出"把医疗卫生工作的重点放到农村去"。在这一倡导下，城市的一些医疗卫生资源被无偿转移到农村，使农村居民受益。伴随着政治运动，不仅派遣城市巡回医疗队下乡，也将一部分城市医务人员和医学专业毕业生抽调或分配到农村工作。另外，通过短期培训的方式，创造出了中国农村医疗卫生队伍中的一支独特力量——赤

脚医生,这些赤脚医生大多数是半农半医的身份。据统计,到 1970 年代末,农村"赤脚医生"达 160 万人,卫生员约 350 万人,接生员 70 多万人,合作医疗覆盖率更是达到了 90% 以上。

在医疗卫生机构方面,由财政和集体经济共同出资扩建、新建公社卫生院。群众集资建立村合作医疗站。合作医疗费用低、覆盖广、效益高,在解决农民看病问题上取得了举世瞩目的效果,被世界银行和世界卫生组织誉为"发展中国家解决卫生经费的唯一先例"[①]。到 20 世纪 70 年代末,农村合作医疗覆盖了 90% 以上的农村居民。这些举措大大改善了农村居民的健康状况。到 1981 年,全国期望寿命提高到 67. 9 岁,婴儿死亡率降至 34. 7‰。

(三) 20 世纪 80 年代至 21 世纪初,社会主义市场经济转化中探索调整时期

1978 年开始的农村经济体制改革,重点是确立以家庭承包经营为基础、统分结合的双层经营体制,这一改革改变了农业的经营主体和农村中的积累主体,极大冲击了原来主要依靠集体经济提供资金的乡村级卫生组织,加上在对"文化大革命"反思中,合作医疗被视为"极左产物"给予否定,曾经轰轰烈烈的合作医疗制度在这一时期基本解体,20 世纪 80 年代合作医疗的覆盖率猛降至 10% 以下,最低时只有 5% 左右。三级医疗卫生体系瘫痪,合作医疗制度解体,农村卫生技术人才大量流失,使得预防保健等基本卫生服务提供不足。各种因素导致在农村地区一些疾病复发,医疗费用迅速上涨,农民因病返贫,因病致贫现象日益突出,这阻碍了农村经济的发展和农民生活水平的提高。

同时,由于经济的快速发展,政府对医疗卫生等公共服务的财政投入不足,医疗卫生企业社会福利的性质在这一时期被严重削弱,特别是在农村地区,农村医疗卫生工作在艰难中前行。

(四) 21 世纪初至今,农村医疗卫生体系新机制建设发展时期

2002 年 10 月,中共中央国务院做出了《关于进一步加强农村卫生工作的决定》(以下简称《决定》),这是进入 21 世纪后推进农村医疗卫生

---

① 参见李长明等《建国 60 年我国农村卫生的回顾与展望》,《中国卫生政策研究》2009 年第 10 期。

工作的纲领性文件。《决定》明确提出坚持以农村为重点的卫生工作方针。从农村经济社会实际出发，加大政府对农村卫生投入力度，推进农村卫生服务体系改革与建设，建立和完善农村新型合作医疗制度。2003年，以政府筹资为主，农民自愿参加的新型农村合作医疗（以下简称"新农合"）制度开始在我国农村333个县（市、区）试点，80万农民参加。到2009年3月底，全国开展新农合的县（市、区）数已达到2716个，参合人口达到8.30亿，成为世界上参加人口最多的医疗保障制度。[①] 新农合制度作为广大农民的基本医疗保障，适应了社会主义市场经济体制要求，符合农村经济社会发展水平，得到了广大农民群众的支持和拥护，带动了整个农村卫生事业发展。

在加强农村卫生服务体系建设上，"十一五"期间实施了《农村卫生服务体系建设与发展规划》，由中央和地方财政共同出资，改善农村卫生机构基础设施条件。这是中华人民共和国成立以来覆盖范围最广、投资力度最大的农村卫生建设规划。在不断提高农村卫生人员临床技能水平上，由中央财政和地方财政共同支持，对广大农村卫生人员和乡村医生进行大规模业务知识培训。此外，卫生部门还大力开展了"万名医师支援农村卫生工程"，组织动员城市医院支援贫困地区医疗机构，提高农村卫生服务能力。

2009年，中共中央国务院提出《关于深化医药卫生体制改革的意见》，指出卫生改革要遵循公益性原则，强调了政府责任和农村医疗卫生工作的重要位置，中国医疗农村卫生工作步入一个新的发展阶段。

二　农村人口健康问题

（一）人口健康及影响因素

健康是指生物的功能性和代谢效率的水平。对人类而言，健康是指个人或群体面临生理、心理或社会的挑战时，适应及自我管理的能力。世界卫生组织于1946年定义健康广义来说是："健康不仅为疾病或虚弱之消除，而是体格、精神与社会之完全健康状态。"人口健康受多种因素的影

---

① 参见李长明等《建国60年我国农村卫生的回顾与展望》，《中国卫生政策研究》2009年第10期。

响。随着社会经济、科学文化的发展，人们对影响健康因素的认识不断发展和深化，分类方法亦不完全相同。从健康教育的角度，影响健康的因素可分为以下四类：

1. 行为与生活方式因素

指由于人们自身的不良行为和生活方式对个体、群体乃至社会健康带来直接或间接的危害，因此它对健康的影响具有潜袭性、广泛性和累积性的特点。人类的行为与生活方式与大多数慢性非传染性疾病关系极为密切，改善行为可有效控制这些疾病的发生与发展；意外伤害、感染性疾病和职业危害的控制、预防也与行为密切相关。

2. 环境因素

指以人为主体的外部世界，包括自然环境和社会环境。自然环境包括阳光、空气、水、气候、地理等，是人类赖以生存的物质基础，是人类健康的根本。社会环境包括社会制度、法律、人口、文化、教育、经济、职业、民族等，也包括家庭环境、工作环境、人际关系等。疾病的发生和转化直接或间接地受到社会因素和制约因素的影响，环境因素影响着人们的生活选择。

3. 生物学因素

包括病原微生物、生长发育、衰老、遗传、个人生物学特征（包括年龄、性别、形态和健康状况等）。

4. 卫生服务因素

指卫生专业人员和卫生机构为了增进健康、防治疾病，运用卫生资源和各种手段，有目的、有计划地向社会、群体和个人提供必要服务的活动过程。以人为本、以健康为中心的、健全的医疗卫生机构，完备的服务网络，一定的卫生经济投入以及合理的、公平的卫生资源配置，均对人群健康有促进作用。相反，如果卫生服务和社会医疗保障体系存在缺陷，就不可能促进其健康和有效地防治居民的疾病。

（二）中国农村人口健康现状及主要问题

1. 中国农村人口健康现状

人口健康的一重要指标是人口平均预期寿命。我国城乡的二元化结构使得城乡的生活水平、社会环境以及医疗保健存在着明显的差异，城乡人口平均预期寿命的差异也体现出这一点。相关研究数据显示，从1982年至 2009 年的 27 年间，城镇平均预期寿命增加了 6.3 岁，乡村增加了 5.2 岁。数据显示，2000 年至 2009 年城乡平均预期寿命增幅加大，9 年内城镇预期寿命提高了 2.1 岁，乡村提高了 2.7 岁。2000 年城乡预期寿命分别为 75.13 岁和 69.70 岁，城乡相差近 6 岁。到 2009 年，城镇平均预期寿命为 77.22 岁，乡村为 72.41 岁，城乡相差近 5 岁。[1]虽然城乡预期寿命差异有所缩小，但差异仍十分显著。

表 10 - 1　1982—2009 年全国分城镇乡村的预期寿命变化趋势（岁）

年份	城镇			乡村		
	平均	男	女	平均	男	女
1982	71.11	69.36	72.86	67.06	65.69	68.42
2000	75.13	72.95	77.30	69.70	68.00	71.40
2005	76.26	73.90	78.62	71.21	69.07	73.34
2009	77.22	74.75	79.68	72.41	69.92	74.90

（参见胡英《中国分城镇乡村人口平均预期寿命探析》，《人口与发展》2010 年第 2 期）

在 2014 年主要疾病死亡率（1/10 万）最高的五大疾病（恶性肿瘤、心脏病、脑血管病、呼吸系统疾病、损伤和中毒外部原因）中，除前者城市居民死亡率（161.28）高于农村居民死亡率（152.59）外，后四者农村居民死亡率（分别为 143.72、151.59、80.02、55.29）均高于城市居民死亡率（分别为 136.21、125.78、74.17、37.77）。"孕产妇死亡率"和"5 岁以下儿童死亡率"是反映妇幼保健状况的经典指标，它们还是反映健康水平改善的最敏感的指标，不仅能够反映卫生投入情况，更能反映卫生系统的运行效果。国家统计局对监督地区的 5 岁以下儿童及孕产妇死亡率数据表明，农村死亡率远高于城市死亡率。[2]

---

① 胡英：《中国分城镇乡村人口平均预期寿命探析》，《人口与发展》2010 年第 2 期。
② 张冬梅：《新型城镇化背景下提升农村医疗卫生服务策略研究》，《发展研究》2016 年第 6 期。

表 10 - 2　　2010 年至 2014 年城乡临测区 5 岁以下儿童与孕妇死亡率

年份	新生儿死亡率 (‰)		婴儿死亡率 (‰)		5 岁以下儿童死亡率 (‰)		孕产妇死亡率 (1/10 万)	
	城市	农村	城市	农村	城市	农村	城市	农村
2010	4.1	10.0	5.8	16.1	7.3	20.1	29.7	30.1
2011	4.0	9.4	5.8	14.7	7.1	19.1	25.2	26.5
2012	3.9	8.1	5.2	12.4	5.9	16.2	22.2	25.6
2013	3.7	7.3	5.2	11.3	6.0	14.5	22.4	23.6
2014	3.5	6.9	4.8	10.7	5.9	14.2	20.5	22.2

（数据来源：中华人民共和国国家统计局：《中国统计年鉴 2015 年》，中国统计出版社 2015 年版，第 743 页）

　　相关调查还显示，在中国农村，近三分之一的群众应住院而不住院，近半数的群众有病不去就诊，导致这些问题的重要原因就是中国医疗资源总体不足。中国人口占世界的 22%，但医疗卫生资源仅占世界 2%，最重要的是医疗资源在中国城乡分布不均衡，其中还有不少资源水平不高，群众不能享受到优质的医疗卫生服务。就居民每千人口医疗卫生机构床位数（张）比较，城市数据从 1995 年的 3.50 至 2014 年的 7.84，增长了 4.34；而农村数据从 1995 年的 1.59 至 2014 年的 3.54，仅增长了 1.95。就每千人口注册护士数（人）比较，城市数据 1995 年的 1.59 至 2014 年的 4.30，增长了 2.71；而农村数据 1995 年的 0.49 至 2014 年的 1.31，仅增长了 0.82。就居民每千人口有正规执业资质的执业（助理）医师数（人）比较，城市数据从 1995 年的 2.39 至 2014 年的 3.54，增长了 1.15；而农村数据从 1995 年的 1.07 至 2014 年的 1.51，仅增长了 0.44。数据表明农村地区 2014 年的硬件水平与城市 1995 年水平相当，而农村 2014 年软件水平还不及城市 1995 年的水平，不仅说明农村地区医疗卫生资源与城市水平差距较大，同时还说明医疗卫生资源配置有明显向城市倾斜。[①]农村地区医院往往规模较小，医疗设备落后，医护人员普遍资质较低；而

---

① 张冬梅：《新型城镇化背景下提升农村医疗卫生服务策略研究》，《发展研究》2016 年第 6 期。

规模较大、医疗设备先进、医护人员资质较高的大医院、好医院几乎无一例外地分布在各大城市；医疗卫生资源的分布现状严重影响农村医疗卫生服务的质量，使农村地区医疗水平难以提高。

在医疗卫生服务的支付方面，城乡居民医疗卫生服务支付存在着较大差异，不仅表现在绝对数量上，还表现在相对数量上。并且农村居民还存在支付水平低负担重的问题。首先，就居民人均卫生费用比较，城乡绝对数据均在迅速攀升的情况下，城市数据明显高于农村，农村居民相对支付水平低；2013 年城市数据是农村的 2.54 倍；但城市数据没有农村数据增长速度快（不考虑价格因素），城市 2013 年 3234.1 元是 1995 年 401.3 元的 8.06 倍，而农村 2013 年 1274.4 元是 1995 年 112.9 元的 11.29 倍。其次，就居民人均医疗保健支出比较，就城乡居民个人负担能力而言，2014年城市居民人均医疗保健支出 1305.6 元，是农村居民 753.9 元的 1.73倍，同样说明农村居民支付水平低；但就城乡居民负担水平比较，农村居民医疗保健支出上涨更多、负担重，城市 2014 年 1305.6 元是 1995 年110.1 元的 11.86 倍，而农村 2014 年 753.9 元是 1995 年 42.5 元的 17.74倍。最后，就医疗保健支出与消费性支出的比例比较，自 2000 年至 2008年，城市该指标高于农村；但是 2009 年至 2014 年，农村该指标在不断提高，城市该指标在不断降低，且每年农村数据明显高于城市数据；2014年农村医疗保健支出占消费性支出的比例高达 9.0%，远高于城市指标6.5%。数据说明，农村居民在医疗保健方面的经济压力比城市居民更大、负担更重。[①]

2. 中国农村人口健康存在的主要问题

（1）人口出生质量需继续提高

人口出生质量是指胎、婴儿的生命健康质量。孕满 28 周至出生 7 天内的胎、婴儿的生天功能、结构及代谢等方面的缺陷发生率和其他非健康出生状况往往都被作为评价人口出生质量的重要内容。出生人口质量的负面结局包括两方面：一是出生缺陷，出生缺陷是指胎、婴儿出生前，在母亲的子宫内已发生了的发育异常，出生后表现为肉眼可见或辅助技术诊断

[①]　参见张冬梅《新型城镇化背景下提升农村医疗卫生服务策略研究》，《发展研究》2016年第 6 期。

的功能异常、结构异常和代谢异常等。二是亚健康出生，正常出生的新生儿应该有约 40 周（280 天）的孕期，身长、体重、骨骼、体围、运动、神经精神等都应该符合新生儿生长发育的标准范围，有的新生儿就不能处在健康状态，如早产、窒息、过期产、低体重（小于 2500g）、新生儿疾病、性传播性感染（STI）、免疫缺陷（HIV/Aids）等。这种状态的新生儿的成长，将受到多方面因素的影响，可能是健康的，也可能是不健康的。这种情况就被定义为亚健康出生。

目前，与世界上的很多国家相比，中国严重出生缺陷和遗传病的发生率都比较高。一部分地区出生缺陷的发生率甚至还有上升的趋势，在这方面的问题比较突出的是农村。中国农村人口占全国总人口的大多数，即使按农村人口占全国的比重来估算，每年新出生的有缺陷的婴儿 70% 在农村，加之农村医疗、卫生、健康状况落后，农村新出生人口质量相对更低，婴儿出生缺陷率更高，占全国的比重更大。根据有关机构做的调查，中国每年新出生人口出生缺陷率达 4%—6%，约 80 万—120 万人。[①]

（2）农村老年人口健康问题

第六次人口普查资料显示中国人口年龄结构发生了较大变化，65 岁及以上人口占总人口的比重为 8.87%，比 2000 年人口普查上升了 1.91 个百分点。中国 60 岁以上人口已达到 1.78 亿人，超过总人口的 13%；其中 65 岁以上人口 1.19 亿人，占总人口的 8.87%，已进入老年型社会。[②] 这一方面反映出改革开放以来，中国人民生活水平和医疗卫生保健事业的较大改善，人口平均预期寿命延长；但另一方面，由于老年人口是健康风险最高的群体，人口老龄化使老年人口的健康问题日益严重，特别是高龄老人的健康问题令人担忧，而全国 60% 以上的老龄人口却分布在农村地区，众多的农村老年人口健康问题正面临着严峻挑战。

由于经济发展和农村居民生活水平的提高，老年人口面临的主要是老年病、慢性病及失能症等健康问题，农村老年人口健康也向着城市型方向发展，日益增多的慢性病，如癌症、心血管病、糖尿病等成为主要疾病。

---

① 李臣娟：《我国农村人口健康现状及对策分析》，《中国区域人口与发展研究：中国区域人口与发展学术研讨会论文集》，吉林人民出版社 2006 年版。

② 参见国家统计局《第六次全国人口普查主要数据发布》，http://www.stats.gov.cn，2011 年 4 月 28 日。

同时，农村目前许多年轻人外出打工，使得农村老年人的生活缺少照顾，心理健康也存在很大问题。此外，中国农村老年人大多数没有退休金，收入主要来自于家庭其他成员的供养，且目前，中国乡镇每千人拥有的医疗、卫生院床位数和卫生人员数仅相当于全国平均水平的1/3。因此未来一段时间，农村老年人的健康保健和医疗救护将是我国农村人口健康急需解决的重要问题。

（3）传染性疾病仍然是威胁农村人口健康的因素之一

传染病防治仅仅是疾病控制的一个方面，慢性非传染性疾病的危害在社会转型期逐渐加重。但是在中国农村，特别是在欠发达农村地区，传染病仍然是危及人口健康安全的一个最重要的因素。据统计，全国乙肝病人和病毒携带者达1.2亿人，占世界总数的1/3，居世界第一；中国患结核病人数达到500万人，占全球的1/4，居世界第二。2003年调查显示，结核病仍是中国农村人口死亡的前十位原因之一。由于农村医疗状况较差，因而传染性疾病的传播很快，且治愈率很低。自从1985年我国发现第一例输入型艾滋病患者以来，艾滋病感染和发病呈现快速上升的势头。截至2016年9月，中国报告现存活艾滋病病毒感染者和病人65.4万例，累计死亡20.1万例。值得注意的是，在绝大多数传染性疾病中，中国农村和贫困地区的疫情最为严重。在全国报告艾滋病病毒感染率最高的10个省区中，有7个省区在经济欠发达的中西部地区，据估计，80%的感染者发生在农村，其中青壮年群体受威胁最大。20岁至39岁年龄组感染艾滋病病毒者占总患者的82.5%。因此，控制传染性疾病在农村的蔓延已是中国面临的一项十分迫切的任务。①

（4）环境污染威胁农村人口健康

长期的耗竭式耕作和无度使用化肥、农药和地膜，以及工厂企业"三废"超标排放，导致中国1.5亿亩耕地遭到不同程度的污染。目前在农村的广大范围，环境污染仍在加剧，人口健康受到危害，数亿农村人口生存环境恶化，农村社会经济难以可持续发展，农业生产也受到严重影响。目前，全国已经有3亿多人存在饮水不安全问题，其中在华北、西

① 参见李臣娟《我国农村人口健康现状及对策分析》，《中国区域人口与发展研究：中国区域人口与发展学术研讨会论文集》，吉林人民出版社2006年版。

北、东北和黄淮海平原地区的 6300 多万农村人口饮用水含氟量超过生活饮用水卫生标准，内蒙古、山西、新疆、宁夏和吉林等地新发现饮用高砷水致病的受影响人口约 200 万人。3800 多万农村人还在饮用苦咸水，约有 1.9 亿农村人口饮用受污染的水源。卫生统计年鉴数据显示，在 1995 年、2000 年和 2003 年，全国农村人口中饮用自来水的人口比例分别为 43.2%、55.2% 和 58.2%。然而在农村，即使是自来水，其水源供给多来自于河流或者山泉，水质好坏受当地环境影响严重；而更多的农户是饮用自备水井的水，由于饮用水基本来自地表水，环境的污染更能对这些人口的健康安全造成严重的威胁。①

三 农村医疗卫生服务体系

中华人民共和国成立后，我国在农村建立了县、乡、村三级卫生服务网络，以及以合作医疗和赤脚医生为特征的农村医疗卫生保障体系，在收入水平很低、经济不发达的情况下，以较少的投入取得了巨大的健康成就。改革以后，我国一直在探索适应新形势的医疗体制。但受各种因素的影响，适应我国特殊国情的良好体制机制没有建立起来，出现了政府承担的责任不够、医疗保障制度不健全、医疗资源集中于城市、医疗卫生服务体系不健全且医疗价格上涨过快、运行效率低下等多方面的问题，其中引起全社会的广泛和高度关注的是农民看病难、看病贵的问题，这一问题一度非常突出，2000 年以来，我国加大了对农村卫生事业的投入，健全了农村医疗保障制度，加快了农村医疗体制改革，农村卫生事业取得了历史性的进展。

（一）推行新型农村合作医疗

合作医疗是指在集体经济支撑下，以农民互助合作为基础，按照自愿、收益和适应的原则筹集医疗、预防、保健费用，采取"以收定支、略有结余"的原则进行管理的以各种形式存在的医疗保健制度。中华人民共和国成立后到改革开放前，中国在广大农村推行了农村合作医疗制度。这一时期农村合作医疗制度虽然保障水平较低，但在相当长的时期内

---

① 参见李臣娟《我国农村人口健康现状及对策分析》，《中国区域人口与发展研究：中国区域人口与发展学术研讨会论文集》，吉林人民出版社 2006 年版。

覆盖了大部分农村人口，并坚快贯彻了"预防为主"的方针，极大提高了农村健康水平。

20 世纪 80 年代以后，农村合作医疗迅速衰退，因为乡村集体经济的公共积累下降，对农村合作医疗的支持迅速大幅度减少，并且内部管理本身存在不完善之处。20 世纪 90 年代后，在合作医疗失效和医疗卫生领域的市场化改革的联合作用下，农民健康越来越缺乏保障。为探索建立适应农民的医疗保障制度。1997 年，卫生部、财政部、国家计委、民政部、农业部联合发布了《关于发展农村合作医疗的若干意见》，中国开始建立农村新型合作医疗制度。经过多年探索，取得了一些经验。2002 年 10 月，中共中央国务院颁布《关于进一步加强农村卫生工作的决定》，提出建立新型农村合作医疗制度的任务。2003 年卫生部、财政部和农业部联合发布了《关于建立新型农村合作医疗制度的意见》，构建了中国新型农村合作医疗制度的实施原则和政策框架，提出了实行政府主导下农民自愿参加、个人、集体和政府共同筹资，以大病统筹为主的农民医疗互助救济制度，建立新型合作医疗制度的目标。相比原来的农村合作医疗制度，新型农村合作医疗制度主要有以下几个特点：一是在筹资渠道上采取"个人缴费、集体扶持和政府资助相结合"的方法，实行个人、集体、国家多方筹资。这一筹资机制首次明确了中国政府在农村医疗保险计划建立中的筹资责任，较好体现了健康整体责任原则。二是在管理体制上明确以县（市）为单位进行统筹。新型农村合作医疗改变了原有合作医疗以乡镇或村为统筹单位的方法，提高了资金统筹层次，不但可以较为有效地减少管理成本，而且由于保障人群的扩大，可以筹集到更多的合作医疗基金，也可以在更大范围内分散疾病的风险。三是考虑给农村家庭带来沉重经济负担的主要是大病，因而将保障重点放在了"大病"上。[①]

从 2003 年起，中央财政对中西部地区除市区以外的参加新型合作医疗的农民每年按人均 10 元安排合作医疗补助资金，地方财政对参加新型合作医疗的农民补助每年不低于人均 10 元。从新型农村医疗合作制度实施以来，政府加大了财政投入，这也是中国历史上第一次为解决农民的基

---

① 参见陈锡文等《中国农村改革 30 年回顾与展望》，人民出版社 2008 年版，第 314—315 页。

本医疗卫生问题进行的大规模资金投入。到 2008 年年底，中国已经建立了全面覆盖有农业人口的县（市、区）的新型农村合作医疗制度。新型农村医疗合作人均筹资水平由 2003 年的 30 元提高到 2012 年的 300 元左右。2012 年，新农合政策范围内住院费用报销比例进一步提高到 75% 左右，最高支付限额提高到全国农民人均纯收入的 8 倍以上，且不低于 6 万元。① 中国农村合作医疗制度的实施保障了农民获得基本卫生服务，在减轻农民的疾病经济负担的同时，缓解了农民因为疾病致贫和因病返贫的问题。

（二）加强农村卫生服务体系建设

中国在新中国成立初期（1949—1965 年）初步形成了农村初级医疗卫生网，公社医院兼有初级卫生保健技术指导、提供基本医疗服务和乡村卫生行政管理的功能，成为三级预防保健的枢纽，许多流行病控制都由公共部门管理，其人员培训、筹资、治疗等均由公共部门完成，当时许多肆虐的传染病都被有效地控制住了。改革开放后，集体经济的弱化首先冲击了村级卫生组织，改变了村卫生室的经营方式。随着财政体制的改革，卫生院陆续下放到乡政府管理，农村卫生组织在人、财、物等外部条件影响下发生了很大的变化，结果是导致当时的合作医疗解体和城乡卫生资源配置差距扩大。进入 20 世纪 90 年代后，政府为改善日趋薄弱的农村卫生服务体系，针对不合理的医疗机构补偿机制、效率低下的医疗机构以及畸形的医疗市场结构等出台了一系列卫生政策。1991 年，国家计委、财政部、卫生部与农业部共同实施了为期五年的农村乡镇卫生院、卫生防疫站、妇幼保健站建设项目。为彻底改变农村卫生服务体系建设不适应农村医疗卫生事业发展需要的局面，初步建立起基础设施比较齐全的农村卫生服务网络、具有一定专业素质的农村卫生服务队伍，实现农村地区"大病基本不出县、一般疾病不出乡、小病原则不出村"的目标，自 2006 年卫生部等部委制定并正式实施《农村卫生服务体系建设与发展规划》以来，该规划中国家预计投入农村卫生建设资金 216.9 亿元，这是中国投资力度最大的一项农村卫生服务建设规划。国家强力构建以政府投入为主体的经费

---

① 韩俊江：《试论我国农村医疗卫生服务体系的完善》，《东北师范大学学报》（哲学社会科学版）2015 年第 2 期。

保障制度机制，努力实现基本卫生保健服务覆盖全体公民的目标，特别是重点扶持中西部地区。自 2009 年至 2011 年三年期间，中央和各级地方政府在中国 45 个县共安排农村医疗卫生服务体系建设项目 4843 个，其中包括 71 个县级医院、427 个乡镇卫生院和 4412 个村的卫生室。国家在 45 个县增加医疗卫生机构总数较 2008 年多 410 个，其中村卫生室增加总数为 291 个。15052 个村已经建立卫生室，达到应建数的 90.5%。在中国县级医院中，已经有半数医院达到二级甲等水平。随着三级医疗卫生服务体系的健全与完善，农村地区也加强了对疫情的监测网络建设。农村地区已有 100% 的疾病预防控制中心、93.5% 的医疗卫生机构和 70% 以上的乡镇卫生院实现了疫情和突发公共卫生事件信息网络直报。国家也非常关注困难地区重大传染病、地方病和职业病的预防和控制，并给予了专项补助。对艾滋病、乙型肝炎、结核病、血吸虫病等严重传染病患者实行免费或低收费治疗。[1]

第三节　农村社会保障

农村社会保障体系是国家社会保障体系的重要组成部分，是指在农村这一特定区域范围内所施行的社会保障和福利事业。完善的社会保障制度，对生产发展具有重要的促进作用。它不仅可以解决贫困人口的生存问题，也是社会的稳定器。长期以来，由于经济基础较弱，中国的社会保障水平整体偏低。在城乡二元结构体制下，农村社会保障体系的建设更为滞后。2000 年以来，根据统筹城乡经济社会发展的要求，中国农村社会保障体系得到快速健全，在全国农村普遍建立了农村最低生活保障制度，并在农村养老保险、社会救助、对计划生育家庭奖励扶助等方面进行了成效明显的探索。

一　建立农村最低生活保障制度

最低生活保障制度是国家通过再分配建立的社会救助制度，是农村贫

---

[1]　参见韩俊江《试论我国农村医疗卫生服务体系的完善》，《东北师范大学学报》（哲学社会科学版）2015 年第 2 期。

困人口难以维持基本生活的保障。它能够解决群众的后顾之忧，是典型的公共产品——最低生活保障能使那些在社会转型、市场竞争和变迁中处于最不利地位，而又无力应对所遭遇的生活风险的人们获得最低生活保障。我国对缺衣少食的贫困人口实行临时救济制度是从中华人民共和国成立初期就开始的。20 世纪 80 年代开始在局部地区对家庭常年生活困难的贫困人口实行定期定量救助制度。1995 年全国民政厅局长会议提出，要有步骤地在农村进行最低生活保障制度的试点，并且仿照城市最低生活保障制度。此后，一些地方在定期定量救助制度的基础上，开始探索建立农村低保制度。

2000 年以后，各地积极探索推行农村最低生活保障制度，保障水平不断提高，保障制度也在不断完善，覆盖率迅速提高。至 2007 年，中央财政一直在加大转移支付力度，探索建立覆盖城乡居民的社会保障体系，在更多地区推广建立农村最低生活保障制度。到 2007 年年底，全国 31 个省区市都已建立了农村最低生活保障制度，覆盖了 2068 万人。建立农村最低生活保障制度的目标，是通过在全国范围建立农村最低生活保障制度，将符合条件的农村贫困人口全部纳入保障范围，稳定、持久、有效地解决全国农村贫困人口的温饱问题。农村最低生活保障标准由县级以上地方人民政府按照能够维持当地农村居民全年基本生活所必需的吃饭、穿衣、用水、用电等费用确定，并报上一级地方人民政府备案后公布执行。这一政策的出台，标志着我国农村绝对贫困人口的基本生活有了制度性保障。① 截至 2015 年年底，全国有农村低保对象 2846.2 万户、4903.6 万人。全年各级财政共支出农村低保资金 931.5 亿元。2015 年全国农村低保平均标准 3177.6 元/人·年，比上年增长 14.4%；全国农村低保年人均补助水平 1766.5 元，比上年增长 13.8%。② 针对保障标准和补助水平总体偏低、发展不平衡、政策法规和运行机制有待完善等问题，2008 年"中央一号"文件明确要求："中央和地方各级财政要逐步增加农村低保补助金，提高保障标准和补助水平。"而在民政部颁布的《民政事业发展

---

① 参见陈锡文等《中国农村改革 30 年回顾与展望》，人民出版社 2008 年版，第 327—328 页。

② 参见《2015 年社会服务发展统计公报》。

第十三个五年规划》中提出，到 2020 年年底，所有地方农村低保标准不低于国家扶贫标准。

二　发展农村养老保险制度

中国农村养老保险制度的起步落后于城镇养老保险，并且随着经济发展和政治制度的变化而不断变迁。中国农村养老传统上依赖于家庭，中华人民共和国成立后通过发展集体经济力图建立以集体保障为主体的社会养老保险制度，但成效有限。真正意义的农村养老保险制度发展开始于 20 世纪 80 年代。从 20 世纪 80 年代中期以来，我国农村社会养老保险制度经历了四个发展阶段：

一是探索试点阶段。"七五"计划提出建立农村社会保障制度雏形，1986 年民政部决定在农村比较发达的地区以社区为单位探索建立社会养老保险制度，按商业模式运行，但效果不显著。1991 年，国务院《关于企业职工养老保险制度改革的决定》规定农村（含乡镇企业）的养老保险制度改革由民政部负责。同年，民政部开始进行农村社会养老保险试点，并制定《县级农村社会养老保险基本方案（试行）》。

二是稳步发展阶段。1995 年国办转发民政部《关于进一步做好农村社会养老保险工作的意见》，强调逐步建立农村社会养老保险制度是建立健全农村社会保障体系的重要措施，要求养老保险基金主要通过购买国债和存入银行增值，任何部门不得挪用或用于直接投资。同年，各地方政府相继要求加快农村社会养老保险工作，并根据《基本方案》设计的框架逐渐建立农村社会养老保险制度。

三是整顿规范阶段。1998 年国务院机构改革方案实现了全国社会保险的统一管理，农村社会保险管理职能从民政部划入劳动和社会保障部，具体由农村社会保险司负责。1999 年《国务院批转整顿保险业工作小组〈保险业整顿与改革方案〉的通知》提出："目前我国农村尚不具备普遍实行社会保险的条件。对民政系统原来开展的农村社会养老保险要进行清理整顿，停止接受新业务。区别情况，妥善处理，有条件的可以逐步将其过渡为商业保险。"2001 年原劳动保障部在摸底调查后得出结论：目前在全国普遍推行农村社会养老保险尚不具备具体条件，但在农村富裕地区尤其是城市郊区逐步建立农村社会养老保险制度是具备条件的。1998 年全

国有 2123 个县、65% 的乡镇开展农村社会养老保险，参加人数达到 8025
万人，全年收取保费 31.4 亿元，累计积累保险基金 116.2 亿元。①

四是创新发展阶段。党的十六大明确提出："在有条件的地方探索
建立农村社会养老保险制度"，指明了农村社会养老保险前进的方向。
2003 年原劳动保障部发布《关于认真做好当前农村养老保险工作的通
知》，要求高度重视农民的养老保障，积极稳妥地推动农村养老保险工
作。以此为界，此前的农村社会养老保险称为传统型农村社会养老保险
或"老农保"，此后探索的各种形式的农村社会养老保险称为新型农村
社会养老保险或"新农保"，其中又可细分为"地方新农保"和"国家
新农保"，前者由地方政府在 2003 年后陆续出台；后者则执行国务院
2009 年的规定。

2009 年国务院决定当年在全国 10% 的县市区开展新型农村社会养老
保险试点。新农保的基本原则是"保基本、广覆盖、有弹性、可持续"。
采取社会统筹与个人账户相结合的基本模式和个人缴费、集体补助、政府
补贴相结合的筹资方式。新农保与老农保的区别主要体现为，一是筹资结
构由过去主要依靠农民自己缴费、自我储蓄转变为个人缴费、集体补助和
政府补贴相结合；二是在支付结构上，除了个人账户养老金，增加了由国
家财政全部保证支付的基础养老金。至此，推行新农保上升为国家层面的
行动。②

2019 年，包括农民在内的中国基本养老保险已覆盖超过 9.5 亿人。

三　完善社会救助体系和社会福利事业

一是五保户供养。这项制度起始于 20 世纪 50 年代，并在 1994 年由
国家通过政府法规形式规定。农村五保供养制度是一项有中国特色的乡村
社会救助制度。2006 年，随着新修订的《农村五保供养工作条例》的出
台，五保供养实现了从社区救助到国家救助的转变。在中国农村社会救助
制度中，五保供养被认为是唯一具有相对连续性的农村社会救助项目。五

---

① 张建伟：《中国农村社会养老保险制度：转型与发展》，《中央财经大学学报》2010 年第
5 期。

② 张建伟：《中国农村社会养老保险制度：转型与发展》，《中央财经大学学报》2010 年第
5 期。

保供养制度由于其救助对象（"三无"人员，主要是鳏寡孤独残疾人员，是整个社会中最为弱势的群体）的特殊性和救助内容（包括保吃、保吃、保穿、保住、保医、保葬、保教等）的全面性，通常被认为是中国社会救助领域的一项创新和特色。①

二是医疗救助。医疗救助既是多层次医疗保障体系的有机组成部分，又是社会救助体系的重要部分。医疗救助是政府通过提供资金、政策和技术上支持，或社会通过各种慈善行为，对因患病而无经济能力治疗的贫困人群实施专项帮助和经济支持的一种医疗保障制度。中国医疗救助是将贫困状态和一部分生活处于低收入的社会弱势人群纳入医疗保障体系中，通过实施社会医疗救助制度，防止这部分群体因病致贫、因病返贫。

目前，中国农村医疗保障的主体制度是新型农村合作医疗制度。但是，新型农村合作医疗对贫困人口的保障力度不够，农村贫困人口（如五保户）没有能力支付参与合作医疗的费用，即使由政府补助参与了新型合作医疗，也无力承担应自付的费用。医疗救助是针对特殊群体—贫困人口的医疗保障制度，实施并完善农村医疗救助制度无疑已经成为中国社会保障制度改革的一项重要内容。目前，从全国整体来看，中国已经初步形成了比较系统的农村医疗救助制度框架。主要包括：救助申报制度、民主评议制度、入户调查制度、基金管理制度、对象核查制度、张榜公示制度等。不仅实现了救助对象的动态管理，保证了救助工作的公开、公平、公正。并且全面规范了申请、公示、审批、发放救助金等工作程序。为及时掌握各地工作进展，进一步推动工作，它还通过民政部网站等媒体，定期向社会发布各地农村医疗进展情况，民政部还建立了农村医疗救助信息统计通报制度，设计了农村医疗救助统计台账，接受社会各界监督。

三是灾民救助。中国是一个自然灾害频发的国家。为最大程度地维护灾区社会稳定和减少人民群众的生命和财产损失，根据《国家突发公共事件总体应急预案》《中华人民共和国减灾规划（1998—2010 年）》，

---

① 肖林生：《农村五保供养制度变迁研究：制度嵌入性的视角》，《东南学术》2009 年第 3 期。

2006 年 1 月，制定了《国家自然灾害救助应急预案》，明显提高了灾害风险管理和应急救援水平。[①]

【本章思考题】

    1. 简述农村教育的含义和特征。

    2. 简述中国农村教育的发展历程。

    3. 简述中国农村教育面临的问题。

    4. 简述中国农村医疗卫生的发展历程。

    5. 简述中国农村人口健康问题。

    6. 简述中国农村医疗卫生服务体系现状。

    7. 简述中国农村社会保障基本内容。

【案例】

青岛农村社会保障扶贫[②]

    来自青岛市社会保险事业局的最新统计显示，截至目前，全市 5.08 万建档立卡农村贫困人口实现社会保险全面覆盖，41094 人参加了居民养老保险，60 周岁及以上人员参保率达 100%；50577 人参加了居民医疗保险，参保率达 100%。财政资金帮扶农村贫困人口参保缴费补贴累计 8154 万元，为农村贫困人口支付各类医疗保险待遇 1.12 亿元，发放养老金 3158.9 万元。

    为贯彻落实国家、省、市扶贫开发工作部署，去年，青岛市人社部门会同扶贫、财政、民政部门联合出台了《关于落实青岛市社会保障扶贫工作有关问题的通知》，将"建立就业与社会保障精准识别卡"的建档立卡农村贫困人口列入社保扶贫工作对象，真正让贫困人口老有所养、病有所医。

    据了解，青岛贫困人口中有很大一部分是因为丧失劳动能力或罹患大病、慢性病。据统计，2016 年青岛市建档立卡贫困人口中 2.38 万人享受基本医保统筹待遇 9775.9 万元；890 人享受大病医疗保险待遇 971.6 万

---

    ① 李华：《完善我国农村医疗救助制度的思考》，《人口学刊》2009 年第 1 期。

    ② 资料来源：《青岛日报》2017 年 2 月 3 日。

元；为 4483 名贫困人口支付统筹范围外补充医保待遇 486.3 万元，其中享受补充医保特药特材保障 125 人，支付待遇 163.4 万元；享受补充医保大额保障 4436 人，支付待遇 322.8 万元。

养老保险方面，由政府兜底补贴农村贫困人口参加养老保险，按照每人每年 100 元标准兜底补贴，个人还可按照缴费档次高低享受每人每年 30 元、60 元、100 元不等的政府代缴补贴。据统计，去年青岛共为建档立卡农村贫困人口发放养老金 3158.9 万元。

第十一章　农村的发展

　　农村的发展是农村社会向更现代、更积极的方向变迁的综合过程。本章将在概述乡村振兴的背景后，重点从农业现代化、农村工业化、农村城市化三个方面进行分析，这三个方面是互相联系、互相影响的。农业现代化的主要表现是农业劳动生产力的提升，它是指由原先生产技术、工具比较落后的传统农业转变成生产技术和工具先进的现代农业的过程。农村工业化的主要表现是乡村第二、三产业的生产总值占比以及非农业劳动力占比日渐加重，并呈现持续攀升的趋势，它是第二、三产业在乡村持续发展，第二、三产业生产以及就业占比持续增长的过程。农村城市化主要体现于乡村城镇人口比例不断提高，它是农村在工业化的进程中，由于农村经济与社会构造发生了翻天覆地的改变，劳动力持续性地从农业向非农业产业转移，人口及其经济活动也持续性地由乡村向城市集中的过程。农业现代化、农村工业化和农村城市化是农村经济发展的结果，反过来看，这些过程也影响着农村经济社会结构的变化。[①]

第一节　乡村振兴

一　国外的乡村建设实践

（一）英国的乡村发展

　　18、19 世纪的英国是欧洲先进的农业生产国，但是随着工业化进程以及重工轻农的政策倾向，农业发展出现了明显的滞后，第二次世界大战期间英国作为岛国遭遇了粮食和日常生活用品短缺的问题。

---

　　① 参见吴镕、唐传阳《农村城镇化与农村现代化》，《江苏政协》2003 年第 11 期。

第二次世界大战以后英国调整了城乡发展政策，加强了对农村社会的扶持，积极促进农村经济增长，促进城乡融合。第二次世界大战以后至20世纪70年代，英国的农业发展集中于农业生产方面，依靠农业补贴实现粮食的增长，通过一系列政策促进了农民收入和生活水平的稳步提高。20世纪70年代后，英国农村发展的重点主要集中于大自然景观地区的保护，通过对大自然景观地区的保护，在满足人们休闲娱乐活动需求的同时又注重保护乡村的自然风貌。20世纪80年代以后，英国的农村发展政策是全面提升农业和林业的竞争力，促进乡镇企业的发展，通过一系列扶持政策维护农民的利益，促进农业的发展，同时注重农村基础设施和公共服务的发展。[①]

（二）德国的乡村发展

第二次世界大战以后，联邦德国在经济快速发展的过程中面临着城乡之间、各联邦各州之间以及东西部之间发展不平衡的问题。战后德国的农村经历了不同的发展阶段，从日趋衰落的传统村庄到逆城市化后重新获得吸引力的现代化居住区，这些过程虽然大大改善了农村的基础设施和整体环境，但是也破坏了农村地区原有的形态和优美的自然风貌。

自20世纪70年代以后，德国制定了乡村发展和更新规划，并实施"我们的乡村应更美丽"的行动计划。这一计划着重于发展乡村旅游、开发农村房地产、提高农产品的质量和丰富农产品的种类。传统乡村逐渐实现了现代化和生态化的转变。在德国的乡村发展中，十分重视开发新的能源、推动高科技农业、建设生态公园等。[②]

（三）美国的乡村改进

18世纪末，美国开始推进工业革命，并且开始计划乡村改进。1909年，美国成立了乡村生活改进委员会，负责乡村改进的各项工作。美国的乡村改进运动是从乡村教育运动开始的。乡村教育运动定位于对农民进行公民教育。通过设立乡村图书馆、组织青年团体、设立专门的农业发展机构等改善乡村环境。另外，美国非常重视乡村的功能划分，进行整体布局

---

① 于立：《英国乡村发展政策的演变及对中国新型城镇化的启示》，《武汉大学学报》（人文科学版）2016年第2期。

② 孟广文：《二战以来联邦德国乡村地区的发展与演变》，《地理学报》2012第12期。

规划，大力推进乡村的道路、给水、排水、电力和通信等一系列基础设施的建设。乡村基础设施建设由政府和开发商共同出资。整个乡村改进运动取得了良好的效果。

（四）韩国的新村运动

自第二次世界大战以后，韩国的工业化和城市化快速推进，在此过程中工农业之间的差距越来越大，给韩国经济社会的持续发展带来了严重的障碍。在此背景下，韩国政府于 1970 年正式开始组织实施"新农村建设与发展运动"，简称"新村运动"。

韩国的新村运动注重农村区域综合开发，政府投入资金与政策支持的同时发挥农民自治作用，通过项目开发的方式带动乡村发展。在内容上，韩国的新村运动主要包括三个方面：一是注重农村基础设施和环境的保护与建设；二是提高农民收入，注重经济发展；三是加强伦理教育，注重农民的精神启蒙，培育农民的"勤勉、自助、合作"精神，鼓励农民积极主动地投入家乡的建设活动。在韩国的新农村运动中，政府发挥了主导作用，其范围包括了全国范围的农村，通过综合性的国家政策予以支持，全方位地推动农村的综合改善与发展，同时还注重保留村庄自己的特色。韩国的新村运动对于城乡经济的协调发展和居民收入的增长发挥了积极的作用，取得了显著成就。[1]

（五）日本的造村运动

第二次世界大战后日本非常重视城市建设，城市发展迅速。同时，非农业的就业人口快速增长，导致大量农村人口流向城市，农村生产力进一步下降，农村社会面临新的危机。于是，从 20 世纪 70 年代末开始实施"造村运动"。

日本的造村运动也被称为"造町运动"。这一运动以提高农业的现代化水平为切入点，大力推动农村经济发展，进而带动农村的全面进步。以促进农业发展作为乡村振兴的重点，通过各种农业支持手段促进农村的健康发展，增加农民收入。通过一系列配套法律，加大对山区农民粮食生产的财政补贴，并支持农村个性化的发展。1979 年开始推行"一村一品"

---

① 邱春林：《国外乡村振兴经验及其对中国乡村振兴战略实施的启示——以亚洲的韩国、日本为例》，《天津行政学院学报》2019 年第 1 期。

运动，扶持和打造农村、渔村和山村的自然特色景观，取得了很好的效果。

二　中国的乡村振兴战略

（一）乡村振兴战略提出的背景

乡村振兴战略是习近平同志 2017 年 10 月 18 日在党的十九大报告中提出的战略。十九大报告指出，农业、农村和农民问题是关系国计民生的根本性问题，必须始终把解决好"三农"问题作为全党工作的重中之重，实施乡村振兴战略。2018 年 1 月 2 日，国务院公布了 2018 年"中央一号"文件，即《中共中央国务院关于实施乡村振兴战略的意见》。2018 年 3 月 5 日，国务院总理李克强在《政府工作报告》中讲道，大力实施乡村振兴战略。2018 年 5 月 31 日，中共中央政治局召开会议，审议《国家乡村振兴战略规划（2018—2022 年)》。2018 年 9 月，中共中央国务院印发了《乡村振兴战略规划（2018—2022 年)》，并发出通知，要求各地区各部门结合实际认真贯彻落实。

乡村振兴战略的提出是我国农村发展的一个重要里程碑。自中华人民共和国成立以来至 20 世纪 80 年代，我国的经济发展在向工业倾斜的政策下以及与计划经济相适应的单位制管理体系之下，产生了巨大的城乡差距，最终导致了城乡二元社会结构的存在。至 20 世纪 80 年代，伴随着户籍管理制度的松动，大量农村青壮年劳动力离开农村进入城市，三农问题逐渐显性化，农业、农民和农村的发展面临巨大的挑战。乡村振兴战略的提出，既是对这一挑战做出的应对，更是我国社会发展进入新时期的总要求。乡村的发展，是国家发展的基础。农业、农村和农民的问题将会直接影响整个社会的现代化进程。乡村振兴战略的实施，将有力地推动我国城乡融合和城乡一体化的进程，这是新时期我国均衡发展思路的一个重要组成部分。

（二）实施乡村振兴战略的目标

按照《国家乡村振兴战略规划（2018—2022 年)》，乡村振兴战略的实施，"坚持农业农村优先发展，按照产业兴旺、生态宜居、乡风文明、治理有效、生活富裕的总要求，建立健全城乡融合发展体制机制和政策体系，统筹推进农村经济建设、政治建设、文化建设、社会建设、生态文明建设和党的建设，加快推进乡村治理体系和治理能力现代化，加快推进农业农村现代化，走中国特色社会主义乡村振兴道路，让农业成为有奔头的产业，让农民成为有吸引力的职业，让农村成为安居乐业的美丽家园"①。

可以看得出来，乡村振兴战略包含了农村经济发展、生态环境、政治建设、文化环境和社会建设等各个方面，其目标是综合性的。

（三）实施乡村振兴的步骤

按照党的十九大提出的决胜全面建成小康社会、分两个阶段实现第二个百年奋斗目标的战略安排，中央农村工作会议明确了实施乡村振兴战略的目标任务，实现乡村振兴战略的目标任务，大致分以下几个阶段：

到 2020 年，基本形成乡村振兴的制度框架和政策体系，各个地区各个部门出台和确立乡村振兴的基本思路。

到 2022 年，初步健全乡村振兴的制度框架和政策体系。

到 2035 年，乡村振兴取得决定性进展，基本实现农业农村现代化；农业结构得到根本性改善；基本实现城乡基本公共服务的均等化发展；农村治理体系更加完善；农村生态环境根本好转。

到 2050 年，乡村全面振兴，农业强、农村美、农民富全面实现。

（四）乡村振兴的内容

我国提出的乡村振兴战略目标是综合性的，按照乡村振兴战略中"产业兴旺、生态宜居、乡风文明、治理有效、生活富裕"的总要求，乡村振兴的内容包含了多个方面。结合当前我国农村社会的现实情况，乡村振兴的重点内容包括：

1. 农业的现代化发展

农业的现代化发展，需要提高农业的科技含量，加快农业的转型升级，推动农业结构调整，突出特色优势产业的发展，完善农业基本经营制度，提升农业装备和信息化水平，健全粮食生产的安全保障机制，强化耕地保护制度。

2. 加强农村生态环境的保护

加强农村生态环境的保护，要从健全生态系统保护制度，实施生态保

---

① 中共中央国务院印发：《乡村振兴战略规划（2018—2022 年）》，新华网，www.xinhuanet.com，2018 年 9 月 26 日。

护补偿机制，注重发挥自然资源的多重效益等方面入手，改造人居环境，建设生态宜居的乡村。

3. 加强农村文化和文明建设

加强农村的文化建设，要保护和弘扬优秀的传统文化，发展乡村特色文化产业、提供农村公共文化服务，丰富乡村文化生活，提升农村居民的思想道德素质，实践文明乡风。

4. 健全现代乡村治理体系

健全现代乡村治理体系，要加强农村基层党组织的建设、提高农村党员的素质，提高村民自治水平，使村民自治组织更好地发挥自我教育、自我管理和自我服务的作用，提升乡村法治和德治水平，优化农村管理体系。

5. 提高农村居民生活水平

提高农村居民生活水平，通过产业发展带动农村经济的整体发展，提高农村居民收入水平，注重改善农村民生，完善农村医疗和养老保障制度，提高农村教育、医疗等公共服务水平，使农村居民有更强的获得感，享有更高质量的生活。

第二节　农业现代化

一　农业现代化的内涵

现代化是一个综合的概念，不同学者对这一概念的界定有不同的侧重点。例如，有的经济学家将现代化描述为工业和服务业逐渐在社会中占据主导地位的过程；有的学者将现代化描述为一个从相对落后的农业社会向相对发达的工业社会的转变过程；有的学者将现代化描述为科学技术革命影响下，社会在政治的、经济的、社会的、思想的各方面所发生的综合变化。罗荣渠认为，广义的现代化指人类社会从工业革命以来所经历的一场急剧变革，这一变革以工业化为推动力，导致传统的农业社会向现代工业社会的全球性大转变。它使工业主义渗透到政治、文化、思想各个领域，引起深刻的相应变化。① 从综合的角度看，现代化过程包括工业化、城市

---

① 罗荣渠：《现代化新论》，北京大学出版社1993年版，第17页。

化、民主化、理性化、科学化、世俗化等等。

农业现代化主要具有以下几个基础特性：一是增强组织化程度来提升农民适应市场的能力；二是通过专业、商品化提升农业的经济效益；三是增强国家支持与保护力度来巩固农业基础；四是利用发展绿色生产来削弱农业生产对环境的不良影响；五是通过改善优化教育科学技术系统来提升农业科学技术能力。它并不是一个静止的过程，是动态发展的，这几大特性不但体现了发达国家已走过的农业现代化道路，同时也与农业现代化的未来发展趋势相符合。[①]

二　中国农业现代化

就中国社会而言，学者们认为，中国的农业现代化是在现有土地制度基础上，向更先进、科学化、信息化程度更高的高效率农业生产迈进的过程。学者毛飞、孔祥智认为，我国农业现代化要确保农民享有更充分和更有保障的土地承包经营权，现有土地承包关系要确保稳定并长久不变，在此基础上实现"两个转变"，即家庭经营要向应用先进科技和生产方式方向转变，集约化经营向发展农户联合与合作转变，向多元化的、多层次的、多形式的经营体系方向转变，用现代技术条件装备农业，借助现代先进的科技对农业进行改造，应用现代管理方式促进农业发展，实践现代发展理念引领农业，建立现代产业机制对农业进行升级，培育新型农民来发展农业，提高农业水利、机械化以及信息化水平，提高土地的生产效率、资源的利用率以及农业的劳动生产率，提升农业发展的素质、效益以及竞争力。[②]

（一）培育现代农业组织

发达国家的经验表明，现代农业组织的发展对于农业现代化的实现具有重要意义。各种性质的现代农业组织不仅可以更好地保障农民的财产权利，还可以围绕市场信息、生产技术和产品销售方面服务于农业生产，为农户提供产前、产中和产后的专业服务，提高农业生产的专业化，加强农产品与市场的衔接。虽然全球合作的发展也遭遇过各种困难

---

① 参见陈锡文等《中国农村改革 30 年回顾与展望》，人民出版社 2008 年版，第 531 页。

② 毛飞、孔祥智：《中国农业现代化总体态势和未来取向》，《改革》2012 年第 10 期。

和障碍，导致农业组织内部模式也在持续演变，但是总体而言，现代农业组织发展势头仍然迅猛，必然在农业现代化过程中扮演更加重要的角色。

随着时代的进步，中国农业的市场化水平也在不断提升，发展农民专业合作社的必要性日益突显。中国从 20 世纪 80 年代初开始探索发展农业专业协会，目前农业专业协会的发展势头十分迅猛。2007 年《中华人民共和国农民专业合作社法》颁布实施，农业合作社迅速发展成为中国农民发展现代农业的重要载体。2017 年 7 月底，全国在工商部门登记的农民专业合作社已经达到 193 万多家，入社农户超过 1 亿多户，约占全国农户总数的 46.8%，参加合作社农户的收入比非成员农户高出 20% 以上。①农业合作社在完善农村经济制度、推动现代农业发展过程中发挥了非常重要的作用。目前农民专业合作社的发展主要集中在两个领域：种植行业与养殖行业。同时，农民专业合作社在林业、植物保护、沼气、灌溉用水管理和护理、农民书画、休闲旅游农业等各种乡村产业中都取得了一定程度的发展，正逐渐发展成为现代农业产业体系建设的重要力量。合作社的发展极大提高了农产品生产的标准化，也提升了农产品质量安全水平。经过近几年的发展，全国已经有 4 万多家的农民专业合作社实施了农产品生产质量的安全标准，另外有 3.1 万多家农民专业合作社通过了农产品的质量认证，还有 4.6 万家农民专业合作社拥有注册商标，1.5 万家农民专业合作社同超市或流通企业直接建立起产销关系。

快速发展的农业产业化组织也成为推动现代农业建设的重要力量。目前，全国有 28 万个各种类型的农业产业化运营机构，辐射带动了 1.1 亿农户。农民年平均收入增加了 2400 多元。各种类型的产业组织辐射带动的种植业生产基地、带动的畜禽饲养量、带动的养殖水面在全国的占比分别超过 60%、70% 和 80% 以上，已经成为农业生产的重要力量。目前，占总数 98% 以上的农业产业化组织主要是通过合同、合作和股份合作三种利益联系模式来带动农户，发展形成了"企业＋合作社＋农户""企

---

① 乔金亮：《全国依法登记的农民专业合作社达 204.4 万家》，《东方城乡报》2018 年 5 月 8 日第 5 版。

业 + 生产基地 + 农户"等几种主要生产经营模式。[①] 合作社在自身不断发展壮大的过程中，开辟出"农超对接""农企对接""农校对接""农社对接"等多种不同供销形式。

(二) 推动农业的水利化、机械化与信息化发展

推动农业的水利化、机械化与信息化发展是现代农业发展的需要。

水利是农业生产的基本保障，水利建设是农业生产最重要的基础设施建设之一。改革开放以来，中国农田水利建设水平不断提高。农业的有效灌溉面积从 1978 年的 4497 万公顷增长到 2011 年的 6168 万公顷，增长了近 37%。从 1985 年到 2011 年，农业灌区数从 5281 处增加到 5824 处，增加了 543 处。从 1998 年到 2011 年，农业节水灌溉面积从 1524 万公顷增长至 2918 万公顷，增加了近一倍。此外，在水土综合治理水平方面也有明显的提高，除涝面积由 1982 年的 1809 万公顷增长到 2172 万公顷，水土流失治理面积由 1982 年的 4100 万公顷增加到 10966 万公顷。农村地区的水利基础设施数量也在持续增长。2011 年，中国农村地区的水库已有88605 座，与 1983 年相比，增加了 2038 座。

农业机械化水平是现代农业的标志之一。机械化可以大大提高农业生产效率，解放农业劳动力。改革开放以来，中国的农业机械化水平有了很大提升。农业机械总动力逐年攀升，特别是 20 世纪 90 年代以来增速加快，1978 年仅有 11750 万千瓦，到 2010 年增加到 92410 万千瓦。1978 年农用大中型拖拉机仅有 56 万台，2010 年增加到 392 万台；1978 年农用小型拖拉机仅有 137 万台，到 2010 年增加到 1786 万台。当然，由于我国农村各个区域在地形、地貌上的多样化，机械化水平很不平衡。平原地区方便使用机械耕作，这些地区在播种、施肥、灌溉和收割中都越来越多地使用了机械。相反，山区却难以有效使用机械，这些地区的农业生产依然普遍依靠人力、畜力。

便利的信息技术是农业生产与市场对接的重要技术环节。农业生产的信息化，有助于为农业生产提供更多的技术支持，也有助于农产品的销售。据统计，全国已经有近 97% 的地市及 80% 的县级农业部门实施了信息化管理，目前农村信息员已达 18 万人；全国陆续出现了一批服务于农

---

① 参见毛飞、孔祥智《中国农业现代化总体态势和未来取向》，《改革》2012 年第 10 期。

业、农村的专业网，比如"科技教育信息网""种植业信息网"等，形成了以中国农业信息网为核心并且集 20 多个专业网为一体的国家农业门户网站；全国已经建立了 8000 多个信息采集点，特别在畜牧业、农业等方面搭建了 30 多个搜集信息的途径，并建立了乡村供应需求信息全国广播体系。一些农村地区还依托网络形成了规模颇大的电商群体，促进了农村经济的发展。

中国农业生产的信息化、机械化和水利化等在很大程度上提升了农业土地的生产效率。1978 年，中国农业土地的生产效率仅为 74.45，而到了 2010 年，已经增长到 403.99，短短三十来年的时间，翻了好几番。[①]

（三）提高农村劳动力的知识化与科技化水平

由于中国全面实行九年义务教育以及实行各种农业技术培训方面的计划，乡村劳动力的文化水平有了很大提高。1990 年，文盲或识字非常少的人口占总人数的 20.73%；到 2009 年，已经减少到 5.94%；高中、中专、大专及以上文化水平的占比由 1990 年的 7.57% 也提升至 2009 年的 16.71%。除此之外，由于国家农业技术推广系统的建立和不断优化，再加上行业龙头公司与合作社对成员开展的农业种植、养殖技术方面的培训，使得中国农业从业者不管是在平均文化水平上还是在技术水平上，都有了很大程度的提高。

改革开放以来，中国农业科技发展速度显著加快，科技进步对农业增长的贡献率已从 20 世纪 80 年代的 20% 左右提高到 2011 年的 54%。2000 年以来，全国各省（区、市）农业类科技成果 4.5 万多项，2001 年占地方科技成果的比例为 12.95%，2011 年增长到 16.87%。目前，中国农业科技整体水平已经位居发展中国家前列，其中一些重大科技成果达到国际先进水平。根据科学与技术部门的相关数据统计显示，由于超级水稻、转基因抗虫棉、杂交玉米与油菜等多项重大突破性科技成果的成功开发以及推广使用，2011 年中国主要农作物优良品种的覆盖率已经超过 95%，在粮食作物产量增长方面，优良品种的贡献率达到 40% 以上，粮食的整体产量达到了 5500 亿公斤。畜禽品种的改良以及大规模的养殖，重大动物疾病的预防和控制、名特优新水产品养殖技术的开发，为中国畜牧业、水

---

① 参见毛飞、孔祥智《中国农业现代化总体态势和未来取向》，《改革》2012 年第 10 期。

产养殖业的科学技术发展做出的贡献率超过50％，肉、禽蛋以及水产品的整体产量在全球的排名，已名列第一。[1]

（四）加强农业支持保护

1. 建立政策和法律支撑体系

良好的政策是支持农业发展的保障，制定农业发展支撑政策是国家推动农业现代化的重要举措。20世纪80年代以来，我国连续推出了一系列支持农业发展的政策。从1982年到1986年，"中央一号"文件连续5年针对农业、农村和农民，对农村改革和农业发展做出重要部署。2003年，针对农业现代化过程中出现的一些新问题，党的十六届三中全会通过《中共中央关于完善社会主义市场经济体制若干问题的决定》。2004年到2012年，"中央一号"文件连续9年以"三农"为主题，分别从农民增收、农业综合生产能力提高、现代农业发展和新农村建设、农业基础建设、统筹城乡发展及农业农村发展、水利改革发展、农业科技创新等方面为中国的农业现代化提供政策支撑。

从立法的高度为农业发展提供支持，也是推动农业现代化的关键。自1979年到1984年，全国人大及其常务委员会通过了34部法律。截至2010年，通过的法律达到239部，法律解释14项以及关于法律问题的决定74项。[2]这一系列法律法规的出台，为中国农业现代化的迅速发展提供了有力的保障。通过十多年的发展，中国"富农、惠民、强农"的农业现代化政策以及法律系统的基础架构已初具雏形。

2. 完善财政金融支撑体系

财政金融支撑体系的形成对于推动农业现代化，解决"三农"问题具有非常重要的作用。

近年来，中央和地方陆续出台了一系列支农惠农政策，国家财政的各项支农投入均有较大幅度增加。2001年，国家用于支持农业发展的财政支出为1456.7亿元，到2011年，已提高到10408.6亿元，短短十一年的时间，已增长了7倍有余，年均增长率为21.9％。[3]基于农业财政支持资

---

① 参见毛飞、孔祥智《中国农业现代化总体态势和未来取向》，《改革》2012年第10期。

② 参见毛飞、孔祥智《中国农业现代化总体态势和未来取向》，《改革》2012年第10期。

③ 参见毛飞、孔祥智《中国农业现代化总体态势和未来取向》，《改革》2012年第10期。

金总量逐年增长，资本结构也在日益完善，资金投入的针对性有所提升。这在很大程度上推动了农业生产构造的调整、乡村社会事业的发展，乡村基础设施的健全、农民收益的增长，为中国加快现代化发展提供了资本支撑。

3. 建立市场流通和农村科技服务体系

现代农业的一大特征就是发达的市场农业。农业的现代化体现为农业的市场化和农产品的商品化。农业要实现现代化，必须要推进农产品的市场化。

改革开放以来，伴随着市场经济体制的建立，农村经济的市场化程度日益提高，逐渐形成以多种流通渠道、多种经营方式并存的农产品流通体制。2009 年，根据相关部门统计，全国有城乡集贸市场 6 万多个，经营品种千余种；全国有农产品批发市场 4000 多个，其中交易额过亿元的有 1884 家，占总数量的比例达到 70%，交易总额近 1.5 万亿元。全国城市农贸中心联合会开展的调查显示，中国农产品经由批发市场进行流通的比例高达 70% 以上，在某些大、中城市中甚至高达 80% 以上。[①] 目前，以集贸市场为基础，以连锁超市与电商为先导，以批发市场为中心，中国已经初步建成了现代农产品市场流通机制。

现代农业发展与现代乡村科学与技术服务体制机制密不可分。目前，中国乡村科技方面的服务基本上由农业技术推广体系提供，同时，涉农公司、农民经济组织等机构发挥补充作用，为农民的生产生活提供服务。在农技推广系统方面，我国自 20 世纪 80 年代以来逐步建立起了一套农技推广体系，这套体系自上而下以中央、省、市、县、乡五级农技推广机构为主体，以其他涉农行政部门为补充。2003 年以来，针对农技推广工作出现的问题，中央提出要"继续推进农业科技推广体系改革，逐步建立起分别承担经营性服务和公益性职能的农业技术推广体系"。2003 年，国家农技推广体系改革试点全面展开，改革内容涉及机构性质、管理体制、机构设置、投入保障、队伍建设以及扶持多元化服务主体等，并提出了逐步建立分别承担公益性职责和经营性服务的农业技术推广体系。此后，农业相关公司和农民合作经济组织等在乡村科技服务上的作用越来越突出，为

---

① 参见毛飞、孔祥智《中国农业现代化总体态势和未来取向》，《改革》2012 年第 10 期。

农业技术的推广发展带来了新的动力，中国农村科技服务呈现出"一主多元"的发展形势。[①]

第三节　农村的工业化

一　农村工业化的内涵

工业化是指工业在国民生产总值中所占比例逐步提高以及劳动力在工业中的就业人数逐渐增加的过程。衡量农村工业化的核心指标有两项：一是农村工业产值占农村工农业生产总值的比重；二是从事第二、三产业的农村劳动力占农村总劳动力的比重。这两项指标均达到60%以上时，一般即认为基本实现了农村工业化。辅助指标有三项：一是农民的物质文化生活水准，通常有农村人均收入、城乡人均收入比值等；二是农村城镇化水平，通常有农村社会总产值中非农产值比重、农民非农化比重等；三是农业专业化以及市场化水平，通常有机械化装备、信息化管理、专业化生产等。[②]

工业化是现代化综合过程中的一个方面，现代化本身包含了工业化程度的不断提高。农村的工业化与农村的现代化也具有密切的关系。农村工业化包含了多个方面：一是建立和发展农村工业；二是借助工业生产方式及工业产品对传统农业和农村经济结构进行改造；三是现代工业文明对农村社会的生活方式、社会规范、价值观念、政治、教育和医疗卫生等所有领域的综合影响和渗透；四是通过发展农村工业，促进农业、农村参与和融入区域贸易和城乡一体化；五是调整国民经济结构提高农村经济发展的速度与水平。可以说，产业结构向工业的转变、生产模式从小农生产到现代公司生产模式的转变、产业结构的优化、社会结构向更现代的特质转变……都是农村现代化过程中不可分割的组成部分。

二　中国农村工业化的发展模式

中国农村工业化的发展有着显著的区域差距，东部沿海地区农村工业

---

① 参见毛飞、孔祥智《中国农业现代化总体态势和未来取向》，《改革》2012年第10期。

② 申茂向：《中国农村工业化与现代化》，《中国科技论坛》2007年第9期。

化起步较早，发展较为成熟，形成了一些比较典型的区域经济发展模式，例如著名的"苏南模式""温州模式"与"珠三角模式"；中西部地区农村工业化则起步较晚，没有形成较为成熟的发展模式，但中西部地区地域广阔、人口众多，这一地区的农村工业化对于中国工业化的整体推进和实现建设全面小康社会的奋斗目标具有举足轻重的地位和作用。

（一）东部地区的农村工业化模式

1."苏南模式"

"苏南模式"是指江苏省的苏州、无锡、常州等区域的农村地区通过发展乡镇企业实现工业化的方式。苏南农村位于长江下游，紧邻中国最大的经济中心城市上海以及无锡、常州、苏州等发达的大、中型工业城市，临江濒海的区位优势使这一区域不管是水上交通还是陆路交通都十分方便。距市场中心较近，运输成本较低，可以在很大范围内选择产业和产品。这些为苏南农村地区发展非农产业特别是乡镇工业提供了良好的条件。"苏南模式"依靠集体经济，发展乡镇企业，实现了农村工业化，形成了农业与工业相辅相成即农工相辅的局面。另外也推动了农村人口的就地转移，形成了大量兼业人口，推动了小城镇的发展。

2."温州模式"

"温州模式"的主要特征是在生产领域发展家庭工业，在流通领域开辟专业市场，形成"小商品大市场"格局。温州农村地处沿海，同样是人口密集、人多地少的地区，单靠农业不能养活当地人口，存在大量农村剩余劳动力。这一区域特征推动着农民们积极地向非农产业寻找出路。这里的农村居民有着悠久的经商传统，早年就有大批农村居民到外地打零工、卖手艺，从事木工、弹棉花、修鞋、裁缝等工作，他们将挣得的钱寄回家乡积累起来作为启动资金，用于发展家庭工厂。这些家庭工厂大多从投资少、成本低、技术简单、起步快的小商品开始。家庭工厂生产的产品又通过广大的运销网络出售，销往全国乃至世界各地。"温州模式"的突出特征就是建立在家庭工厂和小商品销售网络基础上的个体和私营经济。

3."珠三角模式"

"珠三角模式"是指珠江三角洲地区依靠发展"三来一补""两头在外"的外向型企业而形成的区域经济发展模式。三来一补是指"来料加工""来件装配""来样加工"和"补偿贸易"。珠江三角洲地区具有交通便利、毗邻港澳的区位优势，且华侨、港澳同胞众多，因而可以依托华侨、港澳同胞资金和创业经验，也可以便捷地获得港澳的信息、技术、人才和设备等方面的支持。伴随着 20 世纪 80 年代我国改革开放的各种优惠政策的实施，加上香港在国际市场中的优势影响，珠江三角洲与香港很快形成了密切相连的"前店后厂"的形势。"珠三角模式"的典型特征就是发展外向型经济。

（二）中西部地区的农村工业化模式

中西部农村地区自身的禀赋和区位条件与东部地区相比有很大的差距。就中西部农村而言，由于其地域广阔，经济社会发展的条件也相当复杂。总体上看，可以将中西部农村地区划分为两大类型：一类是资源丰富区域，这类地区的地上地下有着各种丰富的自然资源，资源的开发极大地促进了地方经济的发展，所以这些地区在中西部农村中是比较富裕的。随着全球经济规模的不断扩大，世界经济面临的资源压力也与日俱增，自然资源价格的不断提升不可避免，这将给这类地区的发展带来更多机会。虽然这类地区也会面临资源枯竭的一天，但是自然资源带来的丰厚回报使其工业化发展拥有较好的资本基础。还有一类是资源匮乏区域，最主要的特征就是除了土地以外基本没有其他可以利用的经济资源。

中西部农村地区除了少部分属于资源丰富区域外，多数地区属于资源匮乏的欠发达农业区，而这部分欠发达农业区在发展工业时面临的初始条件通常是：（1）农业耕作历史久远，农业至今仍是区域内主要的经济生产方式，其他非农产业十分稀缺薄弱；（2）地理位置偏远，远离工业中心城市，较难受到工业中心城市的辐射影响；（3）资源匮乏，除了土地和农产品以外，缺少可供民间开采开发的矿产和渔牧资源，资本积累的基础十分薄弱；（4）人们的思想意识比较落后，小农意识仍占主导地位。虽然这一地区发展工业的基础十分薄弱，但就是在这样困难的条件下，欠发达农业区仍然顽强生长着一批农村工业，而且形成了一定的集群。欠发达地区在工业发展过程中也呈现出了一些空间特征：一是工业化是在交通相对闭塞和农业生产条件较差的地区率先开始的；二是农村企业在空间上呈现散乱、无规则的分散布局。①

---

① 宋伟：《农村工业化研究评述》，《河南大学学报》（社会科学版）2009 年第 6 期。

三　中国农村工业化的空间布局

（一）分散布局的空间特征

改革开放后，在日趋活跃的经济环境下，农村居民寻找致富之路的动力极大提升，但是又没有足够的资金和技术支持，而短缺经济条件下存在着较大的产品市场空间，另外户籍制度的制约也没有解除，这些因素使得中国农村工业化早期的发展呈现出分散化的发展模式。1992 年，根据当年对全国乡镇企业的统计，在全国开设的乡镇企业共有 2079 万家，其中 7% 的开设在建制镇，而 92% 的开设在各个农村。1998 年，中国依旧有 80% 的乡镇企业坐落在自然村，只有 19% 位于集镇或者建制镇。以上海为例，1990 年上海郊区乡镇企业分布在集镇或建制镇的比重为 31.95%，分布在各自然村落的比重为 68.05%，到 1997 年，这两个数字分别变为 21.13% 和 78.87%。[①] 2005 年，根据一项对河南省 192 个空间分布较为集中的乡村产业集群进行的调查，显示所有的 68262 家公司分别开设在 644 个乡镇的 3354 个自然村，通过大致的估算，开设在自然村的公司占比也超出 80%。[②]

（二）农村工业的空间集聚与农村城镇化

工业化与城镇化之间是相辅相成、共生共荣的关系。农村城镇化发展离不开农村工业化的有力支持，农村城镇化以工业化为基础；反过来，农村工业化的发展也依赖城镇的发展与繁荣。城镇化的推进有利于农村产业结构的调整，为农产品的加工提供便利和技术支持，有效推动农产品与市场的对接，从而为农村工业化的发展提供基本载体和生产要素。农村工业虽然在兴办初期具有一定的地域选择倾向，但随着市场的完善、竞争的加剧、企业规模的扩张、管理的正规化要求等，其对基础设施、外部环境、稳定的劳动力供给（包括对技术、管理人员的需求）等都会提出较高的要求，只有按照工业聚集发展的客观规律，在空间上相对集中，才能促进产业发展环境的改善。

---

①　邹兵：《交易成本理论：一个研究乡镇企业空间布局的新视角》，《城市规划汇编》2001 年第 4 期。

②　罗军：《传统平原农业区产业集群形成与演化机制研究》，博士学位论文，河南大学，2008 年。

但是，中国农村工业的空间集聚进展缓慢，与城镇化之间的互惠互利关系表现得并不显著。一方面，"离土不离乡"式的农村分散工业化本身聚集效应差，人口集中进程缓慢，对服务业的带动与依赖也都相应较弱，所以影响了城镇化的进程；另一方面，从传统看我国农村集镇主要行使乡级行政中心的功能，是靠上级行政单位画圈画点而不是靠市场竞争形成的，对区域经济发展功能方面的考虑有所欠缺。近年来城镇化建设虽然受到重视，但又出现了"重外在形象、轻产业发展的趋势"。集镇对农村工业的吸引力不大，自然在促进农村工业发展方面的作用也不大。

农村工业化与农村城市化在某种程度上脱节，一个重要原因是其不同的作用机制。农村工业化主要是市场机制作用的结果，农村企业家在企业选址时考虑的是对其成本收益的影响。而农村城镇化则不是市场导向的。小城镇建设主要靠政府投资，按照乡级行政中心的模式规划设计，在很大程度上有计划指导的影子。政府按照自己的意愿规划了工业区、开发区，并认为企业会搬过来，甚至强行要求企业集中，但如果在搬迁时对企业成本收益的影响方面考虑不周，效果必然不好。政府无法控制企业的市场行为，但是可以控制城镇建设的空间选址，在农村小城镇建设中可以更多考虑非农产业发展因素，在农村工业相对集中的地方就地建工业小区乃至小城镇，而不是在原来的行政中心建设，这样做一方面会降低企业空间集聚的迁移成本，为企业的发展提供最大程度的支持；另一方面城镇发展也会因为企业的存在而具备了产业基础，有了进一步发展的潜力，会极大地促进农村工业化与城镇化的互动。[1]

第四节　农村的城市化

一　农村城市化的内涵

城市化是由农村向城市转变的综合过程。具体来说，城市化包括人口向城市迁移、城市人口在总人口中的比重逐渐上升、城市数量增多、城市规模逐渐扩大以及居民的生活方式日益转变为城市生活方式等过程。

农村城市化是指农村逐渐向城市演化和发展的过程或者趋势。农村城

---

[1]　宋伟：《农村工业化研究评述》，《河南大学学报》（社会科学版）2009 年第 6 期。

市化具有丰富的内涵，它既是一个多层次、多角度和全方位的概念，也是一个动态发展的概念，不仅包括"量"的转变，还包括"质"的要求。一般而言，农村城市化是农业人口逐步向非农业人口转移、农村人口和非农产业向城镇地区聚集以及农村产业结构、农民生活方式、农业生产力水平等发生根本性变革的社会经济过程。随着农村产业构造的调整、农业的产业化以及农村经济的发展，生产力逐渐形成汇聚发展的趋势，农村社会不可避免地从封闭走向开放，从分散走向聚集，渐渐走向城市化。农村城市化具体表现在以下几方面：

1. 农业人口逐渐转变成非农业人口

从职业角度来看，传统意义的农业主要指养殖业和种植业，非农业则主要是指农副产品的加工业、商业、工业等。从这个角度来说，农业人口向非农业人口的转变就是指农村劳动力由从事养殖业、种植业向从事农产品加工业、工业和商业转变，即乡村劳动力由从事农业劳动转向务工、经商的过程。从三次产业划分的角度来说，就是农村劳动力由第一产业转向第二和第三产业的过程。

2. 农村人口和非农产业不断向农村城镇地区聚集

就地域空间分布属性而言，农村城市化也是农村人口和非农产业不断向农村城镇地区聚集的社会经济过程。这包括两层含义：一是农村人员从农村原来的居住地逐步迁移到城镇地区居住的过程，也就是农村人口从农村地区向城镇集聚的过程。二是非农产业，即农村工业逐渐集中并聚集在城镇地区。

3. 农村产业结构、农民生活方式和农业生产力水平等发生根本性变革

首先，农村城市化将会使农村产业结构发生根本性变革，表现为传统农业即农、林、牧、副、渔业在农村产业结构中的比重不断下降，而农村工业、商业和服务业等不断上升，伴随农业产业结构战略性调整和升级，农村产业结构从低级化向高级化方向发展。其次，农民生活方式发生根本性的改变。以前农村的生产方式相对传统，经济相对落后，因而农民的生活方式也比较单调，精神文化生活比较匮乏，过着日出而作、日落而息的生活。随着农村经济的发展，乡村产业结构的持续调整和优化，农民的生活方式发生重大改变，农民的精神、文化生活日益丰富，同时文明、科

学、健康的生活方式逐渐取代传统的生活方式，农民的文化素养、科技水平以及生活水平持续提升。最后，农业生产力水平持续提升。伴随农村城市化的推进，农业生产方式逐渐从粗放经营向集约经营转变，农业生产力不断提高。①

二　中国农村城市化的发展历程

1949 年以前，中国农村城市化经历了艰难的起步阶段。1843 年，中国的城镇人口有 2070 万人，人口城镇化率仅有 5.1%。经过 100 多年的缓慢发展，1949 年城镇人口增加到 5765 万人，人口城镇化率增加到 10.64%。在这一时期，虽然城市取得一定程度的发展，但是空间分布非常不均衡，城市规模大小以及结构非常不合理。

中华人民共和国成立以后，我国农村城市化的发展有了很大进步，同时也经历了一些波折。中国农村城市化的发展大致经历了以下几个阶段：

（一）恢复和初步发展阶段（1949—1956 年）

这一时期城市建设的主要任务是恢复国民经济，消除战争造成的创伤，使原有的城市尽快恢复生机和活力。1954 年，全国共设市 136 个，建制镇 5400 多个，城镇化水平为 10.6%。1955 年 6 月，国务院颁布《关于设置市、镇建制的决定》，对原有小城镇进行了调整，建制镇的数量骤降为 362 个。这一时期，对小城镇基本上采取的是发展与限制相结合的政策。建制镇的数目急剧减少，但是城镇化的水平有所提升。城市化的初步发展及其特点主要体现在几个方面：基于大规模工业建设，建立了很多新的工业城市；对原先存在的工业城市进行了相应的改造，促进其发展；城镇基本设施得到了前所未有的改善；城市空间规划渐渐从东部转向西部；城镇人口的增长方式主要是迁移增长，自然增长为补充。

（二）调整和曲折发展阶段（1957—1978 年）

这一时期中国的城市化进程又可以分为三个小的阶段：盲目冒进阶段（1957—1960 年），被迫调整阶段（1961—1965 年）以及停滞和缓慢发展阶段（1966—1978 年）。

1958 年开始，在"左"的思想指导下，中国城市化进入一个盲目冒

---

① 刘艺容：《农村城市化的内涵及其模式分析》，《湖南社会科学》2001 年第 6 期。

进的阶段。"大跃进"和人民公社化运动期间，在"大炼钢铁"中出现了很多小城镇，市市办工业、县县开工厂，农村劳动力爆发性地涌进城镇，城市、建制镇猛增，城镇人口膨胀，由 1957 年的 9949 万人上升到 1960 年的 13073 万人，三年净增 31.4%，加大了城镇的承载压力，造成了农业生产的严重损失。从 1961 年下半年起，国家开始实施"调整、巩固、充实、提高"的策略，为了缓解城市人口的压力，国家动员了 3000 多万城镇人口下乡，到 1965 年，中国城市人口比例下降到 14%。与此同时，还采取了一些应急方案，比如提升市镇的设立标准、废除一些市镇建制等，纠正了上一个阶段所犯的一些错误。1966 年"文化大革命"爆发，对小城镇的发展带来了灾难性的影响，国家撤消城建机构、停止城建工作，下放城镇干部和居民，致使城镇人口增长十分缓慢。1977 年至 1978 年，设市城市增加到 193 个，城镇人口增加到 17245 万人，人口城镇化率上升到 17.9%，但建制镇继续下降，仅有 2173 个。[①]

（三）恢复和快速发展阶段（1979 年至今）

1979 年以后，中国城市化进入了一个新的发展阶段，城市化速度大大加快。经过持续发展，逐渐形成了多层次的城镇体系。按照具体情况，这一阶段的城市化大体可分为三个时期：

1. 恢复发展阶段（1979—1984 年）

"文化大革命"结束后，拨乱反正，大量下放的城镇干部和知青从农村返回城市。通过开放城市、农村集市贸易，吸引了大量农民去城里开店、办厂。乡镇企业的兴起，为农村居民的就地转移提供了条件，有效推动了农村城市化的进程。1984 年，国务院批转了民政部《关于调整建制镇的报告》，降低了城镇建制标准，由此全国设市城市增加到 300 个，建制镇增加到 7186 个，城镇人口增加到 24017 万人，人口城镇化率提高到 23%，农村城市化进程大大加快。

2. 调整发展阶段（1984—1992 年）

在 1984 年国务院调低设镇标准后，国家又在 1986 年调整了设市标准，进一步推动了城市化发展。从 1984 年到 1992 年，全国设市城市由

① 陈映：《中国农村城镇化的发展历程及现状分析》，《西南民族大学学报》（人文社科版）2005 年第 6 期。

300 个增加到 517 个，建制镇由 7186 个增加到 14539 个，城镇人口由 24017 万人增至 32175 个，人口城镇化率上升到 27.46%。

3. 快速发展阶段（1992 年至今）

1992 年以后，国家大力发展第二、三产业，大量农业剩余劳动力向非农领域转移。1993 年，国家又进一步调整和完善了设市标准，推动了城镇化的新发展，城镇人口进一步增加，城镇化率进一步上升。1995 年，全国建制镇有 17532 个，城镇人口总数为 3.5174 亿人，人口城镇化率到达 29.04%。进入 21 世纪，中国的城镇化水平再次得到提升。到 2003 年，全国有 660 个设市城市，建制镇数量也达到了 20226 个，城镇人口总数为 52376 万人，人口城镇化率再一次提升，占比为 40.53%。

总体来看，改革开放至今，是中国城镇化稳定、迅速发展的时期。合理的城镇建设指导政策以及平稳的农业政策法规，推动了农村城市化健康平稳发展；同时，第二产业和第三产业的发展，为农村城市化的高速推进奠定了牢固的经济基础。改革开放以来，中国农村的城市化取得了巨大成就，城市化水平不断提高，城乡分离逐步被打破，城乡差距正在缩小。1978 年到 2003 年，中国的城市由 193 个增加到 660 个，建制镇从 2173 个增加到 20226 个，城镇人口从 17245 万人增加到 52376 万人，人口城市化率从 17.92% 上升到 40.53%。[①] 2018 年，我国常住人口城镇化率达到 59.58%，比 1949 年末提高 48.94 个百分点，年均提高 0.71 个百分点。[②]

三　我国农村城市化的几种模式

农村城市化过程是城市人口比重相对于农村人口比重不断上升的过程。可以根据是否通过人口迁移实现，将农村城市化的模式分为两种：迁移型性城市化和非迁移型城市化。

（一）迁移型城市化

1. 自发迁移型城市化

自发迁移型城市化是指因为市场力量的吸引，使得农民从农村迁移到

---

① 陈映：《中国农村城镇化的发展历程及现状分析》，《西南民族大学学报》（人文社科版）2005 年第 6 期。

② 林火灿：《国家统计局发布报告显示——70 年来我国城镇化率大幅提升》，《经济日报》2019 年 8 月 16 日第 4 版。

城市从而实现城市化的模式，"它是农业剩余的压力（大量剩余的劳动力、资本以及农产品）和农民追求最大化收益的动力综合作用的体现"①。它是一种最原始、最简单的城市化方式。其最重要的特点是：政府不干预或者很少干预农村城市化，城市化的过程只有市场调节在起作用，以农民主动进城务工为重要推动力。按照推拉理论来理解，农民进城是来自农村的推动力量和来自城市的拉动力量共同作用的结果。在城乡社会的差距之下，城市往往体现出更显著的优势，包括相对较高的收入、较多的就业机会、更便利的公共服务、多姿多彩的生活方式等等。这些优势吸引了越来越多的农民进入城市寻找机会，使城市人口在总人口中的比重日益提高，从而提高了城市化水平。

城乡差距是推动自发迁移型城市化的动力，然而，如果城市与乡村之间不能形成一体化发展格局，而是存在体制性的隔阂，那么这种城市化就会面临一系列的问题。我国在计划经济时期所形成的城乡二元社会结构所带来的问题就是如此。自20世纪80年代以来，随着户籍制度的松动，大量的农村青壮年劳动力进入城市务工，然而他们中的大多数人始终无法融入城市，他们的迁移带有权宜性，进城务工只是为了获得短期的收入，农村才是他们心中的"根"，这是多种现实困境造成的问题。从户籍来看，由于我国城乡二元社会结构的长期存在，务工人员的户籍大多数仍然留在农村，导致他们在子女入学、就医、养老等多方面难以获得与城市居民同等的待遇；从经济来看，务工收入始终相对较低，加上高涨的房价，他们难以在城市购买住房，多数人只能集聚在城郊结合部临时租用相对便宜的住房；从文化来看，务工人员相对较低的文化程度，不仅限制了他们获得更体面和稳定的工作机会，也通过农民的行为特征、生活方式等强化了他们始终是城市"边缘"人群的身份。因此，自发迁移型城市化的进一步发展必然需要真正消除城乡之间的制度性壁垒，提高城市对务工人员的接纳能力，促进务工人员真正实现市民化的转变。

2. 强制迁移型城市化

强制迁移型城市化是指通过政府的行政行为促使农民向城市迁移而实

---

① 冯云廷：《从城镇化到城市化：农村城镇化模式的转换》，《中国农村经济》2006年第4期。

现城市化的模式。与自发迁移型城市化相比，强制迁移型城市化的一个重要特征是政府的大力推动。与政府不干预的自然迁移不同，在强制迁移模式中，政府采取各种手段推动农民进入城市。最具代表性的方式就是采用征地开发的方式导致农民没有土地，从而迫不得已去城市工作。在我国农村扶贫中，农民通过易地扶贫政策迁移到城镇居住的情况也属于这种类型。

强制迁移型城市化与自发迁移型城市化一样需要在城乡体系的衔接上做出合理的制度安排，否则也会面临移民难以稳定以及难以融入的问题。政府在推动农民进城时，不仅需要做好当时的安置工作，更需要考虑移民的长远生活以及持续发展，对于迁移以后的就业、医疗、教育以及社区服务等方面进行综合安排，这样才能稳定人心，促进移民的可持续发展。我国在精准扶贫中实行易地扶贫搬迁政策的地方，有相当部分搬迁农民是搬迁到了城镇社区。政府在易地扶贫搬迁工作中提出，要确保搬迁群众"搬得出、稳得住、能致富"。如今，社会各界日益重视强制性迁移中面临的问题。随着我国精准扶贫的结束，这项工作必然还需要长期的研究和持续的政策支持。

(二) 非迁移型城市化

1. 开发式非迁移型城市化

开发式非迁移型城市化是指通过开发农民所处的农村，并稳妥地解决好后续的农民就业、医疗、教育等问题，实现原地城市化。在这种模式中，农民并不一定要迁移到城市。[①] 开发式非迁移型城市化一般是由政府或企业推动的。

政府主导开发式非迁移型城市化，主要通过将农村纳入当地城乡发展规划，明确农村在城乡体系中的定位，使其成为围绕大城市或县城发展的功能圈。这种模式比较适合于离城市较近的农村地区或者夹在城市与城市之间的农村过渡带地区。例如，将某些农村地区定位为城市的卫星城，用于疏散城市的人口压力，接受城市辐射而得到发展的那些农村地区。还有的农村地区因为较好的自然景观、空气质量等被定位为旅游区，靠提供居

---

① 孔祥云：《中国特色社会主义基本理论与现实问题探究》，人民出版社 2018 年版，第 16 页。

民的休闲娱乐服务而发展起来。

企业主导的开发式城市化是通过企业在当地设厂开发，吸收当地农村劳动力，使当地农民实现就地城市化的方式。在我国，这种类型的城市化最早体现为以资源开发与军工工程为重要内容的"工业建城"。另外，改革开放以来迅速崛起的乡镇企业带动的城市化也是这种类型的突出代表。乡镇企业的发展吸纳了大量农村劳动力进入企业，变成了工人或者亦工亦农人员，他们不用背井离乡，实现了就地转移。依托乡镇企业的经济带动，农村地区实现了城市化。这种方式具有许多优点：一是乡镇企业与农业具有更密切的联系，可以与农业产生相辅相成的效果；二是乡镇企业就地消化农村剩余劳动力，不至于使太多的农村剩余劳动力涌入大城市而增加大城市的压力；三是乡镇企业往往规模较小，经营灵活，在市场竞争中具有一定的优势。当然，乡镇企业带动的城市化也面临一些问题，例如规模效应较差，缺乏规划，有些地区的乡镇企业造成了严重的污染等等。

2. 投入式非迁移型城市化

投入式非迁移型城市化主要依赖政府的财政投入来健全公共服务系统，把乡村规划成社区，从而完成原地城市化。这种城市化不一定要农民迁移到城市中去，也不是先开发乡村经济，而是通过对农村的改造，缩小农村与城市的差距，实现农村的城市化。例如我国在建设社会主义新农村过程中，建成了一些环境优美、居住条件好的新村。其基本理想就是，通过将村庄改造变成新型社区，农民们能够享受和城市居民相近的社会服务和社会保障，居住条件、生活环境以及社会事业与城市没有实质的差别甚至超过城市。这种模式有赖于国家的财政投入，也有赖于城乡一体化的发展理念和政策推动。

综上所述，这几种城市化方式划分的重要根据是农民是否迁移到城市，另外还看是不是开展经济开发以及经济开发的主导力量是谁。当然，实际上每个地方形成的城市化模式，有的能够归入上文所述的某一个类别中去，而另外一些并不能归入单一的模式中去，而是几种城市化模式的结合。每个地区选择的城市化模式取决于这个地区的实际状况。

四　影响城镇化模式选择的主要因素

（一）当地自然地理状况

自然地理条件包括地理位置、地形地貌、生态环境等多个方面的情况。一个地区的经济发展与当地的自然地理条件是分不开的，自然地理状况决定了城市化的可行途径。在沿海、沿江、地形平坦的农村地区，交通条件更好，有利于非农产业的发展，可以通过企业开发来实现城市化；在生态环境较好的地区，可以采取开发式非迁移型的城市化模式，通过发掘当地自然景观的旅游价值，发展以旅游业为中心的第三产业，最终实现城市化；在边境地区，可以通过发展边境贸易推动城市化；在那些贫困边远地区，可以采取自发迁移型或者投入式非迁移型的城市化模式。

（二）当地人文资源状况

人文资源是指具有人文、历史价值的物质存在以及非物质文化。人文资源可以划分为两类：物质文化遗产和非物质文化遗产。人文资源是历史积淀下来的珍贵资源，其在推动本地经济的发展中发挥着重要作用。随着人们生活水平的提高，旅游消费的支出比例越来越大，人文资源是自然风光以外吸引游客的重要资源。具备一定的人文资源是发展旅游经济的前提条件，但是仅有资源而没有对其进行进一步的开发也是远远不够的。所以，旅游区的开发应该重视挖掘资源、树立品牌。当前，某些地区按照城市与乡村规划，同时结合本地的自然地理条件，采用"人造文化城"的形式完成城市化，这种做法同样具有参考意义。现在一些地方兴建的"仿真历史城""古文化体验城""影视城"就是一个例子。

（三）当地经济技术发展水平

经济技术发展水平是城市化的一个基础。从历史发展角度来看，随着农业生产力提高，手工业从农业中脱离出来催生了城市这样一种新的形态，也有的城市是在集市贸易的基础上发展起来的。因此可以说，是手工业和商业推动了城市的发展，城市是在农业劳动生产率提高的推力和非农产业的拉力的双重作用下形成与发展的；只有农业和第二、三产业得到快速发展，国家和地区的经济实力不断提高，城市的规模和数量才会不断扩张。从现实来看，中国的快速城市化是改革开放之后经济不断高速发展的必然产物。只有经济发展到了一定速度，城市化的进程才会不断加快。另外，科学技术是第一生产力，城市化能够发展到哪个程度，在一定程度上也受到科学技术发展的制约。城市化要想取得全面发展，科技水平的提升是其关键保证。

经济技术发展水平影响着一个地区城市化模式的选择。那些经济技术发展水平较高的地区更容易形成开发式非迁移型城市化模式。例如，在江浙地区以及大城市周边的农村地区，较好的区位条件可以吸引外来资本，带动本地的经济发展，从而实现质量较高的城市化。相反，在经济欠发达、技术水平不高的地区，较高的物流成本、相对不便的地理交通条件、人力资本相对不足等现实情况，导致这些地区只能通过迁移型模式实现城市化。

（四）国家政策和城乡规划

国家政策和地方政府的城乡规划是影响城市化模式选择的重要因素。我国陆续出台了一系列推动农村发展以及农村城市化的政策，这些政策涉及土地制度、经济发展和城乡规划等各个方面。2014 年，中共中央国务院印发《国家新型城镇化规划（2014—2020 年）》（以下简称《规划》）。《规划》是今后一个时期指导全国城镇化健康发展的宏观性、战略性、基础性规划。《规划》明确提出，城市化是现代化的必经之路，是处理好三农问题的主要渠道，是促进区域和谐发展的强劲支持力量，是内需增长、推动产业转型升级的主要力量。

当前，我国农村城市化的瓶颈仍然存在，尤其是长期以来形成的城乡二元社会结构仍然在一定程度上制约着农村城市化的进程。要处理好农村城市化的问题，关键在于进一步消除城乡二元结构，协调城市场与农村关系，实现城市与农村融合发展。

除了国家层面的政策与规划，地方的城乡规划也直接影响着农村城市化模式的选择，每个地区应当按照国家政策制定一个以城市与农村融合发展为宗旨的城乡规划方案。

（五）当地传统风俗习惯和居民的愿望

中国幅员辽阔，民族众多，各地区各民族人民在历史和现实中形成了各种各样的传统风俗习惯，人们的生活方式以及对生活的期望也各不相同。在城市化过程中，不论采取哪种方式的城市化模式，都应该将这些因素纳入考虑当中。只有使城市化的目标和过程更好地体现了居民的愿望，符合了当地的传统习俗，才能顺利推进城市化进程，巩固城市化的效果。

对于那些长期与外界相对隔绝、传统习俗在当地影响深远的农村地区，例如久居深山的村民、习惯了放牧生活的牧民等，采用强制迁移型城市化模式通常会面临很大的难度，因为他们原来的生活方式根深蒂固，在短时间内难以接受新的城市化生活方式，如果相关政策不到位，社会心理支持不足，他们甚至会想方设法地返回原地继续原来的生活。另外，在一些地方建设的美丽新村中，虽然物质条件和社区环境都很好，但新房子大量处于闲置状态，人们只是偶尔去住一下，大部分时间宁愿待在自己原来破旧的老村老寨。所以，合理考虑当地传统风俗习惯和居民愿望是农村城市化过程中尤其需要重视的问题。

【本章思考题】

1. 简述中国乡村振兴战略的基本内容。
2. 如何理解农村工业化与城市化之间的关系？
3. 哪些因素影响农村城市化模式的选择？
4. 请展望一下中国农村的未来，描绘未来农村社会的图景。

【补充阅读】
费孝通关于江苏省吴江县小城镇发展的论述[①]

我早年在农村调查时就感觉到了有一种比农村社区高一层次的社会实体的存在，这种社会实体是以一批并不从事农业生产劳动的人口为主体组成的社区。无论从地域、人口、经济、环境等因素看，它们都既具有与农村社区相异的特点，又都与周围的农村保持着不可缺少的联系。我们把这样的社会实体用一个普通的名字加以概括，称之为"小城镇"。

任何事物一旦产生了理论概括，便容易使人忽视事物内部之间的性差异，只从总体概念上去接受这一事物。小城镇也是这样，如果我们从笼统的概念出发，就会把所有的小城镇看成是千篇一律的东西，而忽视各个小城镇的个性和特点。因此，小城镇研究的第一步，应当从调查具体的小城镇入手，对这总体概念作定性的分析，即对不同的小城镇进行分类。下面

---

① 全文选自费孝通《中国城乡发展的道路》，上海人民出版社 2016 年版，第 178—183 页。

我谈一谈在吴江县所看到的五种不同类型的小城镇。

第一种类型的一个镇叫震泽镇。1936年我从清华研究院毕业取得了公费留学的机会。当时我的导师史禄国教授建议我先在国内做些实地调查后再出国。我听从他的意见，去广西大瑶山进行调查，由于自己的失误，负伤出山，回家乡休养。我的姐姐费达生送我到她正在帮助农民开办生丝精制运销合作社的吴江开弦弓村小住。我就在这一个多月里调查了这个农村。记得有一天我去村里一家很小的店铺买香烟，谁知这小店不卖整包的烟，只能一支支地零卖。店主说若要买整包的烟可去找航船带。这件事引起了我的注意。当时这个村子有三四百户人家，一千多口人，是江南少见的大村子。可是村内只有四个小商店、商品品种极少，规模小到连香烟也要分拆开来零卖。那时，这个村子里的农民生活并不是完全自给自足的、农民的日常用品从什么地方获得呢？我就带着这个问题去观察店主所说的航船。

其实航船就是普通手摇的有舱的小木船，只因为主要用于人的交通和货物的流通而得名。那时村子里有两条航船。每天早上，在航船摇出村子前，两岸农民们便招呼船老板代为办事。这家提个瓶子托买酱油，那家递上竹篮托他捎回点其他日用物品。船老板一一应接，把空瓶、竹篮放在船上，航船便离村出发了。航船的目的地是离村子有12华里的震泽镇。当航船抵震泽时，守候在岸边的商店学徒们一拥而上，抢着来做各种生意。船老板自己便到茶馆落座喝茶。到下午商店学徒们把装着物品的瓶、篮又送回船上，航船便离镇返村。航船就这样每天在震泽与村子之间往返，村子里要去镇上的人都可以搭乘这条船。奇怪的是托捎物品的和搭乘的人都不用付钱。追问船老板的生活来源才知道，原来在春秋两季，村内农户出售蚕丝和粮食都要通过航船卖到震泽镇上去。震泽镇上的丝行和米行在年终时就得给船老板一定的佣金。那些酱园和杂货店逢年逢节也要给船老板一定的报酬。所以船老板的收入是不少的。他是这村农民货物流通的经纪人，是农村经济活动中的重要角色。后来我也"免费"搭乘航船往来震泽，发现震泽镇的市河里停靠的航船有二三百条，据说都是来自镇周围各村。震泽显然是附近这些农村的商品流通中心。

我在这里追述当年的观察，是想说明震泽镇是以农副产品和工业品集散为主要特点的农村经济中心，是一个商品流通的中转站。农民将生产的农副业品出售到震泽，又从震泽买回所需的工业消费品。对于镇周围的农民生活来说，震泽是一个不可缺少的经济中心。而航船主、学徒以及米行、丝行、酱园、杂货店等商店的老板则共同构成一个庞大的商品流通组织。震泽通过航船与其周围定区域的农村连成了一片。到震泽来的几百条航船有或长或短的航线。这几百条航线的一头都落在震泽镇这一点上，另一头则牵着周围一片农村。当地人把这一片一片滋养着震泽镇同时又受到震泽镇反哺的农村称为"乡脚"。没有乡脚，镇的经济就会因营养无源而枯竭，没有镇，乡脚经济也会因流通阻塞而僵死。两者之间的关系好比是细胞核与细胞质，相辅相成，结合成为同一个细胞体。

由此可见，小城镇作为农村经济中心并不是一个空洞的概念，而有其具体的实际内容。在半个世纪前，震泽镇作为商品集散类型的小城镇对我是有吸引力的。但那时我是单枪匹马搞调查研究工作，不能不以村为界，没有能力进入镇的这一层次中去。我只是在村子里遥望到了小城镇，感觉到了小城镇这种社区的存在对于农村所发生的影响。此后，我总希望有一天能进入小城镇做些调查。欲穷千里目，更上一层楼。出乎我的预料，在1981年真的有机会实现了这个愿望。

第二种类型的一个镇是盛泽镇。盛泽镇现在是吴江县人口最多、产值最高的一个小城镇。从这个镇出口的丝绸占全国总出口量的1/10，可见它是一个丝织工业的中心，是具有专门化工业的小城镇。

盛泽镇的历史发展较早，据说它早在明朝就有上万的人口。那么这个镇发展较早的基础是什么？镇上聚居的人口又是以什么为业的呢？我记得小时候去盛泽时，看到有人站在织机上提花，觉得很新奇，留下了深刻的印象。1982年，再去盛泽时就询问解放前丝织作坊的情况，有人告诉我那时在镇上的作坊为数不多，且都是小规模的，最大的一家也只有20部老式织机。但是绸庄、丝行和米行却不少，其中又以绸庄为最。既然镇本身织出的绸并不多，绸庄的绸又从何而来呢？这就使我看到了盛泽与震泽不同的特点。绸庄利用金融力量或信贷关系，首先将农民在家里生产的丝买来，然后又投放给农户在家里织绸。对于专门织绸的农户来说，除了织机和劳力外不再需要其他的投资，每次把织出的绸交给绸庄，按事先的约定取得工钱，同时又领回原料。这样，一个绸庄就可以拥有几十、几百甚至成千的织户。如果绸庄把如此众多的织机集中到镇上来办作坊，那简直是不可想象了。但是绸庄把织机分散在农村的家家户户，本身只掌握着原料和成品的经营，它与织户的关系并不等同于作坊老板和雇工的关系。对像盛泽镇那样早先是以手工业产品的集散为主的经济中心，是很值得进一步研究的。

这里应该注意到农民把丝卖给丝行和将绸交给绸庄之间的区别。前者是农民出售商品，后者是农民完成契约产品领取工价。所以盛泽与震泽之不同在于它主要不是商品流通，而是作为家庭手工业的中心。千家万户的织机是盛泽的乡脚。家庭丝织手工业不仅是盛泽发展的基础，也是所谓天堂的苏杭地区发展的基础。这个传统基础对于我们今天的小城镇建设仍然具有它的意义，因为这个传统在民间已存在近千年。如此悠久的历史使它深入到每一个人，甚至进入遗传基因，成为生物基础。一位外国朋友听我说到苏州姑娘纤巧灵活的手，便提出妇女的这种技能是否可以转向搞电子工业的问题。因为电子工业需要的正是精细准确的动作。外国人都注意到了我们的历史传统，我们自己要是不研究、不利用，那就愧对祖先，是说不过去的。

第三种类型的一个镇是我出生地松陵镇。松陵在解放前后都是吴江县的政治中心，现在吴江县政府就设在松陵镇上。解放以来吴江县其他原有的小镇都处于停滞和萧条状态，惟独松陵是例外，它的人口不但没有减少，而且还比解放初有较大增长。

松陵设县由来已久。封建时代地主统治阶级为防卫农民造反起义，筑起城墙和城门将城内外隔开，在城里连集市买卖也不准做，人们只得在大东门外的盛家库做交易。城里主要是专政中心的衙门和城隍庙这阴阳两大权力机构，人活着时由县衙门管，衙门旁边是监狱和刑场，人死后据说要受城隍庙管，有牛头马面、阴曹地府。城内的住户主要是地主大户和服务于他们的各种小人物。这里的建筑也与其他地方不一样，弄堂狭小，两边是数丈高的风火墙，地主们住在里面，带有统治和防卫的特征，颇有点欧洲中世纪城堡的风格。

第四种类型的一个镇是同里镇。同里是我姐姐的出生地，我家在搬到松陵以前就住在那里。同里距运河边上的松陵只有六公里，离东南自苏州到上海的水路要冲屯村镇五公里半。同里镇本身四面环水，似乎是一片藏于水泽中的岛屿。它的周围地区河塘交叉，漾湖衔接，是典型的湖沼水乡。解放前的同里不通公路，只靠摇小船进出。对于一个不熟悉水道的陌生人来说往往在水面上转悠半天也还会找不到进出之河道。正由于同里处于交通闭塞的地理位置，具有不同于一般的水乡地貌，它就被地主阶级、封建官僚选中作为他们的避难所和安乐窝。解放前这个小镇上集居着大量的地主和退休官僚。据土改时统计，全镇2000户人家中有500多户地主，占1/4。地主阶级找到同里这个安全岛，修起了与苏州名园可以媲美的园林，现今正在修复的退思园只是其中之一。有名的评弹珍珠塔的故事据说就发生在这个镇上。同里过去可以说是一个消费、享乐型的小城镇，现在正在改造成为一个水乡景色的游览区，已经成为文化重点保护区之一。

第五种类型的一个镇是平望镇。平望镇地处江浙之间，形成北通苏州、南通杭州的门户，历来是兵家必争之地，因此它屡遭兵燹。自古代的吴越之战，到近代军阀之间的江浙战争，战场都是在平望一带。日军侵华时，它又几乎被夷为平地。近年来平望已成为水陆交通干线的交叉点。历史上有名的大运河经过平望，沟通苏州和杭州。有公路东达上海、南通浙江、西连南京和安徽，成为吴江县内最大的交通枢纽。

平望的地理位置和交通条件使它具有两面性，一方面是易遭战争攻击和破坏，因此在解放前曾经几度由兴而衰，一直未能稳固地发展起来，另一方面由于交通发达，物资流畅，具有发展经济的优越条件，使它常能衰而复兴。解放后，战争的威胁消除了、党的三中全会后，"左"的干扰被排除，便利的交通条件使它争得了成为大城市工业扩散点的地位。据说上海的一些工厂在扩散过程中，开始也找过铜罗等几个小镇，但是最后还是在平望落脚。平望就这样一下子冒了出来，成为近来吴江各镇中发展得最快的小城镇。

参考文献

一 著作

白钢：《选举与治理》，中国社会科学出版社 2001 年版。

陈昌盛等：《中国公共服务：体制变迁与地区综合评估》，中国社会科学出版社 2007 年版。

陈锡文等：《中国农村改革 30 年回顾与展望》，人民出版社 2008 年版。

费孝通：《江村农民生活及其变迁》，敦煌文艺出版社 2000 年版。

费孝通：《逝者如斯：费孝通杂文选集（第二版）》，苏州大学出版社 2005 年版。

费孝通、张之毅：《云南三村》，社会科学文献出版社 2006 年版。

费孝通著，刘豪兴编：《乡土中国（修订版）》，上海人民出版社 2013 年版。

费孝通：《行行重行行》，群言出版社 2014 年版。

风笑天主编：《社会研究方法》，高等教育出版社 2006 年版。

国务院人口普查办公室、国家统计局人口和就业统计司：《迈向小康社会的中国人口（全国卷）》，中国统计出版社 2014 年版。

韩明谟：《农村社会学》，北京大学出版社 2014 年版。

黄宗智：《中国农村的过密化与现代化：规范认识危机及出路》，上海社会科学院出版社 1992 年版。

江苏省小城镇研究课题组：《小城镇 大问题——江苏省小城镇研究论文选（第一集）》，江苏人民出版社 1984 年版。

金泽主编：《宗教蓝皮书：中国宗教报告（2010）》，社会科学文献出版社 2010 年版。

孔祥云：《中国特色社会主义基本理论与现实问题探究》，人民出版社

　　2018 年版。

郎铁柱主编：《世界遗产与生态文明》，天津大学出版社 2015 年版。

黎熙元主编：《现代社区概论》，中山大学出版社 2007 年版。

李继刚：《中国小农去自给化研究》，陕西师范大学出版社 2014 年版。

李路路：《再生产的延续：制度转型与城市社会分层结构》，中国人民大
　　学出版社 2003 年版。

梁庚尧：《中国社会史》，东方出版中心 2016 年版。

李臣娟：《我国农村人口健康现状及对策分析》，载《中国区域人口与发
　　展研究：中国区域人口与发展学术研讨会论文集》，吉林人民出版社
　　2006 年版。

刘豪兴：《社会学概论》，高等教育出版社 2003 年版。

刘豪兴：《农村社会学》，中国人民大学出版社 2004 年版。

刘克锋、张颖：《环境学导论》，中国林业出版社 2012 年版。

陆红生：《土地管理学总论（第 6 版）》，中国农业出版社 2016 年版。

陆学艺：《"三农论"—当代中国农业、农村、农民研究》，社会科学文献
　　出版社 2002 年版。

陆学艺：《当代中国社会阶层研究报告》，社会科学文献出版社 2002
　　年版。

陆学艺：《当代中国社会流动》，社会科学文献出版社 2004 年版。

罗骧：《城市化进程中的土地管理》，湘潭大学出版社 2014 年版。

《马克思恩格斯全集》第 22 卷，人民出版社 1964 年版。

《马克思恩格斯选集》第 1 卷，人民出版社 1995 年版。

《马克思恩格斯选集》第 4 卷，人民出版社 1995 年版。

马克思：《资本论》第 3 卷，人民出版社 1975 年版。

庞树奇、范明林：《普通社会学理论新编》，上海大学出版社 1998 年版。

［俄］恰亚诺夫：《农民经济组织》，萧正洪译，中央编译出版社 1996
　　年版。

宋洪远：《中国农村改革三十年》，中国农业出版社 2008 年版。

佟新：《人口社会学》，北京大学出版社 2010 年版。

王思斌：《社会学教程》，北京大学出版社 2011 年版。

汪勇：《警官区制研究》，中国人民公安大学出版社 2012 年版。

王泽厚、田建军：《农村政策法规》，山东人民出版社 2016 年版。

夏征农、陈至立：《辞海》（第 6 版彩图本），上海辞书出版社 2009 年版。

肖亚洲：《厚土：一个清华学子对晋西农村的调查纪实》，中央编译出版社 2016 年版。

严力蛟、章戈、王宏燕主编：《生态规划学》，中国环境出版社 2015 年年版。

杨述明：《中国乡村社会治理》，湖北人民出版社 2016 年版。

于永德：《农村教育论》，人民教育出版社 2000 年版。

俞可平：《治理与善治》，社会科学文献出版社 2000 年版。

袁金辉：《冲突与参与：中国乡村治理改革 30 年》，郑州大学出版社 2008 年版。

［美］詹姆斯·斯科特：《农民的道义经济学：东南亚的反叛与生存》，程立显等译，译林出版社 2001 年版。

詹王镇：《马克思主义土地产权理论及其在中国的实践研究》，合肥工业大学出版社 2015 年版。

赵振：《中国历代家训文献叙录》，齐鲁书社 2014 年版。

郑杭生主编：《社会学概论新修》，中国人民大学出版社 2013 年版。

《中国大百科全书·社会学卷》，中国大百科全书出版社 1991 年版。

中国发展研究基金会：《农村全面建成小康社会之路》，中国发展出版社 2015 年版。

中国现代化战略研究课题组：《中国现代化报告（2009）：文化现代化研究》，北京大学出版社 2009 年版。

钟涨宝：《农村社会学》，高等教育出版社 2010 年版。

二 论文

陈敏：《农村留守老人存在的问题及对策》，《现代农业科学》2009 年第 3 期。

陈映：《中国农村城镇化的发展历程及现状分析》，《西南民族大学学报》（人文社科版）2005 年第 6 期。

杜爱华：《我国农村教育发展问题研究》，《理论学刊》2011 年第 4 期。

冯晓阳：《农村文化的现状及发展对策——基于传统与现代、城市与农村之间》，《理论月刊》2010 年第 12 期。

冯云廷：《从城镇化到城市化：农村城镇化模式的转换》，《中国农村经济》2006 年第 4 期。

韩俊江：《试论我国农村医疗卫生服务体系的完善》，《东北师大学报》（哲学社会科学版）2015 年第 2 期。

胡英：《中国分城镇乡村人口平均预期寿命探析》，《人口与发展》2010 年第 2 期。

胡兆义：《社会转型期中国农村青年的社会流动分析》，《实事求是》2012 年第 4 期。

黄家亮：《当前中国农村社会变迁与基层治理转型新趋势——基于若干地方经验的一个论纲》，《社会建设》2015 年第 6 期。

孔祥云、王小龙：《略论我国农村城镇化模式的选择》，《农村经济》2013 年第 2 期。

李华：《完善我国农村医疗救助制度的思考》，《人口学刊》2009 年第 1 期。

李长明等：《建国 60 年我国农村卫生的回顾与展望》，《中国卫生政策研究》2009 年第 10 期。

林国平：《关于中国民间信仰研究的几个问题》，《民俗研究》2007 年第 1 期。

林火灿：《国家统计局发布报告显示——70 年来我国城镇化率大幅提升》，《经济日报》2019 年 8 月 16 日第 4 版。

林坚、马彦丽：《我国农民的社会分层结构和特征——个基于全国 1185 调查问卷的分析》，《湘潭大学学报》（哲社版）2006 年第 1 期。

刘若实：《对当前中国农村宗教信仰的认识和思考》，《法制与社会》2008 年第 36 期。

刘彦随等：《中国农村贫困化地域分异特征及其精准扶贫策略》，《中国科学院院刊》2016 年第 3 期。

刘艺容：《农村城市化的内涵及其模式分析》，《湖南社会科学》2001 年第 6 期。

刘颖：《农村贫困问题特点、成因及扶贫策略》，《人民论坛》2013 年第 36 期。

陆学艺：《中国社会阶级阶层结构变迁 60 年》，《北京工业大学学报》（社会科学版）2010 年第 3 期。

陆益龙：《中国农村社会阶级阶层结构六十年的变迁：回眸与展望》，《马克思主义与现实》2009 年第 6 期。

罗军：《传统平原农业区产业集群形成与演化机制研究》，博士学位论文，河南大学，2008 年。

马良灿：《中国乡村社会治理的四次转型》，《学习与探索》2014 年第 9 期。

毛飞、孔祥智：《中国农业现代化总体态势和未来取向》，《改革》2012 年第 10 期。

聂飞：《农村留守家庭研究综述》，《华南农业大学学报》（社会科学版）2017 年第 4 期。

聂飞：《破解农村留守家庭问题》，《中国社会科学报》2016 年 12 月 7 日。

潘璐：《"小农"思潮回顾及其当代论辩》，《中国农业大学学报》（社会科学版）2012 年第 2 期。

乔金亮：《全国依法登记的农民专业合作社达 204.4 万家》，《东方城乡报》2018 年 5 月 8 日第 5 版。

秦玉友：《中国农村教育发展状况及未来思路》，《东北师大学报》（哲学社会科学版）2017 年第 3 期。

青连斌：《贫困的概念与类型》，《学习时报》2006 年 6 月 5 日第 5 版。

邱春林：《国外乡村振兴经验及其对中国乡村振兴战略实施的启示——以亚洲的韩国、日本为例》，《天津行政学院学报》2019 年第 1 期。

全国农村文化联合调研课题组：《中国农村文化建设的现状分析与战略思考》，《华中师范大学学报》（人文社科版）2007 年第 4 期。

申茂向：《中国农村工业化与现代化》，《中国科技论坛》2007 年第 9 期。

沈大德、吴廷嘉：《中国传统社会结构探析》，《社会科学研究》1992 年第 1 期。

宋伟：《农村工业化研究评述》，《河南大学学报》（社会科学版）2009 年第 6 期。

唐钧：《农村"留守家庭"与基本公共服务均等化》，《长白学刊》2008 年第 2 期。

王磊：《农村居民宗教信仰对农村社区发展影响研究》，《学理论》2014
　　年第 16 期。

王萍萍等：《中国农村贫困标准问题研究》，《调研世界》2015 年第 8 期。

王琼瑶：《我国农村基督教发展现状及对策思考》，《安徽农学通报》2011
　　年第 13 期。

温恒福：《农村教育的含义、性质与发展规律》，《教育探索》2005 年第
　　1 期。

吴镕、唐传阳：《农村城镇化与农村现代化》，《江苏政协》2003 年第
　　11 期。

吴晓红：《民间信仰在新农村建设中的社会功能及其构建》，《人民论坛》
　　2013 年第 5 期。

肖林生：《农村五保供养制度变迁研究：制度嵌入性的视角》，《东南学
　　术》2009 年第 3 期。

阳一周：《当代农民生活方式的变化研究》，硕士学位论文，湖南师范大
　　学，2013 年。

银平均：《欠发达地区农村留守老人社会支持机制建构的思考》，《广东工
　　业大学》（社会科学版）2012 年第 3 期。

于霞等：《中共十六大以来中国农村公共服务的提升与基本经验》，《云南
　　社会科学》2012 年第 5 期。

张冬梅：《新型城镇化背景下提升农村医疗卫生服务策略研究》，《发展研
　　究》2016 年第 6 期。

张建伟：《中国农村社会养老保险制度：转型与发展》，《中央财经大学学
　　报》2010 年第 5 期。

张为民：《脱贫步伐加快 扶贫成效显著 我国贫困人口大幅减少》，《中国
　　信息报》2015 年 10 月 16 日第 1 版。

赵晓峰：《改革开放后的农村民间宗教研究：回顾与前瞻》，《学习与实
　　践》2009 年第 1 期。

邹兵：《交易成本理论：一个研究乡镇企业空间布局的新视角》，《城市规
　　划汇编》2001 年第 4 期。